经济社会学理论分析与实践探索

田亚楠　著

天津出版传媒集团

天津人民出版社

图书在版编目（CIP）数据

经济社会学理论分析与实践探索 / 田亚楠著.-- 天津：天津人民出版社, 2021.2

ISBN 978-7-201-17163-0

Ⅰ.①经… Ⅱ.①田… Ⅲ.①经济社会学－研究 Ⅳ.①F069.9

中国版本图书馆 CIP 数据核字(2020)第 271359 号

经济社会学理论分析与实践探索

JINGJI SHEHUIXUE LILUN FENXI YU SHIJIAN TANSUO

出　　版	天津人民出版社
出 版 人	刘　庆
地　　址	天津市和平区西康路35号康岳大厦
邮政编码	300051
邮购电话	(022)23332469
电子邮箱	reader@tjrmcbs.com

责任编辑	孙　瑛
封面设计	吴志宇
内文制作	牧野春晖(010-82176128)

印　　刷	北京市兴怀印刷厂
经　　销	新华书店
开　　本	710毫米×1000毫米　1/16
印　　张	13.25
字　　数	244千字
版次印次	2021年4月第1版　　2021年4月第1次印刷
定　　价	79.00元

前　　言

当今世界上许多国家的社会学系都为本科生开设了经济社会学课程。经济社会学课程的开设反映出经济制度不能脱离文化和政治来理解，同时也反映了学生需要更多的信息、掌握更多的方法来帮助他们探索日渐跨越国界的经济过程。目前欧美国家所开设的经济社会学课程，涉及的内容相当广泛，包括劳动力市场、金融市场、公司控制和工业部门的社会组织等，但也有些焦点，其中之一就是对新古典经济学行为假说的挑战。其核心的主题是权力的社会渊源以及生产力与社会变迁。一个共同的主题是社会制度如何阻碍或者如何促进行动者的功利行为。许多经济社会学的研究都对经济行为是如何嵌入现存的社会关系之中的感兴趣。

经济社会学是一门相当年轻的学科，在国际学术界，不仅经济社会学的教科书寥寥无几，连这门课程的名称都尚未有统一的叫法。一般最为常用的名称是"经济社会学"，次之的是"经济与社会：经济生活中的社会学"，同时还有其他名称，如"经济社会导论""经济与社会导论"。根据美国社会学协会 1996 年的统计，下列课程名称也放在欧美经济社会学的栏目之列："企业家的社会学"（杜克大学），"资本主义政治经济：文化与经济"（东北大学），"社会经济导论：公正、自由的寻求：性别、种族和阶层"（波士顿学院），"资本主义经济学的社会组织"（哈佛大学），"种族的政治经济学"（加州大学戴维斯分校），"社会的公司"（托雷多大学）和"消费文化"（伦敦大学）等。

在不同的大学中，经济社会学的教学目的与要求也不尽相同，一般表现在以下方面：简要回顾经济社会学的历史和当代的主要理论，从社会学的角度，用历史的方法和比较的方法探讨主要的经济过程和经济制度，为学生提供一套社会学概念和理论体系，以及一种分析经济制度和经济行为的社会学方法，使学生能够分析和解释市场、价格、公司、供给、需求、生产、工作、交换、产权以及其他经济行为；使学生理解社会关系和经济行为是互为条件的；寻求理解和解释当代社会中经济与社会之间关系的社会思想与研究；研究经济行为的不同观点；构建经济社会学的完整知识体系，以及开拓经济与社会的社会学视野等。本书分七章从不同的角度对经济社会学的内容进行了分析，主要包括：经济社会学的渊源与发展，经济社会学的理论、方法以及研究内容，当代经济社会学概述，社会经济学视野中的理性选择，社会转型中的经济社会学，政治、法律与经济，文化、网络与经济等内容。

　　本书的撰写得到了很多朋友的帮助和支持，在此表示诚挚的谢意。由于作者水平有限，加之时间仓促，书中所涉及的内容难免有疏漏与不够严谨之处，希望各位同行、专家、老师多提宝贵意见，以待进一步修改，使之更加完善。

田亚楠

2020 年 4 月

目　　录

第一章 经济社会学的渊源与发展

社会是共同生活的人们通过各种各样社会关系所形成的，其中形成社会最主要的社会关系包括家庭关系、共同文化以及传统习俗，涉及经济、社会、政治、宗教、文化等各方面，这些关系既相互独立，又相互影响。在研究社会生活的过程中，社会科学先后发展出了若干个独立学科，比如经济学、社会学、政治学、宗教学和教育学等。在经济学与社会学长期以来相互影响、相互渗透与相互作用的过程中，发展出了一门介于社会学和经济学之间的交叉学科——经济社会学。经济社会学的发展源远流长，目前其理论与研究已取得了长足发展，成为社会学和经济学的分支学科。一定程度上，经济社会学的发展是经济学和社会学互动发展的结果。

第一节 经济社会学的历史渊源

经济社会学(Economic Sociology)最早起源于 100 多年前的欧洲国家，是近 30 年来逐渐在中国流行的一门应用性的具有交叉性质的社会科学。当前，经济社会学在分析经济社会现象、阐述经济社会发展规律、解决经济社会问题等方面提出了自己独特的见解，逐渐形成了具有鲜明特色的应用性质，凝结成本学科独特的研究方法，展示出了应有的科学形态，并在具体应用中取得了明显效果，逐渐得到了其他社会科学的认同与重视。应当承认的是，该学科在我国依然属于一门较为年轻的学科。任何实践都是在一定理论指导下的实践，即任何一门应用性的学科都离不开某种理论作为指导与支撑，理论是构成该学科方法论的前提以及使之得到进一步发展的基础。因此，首先需要对经济社会学理论与方法加以全面与系统研究，梳理经济社会学理论观点，系统地、客观地、全面地总结经济社会学理论发展脉络，以期更好地掌握这门学科的性质、发展历程和学科特色，从而可以从整体上把握其应有的历史逻辑结构，推动中国经济社会学理论与实践的深入发展。

一、经济社会学含义

关于经济社会学，有人说它是社会学的分支学科，也有人认为它应当属于经济学学科范畴，甚至还有人认为它既属于社会学学科又属于经济学学科。实际上，经济社会学作为社会经济变迁与发展的结果，也是经济学与社会学相互渗透、相互融合、相互促进与整合的结果。从社会学视角看，经济社会学其实就是运用社会学理论与方法解释和分析各种经济现象、经济问题，实现各个时期经济和社会良性互动的学科。

(一) 经济社会学概念的提出

按照西方学术史的传统，任何一门哲学社会科学都可以追溯到古希腊罗马时期的先哲们，经济社会学也是如此，依然可以追溯到18世纪的启蒙运动，当时有许多社会思想家都试图建立一种有关经济、政策和文化的多维理论。西方经济社会学思想最早就可上溯到柏拉图和亚里士多德等人，比如柏拉图在其《理想国》中所构建的整体幸福、社会和谐的理想国家，在经济、社会以及人口结构等方面进行了安排与论述，在生产、分配以及消费领域等方面进行了宏观的统筹规划，可以视为经济社会学最初步的研究。不过，作为哲学社会学分支学科的经济社会学主要产生于19世纪晚期。1896年初，意大利学者安东尼·拉布里奥拉(Antonio Labriola)在其著作《历史唯物主义概论》中，首先提到了"经济社会学"这一名词，从而开创了经济社会学理论先河。他认为，意识形态是社会心理现实化的结果，"经济社会学"就是要研究各种社会意识形态在经济社会生活中的地位。因此，拉布里奥拉所讲的经济社会学，实质上指的是社会哲学、政治经济学或者是经济哲学，而不是今天意义上所阐释的经济社会学。

1896年末，作为社会学学科规范化的大力倡导者，法国社会学家埃米尔·迪尔凯姆(Mile Durkheim)在其主编的《社会学年鉴》中，首次从社会学意义上提出并使用了"经济社会学"这一概念。迪尔凯姆(也译为涂尔干、杜尔干)是法国第一位学院式社会学家，也是欧美最著名的社会学家之一。他将经济社会学列为社会学所涉及的七大分支学科之一，即普通社会学、宗教社会学、道德社会学、犯罪社会学、经济社会学、人口社会学和法律社会学。他作为经济社会学的奠基人之一，在经济社会学的发展史上占有非常重要的地位，其开山之作《社会分工论》常常被今天的人们看成是一部经济社会学方面的代表性著作。

另一位在社会学多个方面取得了众多开创性成就的德国社会学家马克斯·韦伯(Max Weber)，在方法论个体主义立场上把"经济社会学"看成是"社会经济学"。他认为，任何一个人的经济行为同时也是一种社会行为，并指出社会经济学就是对经济社会行动进行解释，从而对于经济社会行动的过程及结果予以因果性的解释，这也是经济行为的第一个精确的社会学概念解释。随后，美籍奥地利著名经济学家约瑟夫·熊彼特(J-A. Joseph Alois Schumpeter)站在扩张经济学领地、增强经济学的科学性立场上提出了经济社会学概念。他认为，在经济理论中"一些主要的问题"用单纯经济学的方法是不足以解决的，在他看来，经济社会学就是"对经济制度的研究"。由于经济学所要"处理的问题是人们怎么会这样行为的"，因此，它必然要涉及经济与社会制度，而不仅仅是经济行为本身，这样就必然要涉及社会学。而且他认为经济学理论与社会学确有根本方法的区别，两者不能混用，重要的是每门学科要保持自己的方法论。熊彼特坚持社会学视角理解和分析经济现象是十分有用的，他在著作《经济分析史》中把经济社会学看作经济分析的基础之一，经济社会学与经济史一道，同样都是研究应用于各种经济理论的制度框架。经济社会学不同于经济学的是它采用更规范、更典型、更程式化的方法看待行为。

应该说，第一次相对完整地给出经济社会学定义的是迪尔凯姆的外甥马塞尔·莫斯(M. Macuss)。1934 年，莫斯将《社会学年鉴》改为《社会学年报》，并分五组进行讨论，其中一组就是有关经济社会学讨论。莫斯认为，社会学可分为普通和特殊两种类型的社会学，特殊社会学就是从社会的某一特殊方面来研究社会问题，如从经济方面研究社会就叫作经济社会学。不过，莫斯的定义歧义较大，因为经济学同样也是一门从经济方面来研究社会问题的社会科学，如经济学家加里·斯坦利·贝克尔(Gary Stanley Beeker)就是从该角度研究的。

目前,在中国学术界对于这一学科的名称较为统一,社会学教学指导委员会规定的 10 门社会学专业的必修课程中,该学科名为"经济社会学"。国内翻译并出版的几本教科书也都是在使用"经济社会学"这一名称。有时也在经济社会学前面加上一个"新"字,即"新经济社会学(New Economic Sociology)",这主要以 1985 年格兰诺维特的著名文章《经济行为与社会结构:嵌入问题》为标志。后来他把这种注重网络分析方法的经济社会学称之为"新经济社会学",以便与以前的经济社会学相区别。同时,格兰诺维特所使用"新经济社会学"意在用一种社会学理论取代传统的经济学理论。我国社会学家也开始接受"新经济社会学"概念,尤其是年轻的社会学工作者尝试在格兰诺维特的基础上,把网络分析应用到经济现象的各个方面,并取得了一定成效。

(二) 什么是经济社会学

严格意义上说,无论是早期的经济学家还是早期的社会学家,都没有给经济社会学下过明确的定义。从历史上看,明确提出经济社会学研究对象的是帕森斯的学生尼尔·丁·斯梅尔瑟(N. J. Smelser),帕森斯将经济理论看成是"社会体系"一般理论的一个特殊方面,并试图把经济理论与社会理论合为一体。而社会学家斯梅尔瑟在 1963 年出版的《经济生活社会学》中首次给经济社会学下了一个比较全面的定义,"经济社会学就是运用社会学的基本参考框架、变项和解释模型,研究同稀缺物品及服务的生产、分配、交换和消费有关的复杂行为。"[①]经济社会学着重研究"社会生活经济方面和非经济方面之间的关系,即两者是怎样交叉重叠,怎样相互影响"。[②]为了进一步说明经济社会学的特点,斯梅尔瑟强调,"经济社会学研究生活的各个方面",但并不属于按通常意义上理解的经济学。"经济社会学还对经济活动进行社会学分析",他将这些研究称为"经济社会学"。这一定义紧紧抓住了经济与社会互动关系这一学科基本点,因而比较合理。斯梅尔塞将社会学理论应用于经济制度、集体行为、社会变迁,以及人格与社会结构等方面

---

① [美]斯梅尔瑟著. 经济社会学. 方明、哲晓叶译. 北京:华夏出版社 1989 年版,第 51 页.
② [美]斯梅尔瑟著. 经济社会学. 方明、哲晓叶译. 北京:华夏出版社 1989 年版,第 52 页.

的研究，在学术界享有较高的声誉。实际上，斯梅尔瑟的经济社会学定义是相对于经济学家保罗·萨缪尔森(Paul A Samuelson)的经济学定义提出来的，萨缪尔森认为："经济学研究人和社会如何进行选择，来使用可以有其他用途的稀缺的资源以便生产各种商品，并在现在或将来把商品分配给社会的各个成员或集团以供消费之用"。

从斯梅尔瑟的定义中可看出经济社会学应研究两个重点：第一，研究经济背景中的社会学变量同非经济背景中的社会学变量之间的关系。也就是说，研究经济与其社会文化环境之间的关系，包括经济与文化、经济与政治、经济与社会群体、经济与社会分层等，如，工业社会中职业角色结构同家庭角色结构有何关联，不同社会的经济体制会引起哪种政治冲突，不同的制度会造成何种阶级结构。这些关系会引出更大的经济社会学研究课题，如公共政策、劳资冲突、经济阶级之间的关系等；第二，研究经济行为本身，即经济行为如何把不同的角色和集体结合在一起。即对经济过程进行社会学分析，研究包括地位体系、权力、权威体系、越轨行为、权力系统和拉帮结伙活动等对经济行为的影响。在那个时代，站在社会学立场上界定经济社会学定义、规定经济社会学内容的还有美国的小弗兰克·弗斯顿伯格(F. Furstenberg)，他认为经济社会学是研究"经济行为的社会经过，由此发生的制度类型与结构"，"将整个经济领域统一到整个社会秩序体系的社会学特殊部门"。

继斯梅尔瑟之后，日本社会学家富永健一认为，经济社会学就是"把经济行为及经济体系分别看作社会行为及社会体系中的一种形态或下属部门"。它运用"社会学的概念工具及理论体系，说明经济行为及经济体系，经济社会学是社会学的一个外延的独立分支。"这一定义主要体现两个要点：①把经济行为及经济体系分别看作社会行为及社会体系中的一种形态或下属部门，即"说明经济社会学使用社会学的观点"。②用社会学的概念工具及理论体系说明经济行为及经济体系，即"说明经济社会学是社会学的概念结构"。富永健一给出的这一定义继承了帕森斯和斯梅尔瑟的思想传统，强调结构功能主义社会学对于经济社会学在经济和社会关系研究中的指导意义。继富永健一后，日本学术界赞同经济社会学是社会学一个分支学科观点的还有村上泰量以及春日淳一等人。他们认为经济社会学就是把"经济行为与经济体系放到整个社会的源流中去进行考察的一种做法",从而探讨"整个社会的经济布局"。

20世纪80至90年代,随着美国著名社会学家哈里森·C.怀特(Harrison C. White)的《市场从何而来》、20世纪70年代以来全球最知名的社会学家之一——马克·格兰诺维特(Mark Granovetter)的《经济行为与社会结构:嵌入问题》以及《新旧经济社会学:历史与议题》等论文的发表,一批经济社会学家开始运用社会网络、社会资本、博弈信息等理论分析个人求职、公司制度、民主选举、产权与代理等相关社会问题,经济社会学进入了一个新的发展阶段。国内外学术界一般称之为"新经济社会学"。新经济社会学的核心观点是:许多传统上属于经济学家所处理的经济问题,可以借助社会学进行有效分析。

一般来说,新经济社会学主要是相对于20世纪80年代以前的经济社会学而言的。它是一门从社会结构、社会关系角度研究经济现象和经济问题的交叉性学科。与旧经济社会学相反,新经济社会学更多地运用社会网络、社会关系、组织以及文化社会学等理论,关注市场、公司以及货币等在内的经济体制和经济制度,强调经济是社会关系的产物,经济嵌入社会结构之中,人们进行某种经济活动是与特定的社会关系网络密不可分的。新经济社会学有两个基本的社会学假设:一个假设是认为行为总是被社会定位的,不能仅用个人的动机来解释行为;另一个假设认为社会制度不可能自发形成,而是社会构建的。新经济社会学开山人物格兰诺维特曾说,新经济社会学之所以新,主要体现在以下两个方面:一是新经济社会学运用社会学视角"直接思考生产、分配和消费等经济学的核心命题",从而在某种情况下可以取代经济学的解释;二是新经济社会学不管有没有直接运用社会网络分析方法,都重视"嵌入在社会网络中的经济行为",认为所有的经济行为从根本上讲都取决于某种特殊的社会背景,即总是把经济当成社会建构来理解。为此,国际社会学家理查德·斯威德伯格(Richard swedberg)曾说,美国经济社会学在最近20年的发展过程中贯彻了两个思想,一是"认为所有的经济行为都是嵌入的";二是认为"所有的经济制度都要作为社会结构来理解"。不过斯威德伯格本人并不是完全赞同这种研究思路和研究旨趣。

20 世纪以来，中国学者关于经济社会学的研究当首推社会学家孙本文。1935 年，他在《社会学原理》中指出，经济社会学是一门研究经济现象与其他社会现象之间关系的学科。受当时复杂的国内外政治形势的影响，该定义虽未走向国际，但在当时国内也产生了积极作用。新中国成立后，社会学被取消，中国经济社会学的研究也就随之中断。

1979 年中国社会学恢复和重建以后，中国经济社会学的研究几乎在一无所有的状况下重新开始，经济社会学现象及其问题的复杂化以及解决这一问题的困难性，使得经济社会学方法逐渐进入了人们的视野，人们越来越关注经济社会学，并努力对经济社会学定义与学科性质、课程结构体系等进行探讨。1985 年，在南开大学召开的第一次经济社会学研讨会指出，经济社会学是以经济和社会现象的相互关系为研究对象。它应该运用社会学的观点和方法，把经济现象置于广阔的社会背景中进行分析研究。它既研究经济政策、经济发展引起的社会后果，也要研究影响经济发展的各种社会因素。该定义基本代表了 20 世纪 80 年代中国社会学界的共识。由于中国经济社会学发展历史以及对于经济社会学学科的探讨历史都比较短，因此，国内学术界对于经济社会学的研究没有形成明显的新旧两个阶段。所以，当时国内学术界对经济社会学的定义在很大程度上受到国外经济社会学学术传统的影响相对比较小。

20 世纪 90 年代以后，经济社会学在国内得到进一步发展，学术界对其逐渐形成了几个有代表性的定义。梁向阳认为，经济社会学是运用社会学的理论和观点方法，把经济看成是社会的一个子系统，研究经济与社会的相互关系的社会学分支学科。在汪和健看来，经济社会学是"以社会学的概念工具和理论体系为依据，研究特定的经济与社会相互关系模式的边缘学科"，它是对"经济和社会相互关系的系统和客观研究"。不过其定义遭到了其他学者的质疑。如朱国宏认为上述定义有几点不太令人满意：一是不能研究"微观经济行为"；二是"无法区分经济社会学和社会经济学"；三是"经济学的学科性质由此必将受到质疑"。为此，朱国宏给出的定义是："经济社会学就是运用社会学的理论和方法来研究经济行为、经济结构和经济体系的一门学科，对应于研究对象在经济行为、经济结构和经济体系上的分别，可分别划出微观经济社会学、中观经济社会学和宏观经济社会学。"他的这一定义明显的带有经济学"帝国主义"的思维方法痕迹。

目前，国内学术界强调从"经济与社会关系"的角度给经济社会学定义，并没有超越斯梅尔瑟在 20 世纪 50 年代至 60 年代的思维方式，同时也忽视了新经济社会学对于此概念的贡献。事实上，不仅是经济社会学、经济学和社会经济学等都关注经济现象、研究经济问题，努力从经济与社会的角度研究经济现象与经济问题，而且经济社会学、社会学同样都关注社会现象，探讨社会问题，它们都不约而同地采取社会学方法研究。也就是说，研究"经济与社会"关系学说就无法将经济学、社会学以及经济社会学尤其是经济学最新成果真正区别开来。所以，必须走出原有定义，站在新经济社会学立场上吸收经济学、社会学中的最新成果，与时俱进地定义经济社会学概念。

既然经济社会学与经济学关系密切，它作为一门以社会学视角观察和解释经济现象和经济制度的交叉学科。在研究经济行动中，经济社会学研究经济过程中经济因素与非经济因素的相互作用，经济学则偏重于研究这一过程中的经济因素。那经济社会学就应当关注经济，是一门关于经济的社会学。与此同时，经济社会学与社会学紧密相关，故经济社会学同样是一门关于社会的经济学。经济社会学就是在社会经济问题日益尖锐和复杂的背景下产生的，它在人们的社会生活中起到越来越重要的作用，为经济、社会协调发展提供理论上的依据，从而避免单纯追求经济增长而出现种种社会问题。肇始于 20 世纪 80 年代的新经济社会学已展现出独立的研究视角，形成了确有解释力的定义。

如前所述，目前国际经济社会学界尚未给出一个具有权威的定义，不同的经济社会学家有着不同的定义。综合国内外经济社会学者们的观点笔者认为，经济社会学就是研究经济和社会的相互关系，把各种经济现象和经济制度纳入社会之中，综合运用社会结构、社会网络、社会文化、社会组织和社会变迁等理论和方法，研究经济运行过程中经济因素和非经济因素相互作用的一般规律的社会学分支学科。

二、经济社会学定义的不同取向

（一）经济理论与经济思想史的经济社会学

这一学说中以经济学的历史学派和制度学派所做出的成果最为世人所瞩目。经济学家约瑟夫·熊彼特在其著作《经济分析史》(1954)中将经济社会学看作经济分析的四个基础学科之一(其他三门分别为经济史、统计学与统计方法、经济理论)。他认为所谓"经济社会学"，即对与经济相关的制度描述和解释——或称为解释性的描述——如政府机构、财产继承、私营企业、习惯性行为或"理性"行为。所谓"经济学"，即对经济组织的解释性描述，这种经济组织存在于任何给定的制度之中，如市场组织。他认为经济理论要确立一个体现其自身规律的体系，势必要把多种多样的非经济现象作为"已知条件"从其研究对象中排除出去，而对这些非经济现象的"已知条件"作进一步具体的论述，也就成了经济社会学的研究内容。在他看来，经济社会学首先涉及经济学家赖以做出某些假设的有关经济行为的事实，其次涉及作为所要研究的社会经济组织特征的制度。他对经济社会学的贡献主要反映在他对经济学与社会学关系的论述以及对企业家及其创新的研究。

熊彼特强调经济学和社会学是相互联系的。在 20 世纪 20 年代，经济学是极力排斥社会学的，但此间他主张经济学家应该欢迎社会学的发展，其理由是，在经济理论中"一些主要的问题"用纯经济学的方法是不足以解决的。他认为经济学理论与社会学确有根本方法的区别，两者不能混用，重要的是每门学科要保持自己的方法论。那种认为经济学处理经济现象，而社会学处理除经济现象以外的其他人类活动的观点是不正确的。因此他认为，社会学对理解和分析经济现象十分有用。熊彼特对经济社会学的具体分析主要反映在他的著作《帝国主义的社会学》(1919)和《税收国家的危机》(1918)中，研究重点主要关注经济行为发生的制度。令人遗憾的是，在论及社会学历史的正统教科书中很少提及熊彼特，但由于其《资本主义、社会主义和民主主义》(1942)一书的价值体现，使得其在政治社会学界的影响很大。

除了制度经济学家之外，社会学家马克斯·韦伯试图建立一门超越纯粹经济学理论的"社会经济学"来研究经济与社会之间的关系。韦伯所构想的社会经济学是由经济的历史研究、非经济现象的经济影响研究以及经济的社会后果研究三部分组成的。韦伯的"社会经济学"中非经济因素的经济影响分析以及经济现象的社会后果研究，就构成了今天所谓的"经济社会学"研究的核心内容。韦伯对经济社会学的贡献主要体现在以下几个方面：①对经济行为概念的界定；②对资本主义的理解；③对市场经济与计划经济的分析；④对经济与文化之间关系的探讨。

斯威德伯格认为，韦伯在"经济社会学"的分析中把经济社会学和经济理论与经济史融合在一起。韦伯通过对社会行为的解释与说明，研究了"历史与社会的经济解释"以及"经济史与社会学"等问题；而这一系列研究的核心内容则是历史研究；他的历史研究充满着关于经济与社会之关联尤其是关于经济与宗教之关联的丰富资料。马克斯·韦伯所著的《经济与历史·支配的类型》虽然是为《经济与社会》(1922)所做的一本关于经济社会学的通俗读本，但通常被归为经济史一类。从经济学家的观点来看，他代表的是德国经济历史学派"最年轻的一代"。韦伯认为，人类的经济行为倾向可以是传统式的或是有理性的。他认为理性经济行为具有以下特征：①经济行动者有计划地分配他一切可以运用的现有与未来的资源；②他能把资源按其重要性分配给不同的可能用途；③当经济行动者本身拥有对必要生产工具的支配权时，他能以有计划的生产方式获得利润；④当事人可以有计划地通过结社的手段取得对有限资源的共同支配权。

(二) 结构功能主义取向的经济社会学

由迪尔凯姆以及德国经济学家、社会学家 W. 桑巴特等人开创的结构功能主义，一直是经济社会学的主流。社会学三大奠基人之一，法国伟大社会学家迪尔凯姆，也是最先提出将经济社会学作为一门社会学的分支学科。他认为，社会学要想成为一门独立学科，必须有自己的研究对象，他认为应当把社会事实作为自己的研究对象。20 世纪中叶，以帕森斯和斯梅尔瑟为代表的结构功能主义者深化了研究内容，并且产生了深远影响。

结构功能主义代表人物，美国社会学家帕森斯在总结前人行动理论基础上提出了自己的意志论行动理论。他认为社会行动的基本单位是单元行动，由目的、手段、条件、规范等一些基本要素构成，每一种行动都涉及人的主观目的，并构成行动中的意志自主因素。社会行动是一个庞大系统，由行为有机体系统、人格系统、社会系统和文化系统4个子系统构成，每个子系统都有自己维持和生存边界，但又相互依存、相互作用，共同形成了层次控制系统。社会系统是一种行动者互动过程系统，行动者间的关系结构是社会系统的一种基本结构。社会系统中的行动者通过社会身份和社会角色与社会发生联系，制度化了的身份与角色复合体就是指社会制度。同时社会系统必须满足4种基本功能：适应、目标达成、整合、潜在模式维系。在组织上产生功能分化，由经济、政治、社会共同体和文化意义上的模式托管系统分别执行。在社会系统与其他系统之间和社会系统的各子系统间，存在着多种多样的输入—输出的交换关系，形成社会系统过程。通过交换，社会秩序就得以结构化，并构成了社会系统的动态平衡。帕森斯将经济理论看成是"社会体系"一般理论的一个特殊方面，并试图把经济理论与社会理论融合为一体。

斯梅尔瑟则将社会学理论应用于经济制度、社会变迁、集体行为、人格与社会结构等方面的研究，在学术界享有较高声誉。他在其《工业革命中的社会变迁》(1959)和《经济生活的社会学》(1964)等著作中，运用结构—功能分析方法和在《经济与社会》中所形成的相关理论，深入考察了1770至1840年间英国工业革命历程，并广泛综合了有关发展中国家工业化研究成果，探讨了早期工业资本主义发展对家庭结构和对社会分化的影响，认为这一历史过程导致了经济性分化，拓展了行动范围，并产生一系列相应市场要求的非经济性分化。提出了一系列关于社会变迁与发展的重要理论命题。应该说，经济社会学的明确定义至今影响最大的依旧是斯梅尔瑟在《经济社会学》中所给出的，同时在该书的绪论中，他对上述定义还进行了补充和解释："本书研究社会生活中的经济方面，但本书并不属于按通常意义理解的经济学。实质上，本书着重研究社会生活中经济方面和非经济方面之间的关系，即两者是怎样交叉重叠，怎样相互影响的。本书还对经济活动进行社会学分析，我们将此称为'经济社会学'"。①同时，斯梅尔瑟在《国际社会科学百科全书》(1968)中关于"经济与社会"条目中还对经济社会学概念做出了更系统的界定："经济社会学是运用社会学原理和方法，探讨经济行为对于社会生活的作用，并且科学地分析经济结构和社会上其他各种结构之间关系的学科可以从三个方面加以探讨：①研究特定经济行为的各种角色和组织，如职业形态、生活方式和技术工人等，研究社会本身的组织，分析职位、能力和权威的关系；②分析各种经济结构和其他结构之间的关系；③研究经济学(因素)和社会变迁的关系，诸如有组织地分析制度，并具体研究社会结构与各种制度之间的关系"。②这一定义就是主张经济社会学运用社会学理论与方法，从不同层次研究经济与社会之间的关系。目前，斯梅尔塞的研究对现代化理论仍然有着较大影响，被认为是现代化理论研究的创始人之一。

(三) 作为专门科学或边缘科学的经济社会学

这两种趋向都是把经济社会学看作是社会学下面的一个特殊的研究领域。把经济社会学作为一门专门科学的取向认为：社会学是一门利用经验考察与批判分析来研究人类社会结构与活动中某一特定领域的专门学科，而其中的一个特殊领域就是经济社会学。在该观点中，有这样一种学说尤为值得关注：在人与人的相互关系中去探寻社会学的研究对象，这实际上是一种对"关系社会学"续谱的学说。在 L. V. 维尔斯(L. V. Wise)看来，同把"人与物(或者产品)的相互关联"作为研究对象的经济理论不同，社会学一般把人与人的相互关联或者相互关系作为研究对象，而经济社会学就是把人与人以经济为媒介物所相互缔结的关系作为研究课题。另一方面，给予关系社会学这一角度的经济社会学是这样展开其分析的：把同经济相互关联的社会关系作为研究对象，对社会结构予以静态的与动态的分析，如高田保马、北野熊喜男、向井利昌等人就持这种观点。

另外一种取向则把经济社会学作为发掘社会科学的研究对象之边缘或是中间

---

① [美]斯梅尔瑟著. 经济社会学. 方明、折晓叶，译. 北京：华夏出版社，1989 年，第 2 页.
② 周长城. 现代经济社会学. 武汉：武汉大学出版社，2003 年，第 5 页.

领域的学科。如果出现在社会研究的众多专门领域中的经济资料代表一种知识的话，那么将这一方面的所有知识予以综合便形成了作为中介者的社会学这一知识系统，就是基于这样的认识进而创立了作为一门边缘学科的经济社会学。这种经济社会学取消了经济方面抽象的与精通的理论，取而代之的以现实为基础的理论。萨夫鲁曼则提出了另外一种主张，在他看来，社会与经济两者之间的相互作用及相互制约这一特性使得经济社会学的研究显得必需。

应该说，当代经济社会学所关注的重点是在社会经济变迁的理论构建上，集中探讨社会经济发展的一般规律、变迁所具备的心理特质、发展的指标体系、可持续发展、发展中的协调与失调等诸多问题。由此又产生了后工业社会论、富裕社会论和社会指标等相关理论。社会经济发展战略论就是社会经济变迁论的延伸，它从长远的观点研究一国的社会经济发展道路，在认识国情、国力等前提下提出社会发展对策。

第二节　经济社会学的性质分析

传统经济学研究一般只集中在社会生活的某一个方面，经济学就是研究类行为及如何将有限的或稀缺的资源组织社会生产、分配、消费与交换等环节，研究有关经济发展规律的科学。尽管经济学家承认社会生活的其他方面，比如政治、文化、法律、制度、教育等方面对经济生活有很大的影响。但通常情况下，经济学家们都假定这些影响对经济分析而言是给定的，不能改变经济发展过程。也就是说，即使经济学研究这些因素，也只是研究"特定的"体制，因此限制了他们对经济过程的进一步研究。经济学家简化经济与社会变量之间关系的做法已受到了越来越多的批评。经济社会学的发展，一方面是经济学与社会学互动的结果，另一方面，也是社会生活中的经济活动越来越纷繁变化。可以说，传统的经济学理论无法完整地解释复杂的经济现象与社会发展的必然结果。

在中国，经济社会学还属于一门年轻学科，即使从第一次经济社会学会议的召开开始算起也就三十多年，而在国外却早已开始了经济社会学系统研究。实际上，国内高校普遍把"经济社会学"作为一门课程进行系统教育也仅二十多年，说明国内高校开设经济社会学课程的时间很短。所以，要全面把握经济社会的理论与方法，就应当在经济社会学母体中寻根，知晓经济学、社会学理论与方法论，把握经济学以及社会学方法论实质，在此基础上形成经济社会学的性质、发展历程以及方法论特性。只有这样，才能使经济社会学根基扎牢于中国，才能更好地运用经济社会学理论与方法分析中国的经济与社会现象，解决中国经济社会问题，更好地促进中国经济社会快速健康地发展。

经济社会学作为一门独立学科且要实现其发展，必须有效促进经济学与社会学的有效合作与协调。经济学家在研究经济行动时，主要关心的是经济交换、市场、分配等经济变化的有效变量，而不太关心其他的社会变量。也就是说，经济学的假设常常以社会变量作为先决条件，而经济社会学作为社会学的一个分支学科，把经济系统视为社会系统的一个次系统，是社会系统的有机组成部分，是经济系统与社会系统中的其他系统相互作用。经济学家和社会学家有着各自的研究目的。

一、研究对象

经济社会学研究对象一直是经济社会学家们不断探讨的问题。20 世纪 70 年代，斯梅尔瑟指出经济社会学应从三方面着手研究经济与社会的关系：一是从社会系统的角度将经济视为一种社会结构，来考察经济结构与其他社会结构之间的关系，比如经济与文化(价值观念、意识形态等)、经济与政治等结构之间的关系；二是从经济过程角度，进一步考察经济因素和非经济因素之间的静态关系，比如商品生产与服务、分配、交换和消费等；三是从经济变迁与社会变迁的角度考察经济变迁和社会变迁之间的动态关系。然而在韦伯看来，作为社会经济现象的关系和意义并不是"客观的"实际存在，还需要我们通过一定的"认知"结构和"社会经济学的方法"，才能揭示出并严格确定其内在意义。韦伯在《新教伦理与资本主义精神》(1904)中的观点可看成是他对其确定的"社会经济学"范围内的"一个环节"，即对"与经济相关的"宗教现象的研究。正如韦伯所表明的那样，他并不因此反对"另一个环节"——对受经济因素影响的现象的研究，尤其在他的巨著《经济与社会》(1921)中已更全面更完整地把"讨论经济的社会条件"作为中心目的。在这部最重要的经济社会学著作中，他把"经济动力与社会制度的相互联系"作为"一再提出来讨论的问题"，并且提出这一科学在"必要时也必须创造自己的理论框架"。

二、研究重点与方向

经济社会学的研究对象是经济发展的具体社会机制，这种社会机制被定义为社会群体内部，这些群体之间及其同国家之间，在生产、分配和消费物质产品及劳务方面相互作用的稳定系统。

20 世纪 80 年代以前，经济社会学的研究重点主要体现在：首先是解释政府管理经济活动与进步的经济行为方式之间的相互关系，前者是刺激还是阻碍了后者；其次是分析各社会群体的社会地位、经济利益与其对社会经济改革的态度有何联系，以发现新经济机制的采纳将以何种方式影响各群体的社会地位和社会声望；最后是设计经济及社会政策和相关措施，以此形成主观上对改革有兴趣的广大社会主体，并遏制对改革没有兴趣的群体作用。

从 1984 年开始，经济社会学确立了新的发展方向：第一，确定那些从相互作用上有助于奠定经济发展社会机制基础的社会群体，并刻画出其质的特征；第二，探讨社会群体经济行为的形式、方式和客观规律；第三，分析群体经济行为的条件，如社会经济状况、国家组织对群体经济行为的调节；第四，研究社会对完善社会关系的途径所持的态度；第五，确立经济的社会调节体系，确保各群体之间及其同国家间利益的一致，开拓有效利用劳动力和生产潜力的具体途径，并在实践中对其加以检验。

1992 年，格兰诺维特与斯威德伯格在其合著的《经济生活中的社会学》中对经济社会学的研究对象做出了具体描述，认为经济社会学研究的内容应包括以下几点：首先，从社会学的视角审视经济，从理论层面叙述经济社会学的研究内容；其次，经济社会学应从历史层面和比较视角研究经济，这主要从研究方法上展示经济社会学的研究内容；再次，经济社会学应该把经济制度研究作为自己的主要研究对象；最后，经济社会学应该研究经济组织，包括公司研究、工业组织研究等。

1994 年，斯梅尔瑟和斯威德伯格在充分调查经济社会学家所从事的研究基础上，对经济社会学的研究对象做出了进一步阐述，认为经济社会学研究应重点集中在：①用社会学视角审视经济，这包括从文化的角度研究经济，以及从多学科的角度研究去经济现象(制度经济学、交易成本经济学、组织理论、进化理论、理性选择理论等)；②研究经济的核心问题，如经济系统、经济制度和经济行为，一方面应从宏观社会学角度研究经济，另一方面应研究经济制度和经济行为；③研究公司、组织和工业；④研究社会与经济的关系，包括其他制度与经济的关系，如教育制度与经济、宗教制度与经济、福利制度与经济、分配制度与经济，同时还包括性别与经济、种族与经济以及环境与经济等问题。应该说，他们在很大程度上继承了韦伯所确定的经济社会学基本理念和研究范围。这不仅仅是因为他们同韦伯一样看到了人类经济活动是普遍地受社会现象影响的事实，而且还基于他们看到了愈演愈烈的经济理论与社会理论之间的专门化所带来的问题和弊端。因此他们试图通过对经济理论与社会理论的整合来建构一种能综合分析经济与社会关系的统一的理论框架。应当说，在很大程度上他们实现了韦伯意在通过揭示经济与社会关系的意义以创造经济社会学"自己的理论框架"的梦想，尽管也为此付出了理论偏离经验的代价。

1996 年，美国西北大学的经济社会学家布鲁斯·卡鲁瑟尔斯(Bruce Carruthers)指出，经济社会学就是用社会学的观点研究经济制度和经济行为。经济社会学应该建立一套社会学概念和理论，用以解释市场、价格、公司、供给、生产、工作、交换和财产等经济现象。

1997 年，格兰诺维特在给斯坦福大学开设经济社会学课程时明确提出了经济社会学的研究对象是：用社会学的视角研究工业组织、商业联盟、劳动力市场、信息网络在物品生产和服务中的作用，物品通过非市场机制如何进行分配，非西方国家的资本主义、经济中的权力关系以及像法律和医疗中存在的专业组织。

2000 年成立的美国社会学学会经济社会学分会明确规定了经济社会学的研究对象分为以下四个方面。

(1) 宏观社会学视角下的经济。许多经典经济社会学家对经济研究持宏观社会学的观点，如韦伯、马克思、迪尔凯姆、帕森斯、斯梅尔瑟、波兰尼和熊彼特等。现代经济社会学家基于传统的理论，运用更新、更复杂的方法研究美国、拉丁美洲、欧洲和亚洲的经济系统，如格兰诺维特、斯廷斯凯姆和爱桑尼等。

(2) 经济制度和经济行为的社会学分析。经济社会学家研究许多主要的经济制度，这些制度包括市场(劳动市场、生产市场、工业市场、金融市场和服务市场)、货币、银行、贸易、交通、网络、消费(包括消费行为)以及非正式经济等。

(3) 社会学视角下的公司、组织和产业。组织是经济活动中主要的社会行动者，因此，经济社会学家分析组织的结构、组织的行为和组织的效率。研究主题包括企业家、工资、激励机制、组织运行、商业集团、行业、工业区域、战略联盟、供需关系和非法活动(如共谋性欺骗)等。

(4) 经济与社会系统、政治系统的关系。经济社会学家分析经济制度与非经济制度的相互关系，把经济生活扩展到社会制度和政治制度之中，同时，也将政治制度和社会制度扩展到经济生活领域。研究主题包括经济与文化、经济与教育、经济与性别、经济与种族、经济与闲暇、经济与国家、经济与政治体制，以及经济与环境的相互关系等。

如果将美国经济社会学分会对经济社会学研究对象的概括与斯梅尔瑟等人对经济社会学研究对象的论述进行比较分析，可以发现其观点主要借鉴了斯梅尔瑟和斯威德伯格的观点。某种意义上，这是迄今为止对经济社会学研究对象较为权威的表述。比如斯梅尔塞在其《经济生活中的社会学》(1963)中阐述了经济社会学的发展史和主要研究领域，对经济社会学的学科化做出了重要贡献。日本学者富永健一受教于斯梅尔塞，在其主编的《经济社会学》(1973)一书中，在学科化方面也做出了系统的描述，为此做出了重要贡献。

第三节　经济社会学的特点

任何一门学科都有自己的发展历史并呈现出不同的学科特色,从社会学视角研究经济与社会关系问题的经济社会学,同样形成了学科自身独有的学科特点、研究特征、研究主题与发展方向。

经济社会学作为一门较年轻的学科,不过其母体——经济学、社会学,尤其经济学却有着数百年发展历史。如果从起源上看,人类只要进行物质资料的生产则意味着经济活动的开展。也就是说,作为经济社会学主体的经济学在人类迈进私有制以后就渐渐形成了。随着剩余产品的出现,人们便开始运行理性的眼光去审视自己的劳动产品,并对这些产品进行消费、分配与交换,这样就有了最原始的经济社会活动。古希腊哲学家、历史学家色诺芬在其著作《经济论》中论述奴隶主如何管理家庭农庄,如何使具有使用价值的财富得以增加。他十分重视农业,认为农业是希腊自由民的最好职业,并认为合理地经营农业可以增加收入,提高土地价格,这对古罗马的经济思想和以后法国重农学派都有影响。柏拉图在其《理想国》中从人性论、从国家组织原理以及从使用价值的生产三个方面考察了社会分工的必要性,认为分工是出于人性和经济生活所必需的一种自然现象。其中勾画了理想国家如何进行有效的社会分工、资源分配,社会各阶层如何和谐相处等经济社会问题。这一社会分工学说旨在为他设想的奴隶主理想国提供理论根据,对当时的社会经济结构也提出了一个理论分析工具。亚里士多德在其《政治学》《伦理学》等著作中,不仅指出了每种物品都有两种用途:一是供直接使用;二是供与其他物品相交换。而且还说明了商品交换的历史发展和货币作为交换媒介的职能,指出货币对一切商品起着一种等同关系即等价关系的作用,还阐述了古罗马的十二铜表法等,从而成为最早分析商品价值形态和货币性质的学者。上述思想以及其中所蕴含的经济、社会制度设置与安排等,构成了经济学思想的较早起源,为近代建立一门学科意义上的经济学提供了理论资源。到中世纪,虽然宗教占据了绝对主导地位，但是经济活动以及对此展开的经济研究也一直没有停止，托马斯·阿奎纳、阿尔伯特等神学家站在经院哲学的立场上探讨了生产成本、商品价格、货币利息等民众关注的现实问题。阿尔伯特提倡实在论，认为科学是信仰的准备与先驱。所有这些成果为以威廉·司塔福特、托马斯·孟、安·德·蒙克莱田为代表的重商主义，为以魁奈、杜尔阁为代表的重农主义，为以亚当·斯密为代表的市场经济理论学派以及后来其他各种学科意义上的经济学理论的产生和发展打下了坚实基础。

经济学总是把商品与货币的供给与需求作为自己的研究对象，把实现利润最大化、促进财富增长作为自己的理论与最终目标。但不同社会以及不同的发展阶段，人们关注经济发展的方式、角度以及内容明显不同，研究的侧重点也就有所差异。这就是说，经济学是一门历史性、继承性学科，从来不存在超越任何历史、超越人们经济社会生活的所谓纯粹的经济学学问。经济学总是生活在特定的社会情境与社会土壤之中，与特定时代人们的社会生活及社会制度有紧密相关。因此，脱离具体的历史情境以及时代特征去抽象地研究经济学是不科学的。

起源于 19 世纪末期的"社会学"最初是于 1838 年由法国思想家奥古斯特·孔德在其《实证哲学教程》(1830)中提出来的，后来经过马克思、斯宾塞、迪尔凯姆、韦伯等学者的不断发展，逐渐形成有独立的研究对象、研究理论、研究方法和范式的一门社会科学。作为一种体现社会学特征的社会行动、社会结构、社会组织以及社会设置从人类产生之日起就逐渐建立并不断完善，构成了社会思想家们研究的主题。社会学从社会整体状态出发，通过社会关系和社会行为研究社会结构、功能、发生与发展规律。中国古代思想家孔子、孟子、老子、庄子以及其他一些思想家以哲学命题形式抽象地提出了社会秩序稳定、社会机构设置以及社会控制等思想，成为历代君王的治国方略。如先秦时期思想家荀子就曾论述过"人生不能无群"思想，他认为人之所以异于禽兽，原因在于"人能群，彼不能群也"。"群"即"社会"，说明了人类对由自身活动所构成的社会生活及其思考。目前，中国学界有关社会学的普遍看法是，社会学是一门关于社会良性运行和协调发展的条件和机制的综合性具体社会科学。

与此同时，古希腊哲学家苏格拉底、柏拉图、亚里士多德等人以思辨的形式对社会问题进行了哲学研究。中世纪虽然思想家们对于社会秩序和社会结构的探究受到了宗教神学的制约，甚至服从于宗教神学的安排，但是人们对于社会问题的研究却一直没有停止过。19 世纪晚期至 20 世纪早期，社会学从哲学中分化出来，并致力于采取实证研究方法以克服传统思辨哲学的不足，努力研究社会事实，寻求社会事实的客观性。此时的社会理论家们很少用科学的方法及其他实证方式证明论点，在面对非常大型的社会走势时候反而都使用一些假说，而这些假说往往需要很长的时间证明。很多时候，社会理论被认定为不可证明的。追求实证方法，强调价值无干涉，体现价值中立的研究理念，其实早在社会学创始人那里开始已经存在争议，产生了与之相对，强调行动主观性与能动性的社会学理论，并同样影响着后来社会学家们的研究理念。

社会学研究主要通过定性研究和定量研究，运用各种方法搜集经验实证，包括问卷、面谈、参与者观察及统计研究等不同方法，其方法所面对的困难是根据研究员各自采纳的理论基础来解释及了解社会。透过社会学采取的不同研究方法、研究理论以及研究结论可以看出，社会学从创始人开始就非常注重对经济社会问题的关注与研究，试图对经济社会现实问题做出自己满意的解答，强调社会学研究主题与研究方法的时代性特征，提出经济社会和谐发展、构建社会和谐稳定、促进社会转型与社会变迁的理论体系。

由此看来，从经济学和社会学基础之上形成与发展起来的经济社会学应当具有如下几个显著特征。

一、历史继承性

任何学科的发展都需要经历一定的历史过程，经济社会学同样具有历史继承性，它是在批判地继承以往相关学科成就的基础之上不断推陈出新，形成了自己的理论框架和理论体系。如熊彼特作为经济社会学最早的倡导者之一，在其《经济分析史》中就提出了"经济社会学"概念并且将其定义为研究"经济社会制度"的科学。不过他的"经济社会学"过多地强调经济，而与现代意义的经济社会学并不是完全一致。即使就经济学而言，"经济制度"最初是指罗马社会的家庭管理，其纯粹经济学概念过于狭隘。主流经济学发展从来就不是线性的，也需要经历无数曲折和往复，并在此过程中形成各个时代的基本假设和定义。作为经济社会学的发展也同样如此，一方面，经济社会学是从经济学、社会学中产生的，它必然具有这两门学科的一般属性，遵循这两门学科的研究方法尤其是要吸收它们的研究优长，克服这两门学科在研究假设、研究方法等方面的局限性与不足，从而使之成为一门具有更强解释力的学科。另一方面，从法国社会学家迪尔凯姆第一次把经济社会学当成社会学分支学科算起到现在已有一百多年的发展历程，经过经济学家、社会学家、政治学家、人类学家以及其他社会科学家们的共同努力，经济社会学批判地继承了这些学科中方法论优势，试图克服单一经济人假设的局限性，进而克服了那种否定非经济因素对商品供求关系影响的不足的观点，强调行动者的行动态度、自身偏好以及社会结构、社会心理与社会潮流同样对商品的供求关系、对整个社会的经济活动产生重要影响，也就是强调非经济因素对经济的发展同样会起到作用。这样便形成了一门具有特色鲜明、主题明确、内容丰富的应用性学科，能够很好地解释当代经济社会变迁过程中产生的诸多问题，从而能够更深入地解释人类的经济社会行动，日益彰显出经济社会学的科学性质。

二、作为一种知识体系

经济社会学作为一种知识体系，它通过特定的概念体系、逻辑范畴、网络模型、实证与规范分析去解释经济社会现象、分析经济社会问题，它凝聚着经济社会学家们在特定的时代形成的知识成果。在经济社会学发展史上，早期的思想家仅仅是在学科层面上提出应当在社会学或经济学学科中划分出一门经济社会学分支学科，并试图提出经济社会学自己的研究对象与研究范围。从 19 世纪 80 年代起，社会学跨出了自身固有的研究领域，用跨学科眼光重新审视经济社会生活，因而构成当代社会学乃至整个社会科学的一个重要发展趋势。也就是说，此时的经济社会学已运用社会学基本理论、变量和解释性模型研究稀缺物品以及服务的生产、分配、交换、消费等复杂行为，将非理性选择的维度融入新古典经济学对经济生活现象的解释模型上，从而促进了经济学和社会学的思想交流。20 世纪 50 年代，欧美的社会学家们站在反对经济学"帝国主义"立场上，明确提出了经济社会学的概念和内容，指出经济社会学要能够从社会学角度研究经济运动、经济市场、经济发展、经济体制、经济结构以及经济过程。20 世纪 80 年代至 90 年代，一批经济社会学家开始运用社会网络、社会资本和博弈信息等理论分析社会经济问题，经济社会学再一次扩张了原有的领地向政治学、法学、心理学等学科领域迈进，将社会结构、关系网络、社会选择、个人价值、风俗习惯、文化差异等理论内容与研究方法整合为一门更具有解释力度的交叉学科。

我国目前正处在社会转型与变革的关键时期，新经济社会学的基本观点与知识体系的建立对于分析这一时期的经济现象具有一定的启发意义。相信随着经济社会的变迁以及经济社会生活日益紧密的联系，将来的经济社会学一定会积极吸收与借鉴更多其他学科的最新研究成果与研究方法，以不断丰富和完善已有的知识体系，为人类在提高认识水平，提高认识能力与促进社会发展与进步等方面做出贡献。

三、一门交叉学科

毋庸置疑，经济社会学具有交叉学科的性质。经济社会学之所以能成为一门独立的分支学科，并因其迅速发展而备受关注，其中主要原因是经济社会学涉及社会科学若干核心问题，特别是经济系统的本质和功能问题。经济与社会关系及相关问题的研究，构成了经济社会学固有的学科性质和传统，这是无可争议的。不过，在经济社会学历经的发展阶段中，并不是所有人都能透识这一传统意义从而能以其引导新理论的建构和该学科发展。学科的交叉与学科的融合是 20 世纪中期以来中西方学术发展的一个趋势，也是各门学科强调自身存在价值、保持生命力的重要表征。而经济社会学学科的交叉出现在 20 世纪 50 年代以后才开始逐渐体现出来。一方面，经济社会学是在反对经济学"帝国主义"、努力克服经济学方法论局限性基础之上建立起来的。因此，经济社会学必然要反对主流经济学所采用的学科方法论以及由此形成的理论体系，其直接后果便是积极吸收其他社会科学理论内容以及方法论准则；另一方面，经济社会学作为社会学的一个分支学科，它秉承社会学定性与定量研究方法传统，综合社会学主观主义与客观主义方法论旨趣，从社会构建、社会网络等理论立场出发阐释经济现象和经济问题。

自 19 世纪 40 年代，卡尔·马克思力图解读阶级关系和政治活动背后的经济基础。40 年之后，埃米尔·迪尔凯姆探讨了现代社会的分工以及职业行为的内涵。到 19 世纪末，马克斯·韦伯关注经济制度和经济行为方式的起源问题。然而在 1920 年至 1980 年间，社会学家们转移了对经济行为研究的兴趣，他们主要考察诸如公司和工会等经济制度而忽略这些组织中的经济行为与经济现象。20 世纪 30 年代理性选择理论的出现解决了经济学与社会学重叠的问题，经济学用理性选择的方法严格限定出某些结果，而社会学就解释这些研究结果。20 世纪 80 年代，瑞典学者理查德·斯威德伯格访谈了十几位对经济社会学有研究兴趣的学者，其中一些学者认为，未来包括经济社会学在内的各门社会科学之间的边界将变得越来越模糊。因此在社会学方法论视阈下的经济社会学必然会吸收经济学的合理因素，直接与经济学展开对话，以便提高自身的说服能力。从 1980 年以来，社会学家们又重新关注起经济行为这一主题，研究方法取自其他学科类型行为的研究。他们追问，为什么行为在不同社会之间差异巨大，而在单一社会内部行为差异则相对较小等相关问题，社会学家们把这些不同层面的行为归因于社会常规 (convention)，而且他们逐渐相信经济常规与家庭的常规也是非常类似的。经济社会学一旦坚持了该学科的交叉性与方法论多重研究等相关原则，就一定会把自身推向更加综合的境地，进一步吸收上述学科的合理因素，不断完善自身理论体系与理论内容。

四、较强的应用性

社会学家们认为，用于解释政治的和家庭的行为方式理论可用于解释经济行为。正如家庭、政治一样，市场也是一种包含常规、角色和冲突的社会结构。现代资本主义社会表现出大量不同的经济行为方式刺激了社会学家们把经济常规看作类似于其他类型常规的想法。这种想法的产生部分基于对东亚现代性模式日益深入的认识，即东亚提供了一种有别于欧洲和北美模式，或者说它们代表了几种不同的模式。这种对经济常规的新思路也植根于一种见解，但它们仍然存在系统的和持续的差异。社会学家们认为，如果这些不同经济类型都能实现高增长率，经济行为的驱动力其实就不只是狭隘地号称决定效率的经济规律。社会过程对于经济行为的多样性必然深具解释力。经济社会学能够有效地解释经济社会现象、回答经济社会问题、提出更加具有说服力的对策与方案，由此可以说，这一学科具有较强的应用性质。从起源上看，经济社会学的产生本身就是为了克服经济学研究中排斥社会变量以及社会学研究中忽视经济因素的倾向，努力将两者有机地结合起来，以便在克服局限性的基础上吸收其合理因素，形成一门具有解释力的社会科学。以新经济社会学为主要代表的格兰诺维特详述了网络在经济分析中的应用，他认为，社会关系网络是不规则的，它不同程度地渗透在经济生活的各个方面。运用网络方法就可以了解信任在经济中的作用以及经济制度在现实中的运行。同时他还研究了信息网络在人们寻找工作时所起的作用，在其最近研究中指出，虽然大多数经济互动发生在网络之中，但经济制度的动力是各不相同的。经济制度经由网络产生，然而一旦成型，它们就"锁定"在单一的制变模式之中。新经济社会学对社会学研究领域的重新界定，以及它在建构理论时所持有的态度和所采用的方法，对社会学的研究都具有借鉴意义。

由于经济社会学具有较强的应用性质，已得到越来越多的经济学、社会学以及其他社会科学家们的青睐，有学者因此还获得了诺贝尔经济学奖，因此越来越凸现出这门学科的应用性质。

第二章 经济社会学的理论、方法以及研究内容

经济社会学的发展、理论流派及方法，一方面是经济学与社会学互动的结果，另一方面也是社会生活中的经济活动越来越复杂。作为一门独立、交叉与发展的学科，首先需要了解经济社会学学科的理论流派与发展，探讨经济社会学的研究方法问题，同时对经济社会学的前沿问题与研究进行相关介绍与述评。

第一节 经济社会学的分析范式

社会学从 1838 年由奥古斯特·孔德创立以来，在不到 200 年的发展历程中，逐渐形成了具有各自独特显著特征的理论分析与研究范式。经济社会学作为社会学中最为活跃的分支学科之一，其发展同样也在不同阶段有着不同的理论研究范式、理论发展流派与理论体系。

一、功能主义的经济社会学分析

功能主义(Functionalism)是社会学理论中的一个重要流派。英国社会学家赫伯特·斯宾塞可以说是社会学中功能主义的滥觞，借用当时盛行的生物学跟演化论的观点，史宾塞的社会演化理论强调不同的社会组织满足不同的社会需求现象，正如不同的人体器官满足不同的生理机能一样。法国社会学家迪尔凯姆也深受这一颇具影响力的演化论启发，其所著《社会分工论》中就指出人类社会组织分化与功能特殊化之间的关系，组织之间的功能互补成为社会稳定生存的重要条件。功能论指出，所有的社会现象——不管这些现象看起来是多么不道德、多荒谬、多邪恶、多么不应该存在——只要它确实存在，那么这种社会现象在社会中必然

会扮演着某种社会功能。功能主义的研究目标就是寻找这些表象底层所代表的社会功能所表达的真实内涵，进而寻找完成相同社会功能更为有效且合理的替代方法。

功能主义理论作为现代西方社会中的一个具有广泛性影响的理论流派。该理论认为，社会是具有一定结构或组织化手段的系统，社会的各组成部分以有序的方式相互关联，并对社会整体发挥着必要功能。整体是以平衡的状态存在着，任何部分的变化都会趋于新的平衡。这一理论从态度的功能角度探讨态度的形成与发展，认为人们选择的是符合自身特殊心理需要的态度，认为社会与有机体一样具有结构性、功能性和相互依赖性。而社会的各部门相互依存便构成了一个具有整体性的社会有机体。早期功能主义思想主要来自孔德、斯宾塞和迪尔凯姆。孔德认为，社会是一种有规律的社会结构，它与生物有机体有着极大的相似性，是一个由各种要素组成的整体。这种整体结构同它的部分之间具有一种"普遍的和谐"，而这种"普遍和谐"的根基在于人性。他相信人类自然拥有博爱的倾向，扩充这种倾向就可以引导人类迈向秩序与和谐的境地；他认为人类博爱倾向的孕育和发展地，首先是家庭，这是"社会真正的要素或称之为社会的细胞"；然后才是阶级或种族，这是"社会的组织"；最后就是城市和社区，这是"社会的器官"。可以说，孔德从这些观念事实基础上引出了一个结构性解释视角——尝试用整体与部分的关系，用人性、博爱与秩序的联系串接起社会结构的概念。

斯宾塞沿着孔德研究的方向做了更具体化的努力，并具体发展了孔德的整体方法论结构思想。他提出了宏观结构的总体规模、复杂性和差异性的问题，并在区分结构与功能的基础上又引入了功能需求的概念，试图使用需求来解释各种社会组织的存在。也就是说，以功能体现社会结构现实。对应于生物有机体，他认为社会是由"支持""分配"和"调节"三大系统组成的结构。他预示人们在这组概念的支持下，可以从一些显性可见的功能中去把握结构的实在。

迪尔凯姆在斯宾塞的社会结构观念基础上发挥得更加淋漓尽致，主要表现在三个基本假设研究基础：①社会是一个实体，是不可化约的；②社会的各个部分可以满足社会实体的基本需求；③功能需求是社会需求。同时他还强调社会整体的优先位置——结构的自主存在问题。与其所倡导的方法论一致，他指出社会事实并非个人意愿所能左右，社会对个人具有制约性，人们的思想结构反映着社会结构的秩序，而且在反映的过程中加强和再现了这些秩序。迪尔凯姆有关社会分工的研究命题，对现代社会结构分析影响极大。他把社会结构分成两种不同类型，一种以低度分工为基础，以强烈集体意识为纽带结成的社会关系整合形式，他称之为"机械团结"类型；二是以高度分工和广泛的相互依赖为基础构成的社会关系整合形式，属于"有机团结"类型。他认为，在有机团结类型中，人们会以更多分工的形式活动并归属于更多团体。这将造成共同观念和情感的约束程度降低，社会整合的需求会自然引出新一轮的约束形式。在这里，迪尔凯姆显然把社会结构看作社会关系的组合形式，而且他认为，对社会结构的分析是理解一切社会现象的出发点。迪尔凯姆率先开拓了结构分析的各个方面，创立了一种相互对立的聚居类型：以农业社会为代表的机械团结和以城市为代表的有机团结。在机械团结的社会里人们有"集体意识"，而有机团结的社会是以高度社会分工为基础的，他认为分工是城市的特征，也是破坏传统社会整合性的力量，是建立新型社会聚合力的基础，他相信"随着工业经济的到来，乡村社会已经消失，再也不会回来"。

帕森斯作为功能主义代表人物，从第二次世界大战后直至 20 世纪 60 年代，其结构功能主义一直处于主导地位。他的结构功能分析模型从功能分化角度，将社会结构概念发展成一种庞大的旨在解释一切人类行动的系统理论。他整合了功能主义观点，奠定了曾经盛极一时的结构功能论典范，并提出了社会系统理论和 AGIL 功能分析模型。帕森斯在其著作《社会系统》中非常强调秩序、行动和共同价值体系在社会结构中的作用。他始终认为，研究社会结构就是研究秩序问题，并且势必涉及秩序中的人的行为，而研究社会秩序和人的行为又脱离不了行动者的思想情感的规范问题，"价值是构成社会秩序的条件。"他把社会定义为一个由许多子系统组成的大系统，经济系统只是其中的一个子系统。经济系统与其他系统相互作用，所有子系统在维持社会大系统运行过程中都发挥着重要功能。后来，他的一些学生和其他学者继承和发展了其思想，从功能主义视角继续对经济现象和社会系统进行研究。如斯梅尔瑟运用结构—功能分析方法研究了英国工业革命。

一般认为，功能主义理论由于高度且片面地强调社会整合及其稳定一面，其高度抽象的概括与宏大理论的建立忽略了社会微观层面。

二、社会冲突视角的经济社会学分析

社会冲突理论将冲突视为人类互动的一种基本形式。美国社会学家刘易斯·科塞(Lewis Coser)既批判了结构功能理论对社会冲突的忽视，又批判"左派"冲突论者对社会冲突结果的过分强调，积极探索功能主义冲突理论，先后出版了《社会冲突理论》《结构与冲突》等著作，由此奠定了理论基础并促进了该理论的发展。科塞在《社会冲突的功能》中最早使用"冲突理论"这一术语。他反对美国社会学家帕森斯认为社会冲突只具有破坏性作用的片面观点，他从齐美尔"社会冲突是一种基本的社会过程形式"命题出发，广泛探讨社会冲突对于群体的建立和维持的功能，明确指出在一些情况下，社会冲突具有促进社会整合，防止社会系统僵化，增强社会组织适应性等"正"功能：一是社会冲突的主题，如果不涉及基本价值观、信仰等，社会冲突就具有积极功能；二是发生冲突的社会结构，在富有弹性的社会结构中，通过为冲突安排制度化的"出口"，通过冲突方在权力关系中的结构调整，可以实现社会系统再整合，达到渐进式社会变迁的目的。对于这种情况的诠释，科塞最引人注目的命题就是频繁且低烈度的冲突，具有一定的"正"功能。频繁且低烈度冲突使人们反思和重新组织他们的行为，变革产生"紧张"的规则手段，缓解冲突关系的规范调节程度，通过合理的渠道释放紧张甚至敌对的情绪，使之不至于达到极端化。如果卷入冲突的各方能够较为理性地分析冲突所针对问题的现实性，清晰地表达各自的利益和目标，相互之间讨价还价，从而达成妥协，就有助于提高社会各群体之间的协作联合程度。由此，既促进了冲突各方日趋联合，又提高了社会系统内部的弹性协调程度和对外部环境的适应能力。科塞对冲突的定义是：价值观、信仰以及稀少的地位、权力和资源分配上的斗争，斗争中的一方目的在于企图中和、伤害或消除另一方。其对冲突的诠释中，冲突根源可归结为物质性的和非物质性：物质性的原因指稀少的地位、权力和资源分配方面的不均；非物质性的原因指价值观念和信仰的不一致。在具体论述中，科塞十分重视非物质性原因，因为人们对物质资源分配不均的失望，属于心理方面的反映，最终可归结为非物质性起因的范围。科塞强调现存不平等的分配体系所具合法性的消解是引发冲突的前提。对于合法性消解的诠释，他着重指出，面对稀缺物质资源的分配不均，人们首先在心理上、情感上被唤起，从质疑分配不均是否合理迅速发展到否定其存在的合法性，于是人们的相对剥夺感和不公正感日益增强。当疏导不满的渠道不存在时，当人们向上流动的愿望受到阻碍时，更有可能引发冲突。对此他解释说，引发冲突的起因是社会报酬分配不均以及人们对此表现出来的失望，分配体系合法性的消解才是关键的诱导因素。科塞的功能主义冲突理论虽发端于对结构功能理论的批判，但它不是对结构功能理论的全盘否定，而是对该理论的扬弃和补充。尤其是他有关"安全阀理论"的论述，为治国理政、造福社会提供了有益的启迪。

从社会冲突视角进行经济社会学分析的最具代表性的人是马克思。他认为，社会中充斥着在稀缺资源分配上的冲突，充斥着有价值资源分配的不平等；人们在社会生活中建立在财产和生产资料占有上的经济关系是最基本的社会关系，这种经济关系中的地位不平等是产生阶级分化、社会冲突的根源。马克思研究了资本主义社会的现状和发展趋势。他对经济社会学的贡献是他确立了经济和社会之间的相互关系的经济社会学研究范畴。他用经济学观点分析经济现象和社会现象，但强调经济关系在一切社会关系中的决定性作用，研究经济发展对社会发展所产生的深刻影响，当然，这也是经济社会学关注的重要领域之一。

"二战"后，一些社会学家，将经济制度的作用、一些社会变量如阶级、种族、性别等相结合引入社会、城市发展的研究之中。美国学者戴维·哈维作为当代西方地理学的重要代表人物，从经济分析和社会分析角度，着重分析了资本主义生产方式，认为资本积聚、资本流通、资本循环和资本增值是资本主义动力学的原理，推动了城市过程，资本主义社会中最重要的冲突是资本和劳动的冲突、工人阶级和资本家的冲突。亨利·列斐伏尔努力将经济学中的范畴如资本投资、收益、租金、工资、阶级剥削以及不平衡发展等用于社会分析中。美国学者纽曼尔·卡斯特于 1997 年出版的巨著《信息时代三部曲：经济、社会与文化》(包括

《网络社会的崛起》《认同的力量》《千年终结》），对信息技术革命带来的经济与社会转变进行了研究，重点分析了集体消费过程，他认为提供这种服务也可以被看作一种政治动员，由它引发的社会运动、团体抗议等与工人阶级运动联系起来，就可能具有革命性的力量。另外，斯各特(Allen J. Scott)的研究集中在产业的生产方式发生的变化、产业全球化的趋势以及这些变化对社会尤其是对城市发展的影响。他提出了两个重要的过程：垂直分工、全球化，其分析反映了世纪之交世界产业生产方式的变化。

三、符号互动视角的经济社会学分析

符号互动论是由芝加哥学派所提出的、社会学领域中的一个理论流派，该学派以 20 世纪 20 年代至 30 年代的美国芝加哥大学社会学系为重心，以斯莫尔、托马斯、杜威、库利、米德、帕克和伯吉斯等为主要代表人物，以当时美国城市环境中的移民、贫困、流浪、犯罪等社会问题为关注对象进行经验研究，借鉴西梅尔等欧洲学者的社会学理论和相关哲学思想，树立了一系列关于社群与民主、人类传播与交往、城市生态等议题的学术典范。其中，库利和米德研究语言等符号在社会发展和维持中以及在形成个人精神活动等方面所起的关键作用，强调个人精神活动与社会传播过程之间的关系，他们的理论被称为"符号互动论"。后来经过许多学者的补充和发展，符号互动论的理论与观点便得到了进一步完善。

库利(Charles Horton Cooley)，美国早期著名社会学家和社会心理学家也是美国传播学研究的鼻祖。其理论研究重点是探讨个人如何社会化，并贯穿于他的三部极具分量的著作《人类本性与社会秩序》(1902)、《社会组织》(1909)和《社会过程》(1918)之中。他以"镜像自我"(*The Looking-glass Self*，1902)来形容自我是与别人面对面互动的产物，别人就像自己的一面镜子，我的自我意识是我从别人的心里看到别人怎么看的我。在他看来，人的行为在很大程度上取决于对自我的认识，而这种认识主要是通过与他人的社会互动形成的，他人对自己的评价、态度等等，是反映自我的一面"镜子"。

他的"镜像自我"观点表明，我们形成其他人在我们身上所看到的形象，就像我们在镜子看自己一样。库利认为，一个人的自我观念是在与其他人的交往中形成的，一个人对自己的认识是其他人关于自己看法的反映。人们总是在想别人对自己的评价之中形成了自我的观念。"一个人对于自我有了某种明确的想象——他有了某种想法——涌现在自己心中，一个人所具有的这种自我感觉是由别人思想的、别人对于自己的态度所决定的。这种类型的社会我可以称作'反射的自我'或曰'镜中我'。"库利提出"镜中我"概念，用以强调个人与社会之间有机的和稳定的联系。他认为问题不在于承认个人或社会哪一个处于优势，而是要考虑个人如何存在于群体之中，以及群体如何存在于个人之中。在其《社会组织》中，提出了初级群体(primary group)概念，又被称为"首属群体"，是指成员间面对面的交往与合作的群体是一个直接的、自然的关系世界。初级群体是人性形成与发展的土壤。在初级群体中，个人情感"将获得共鸣而被社会化，并且受共同精神的约束。个人可能雄心勃勃,但他的志向的主要目标是和其他人的思想相一致的"。初级群体是维护社会稳定与和谐的重要基础。在初级群体中，人际关系是友谊关系而不是利益关系。他说："在初级群体中，人性逐渐产生。人性不是生来就有的，人只有通过交往才能得到人性，而人性又可以在孤立中失去。"他认为，一般来说，人与人之间的交往，其目的都是获取其中的某种资源，只有在初级群体的人际交往中才不存在这种功利性。个体成功、社会统一、自由等一些和谐社会所必不可少的思想，以及忠诚、真理、服务、友善、合法等和谐社会的优良品质也只有在初级群体中才能形成。

美国社会学家、社会心理学家及哲学家乔治·赫伯特·米德(Meade George Herbert)，是符号互动论的奠基人。米德的经典性著作《心理、自我和社会》是由他的学生根据他的讲稿汇编而成，是在他去世后于1934年出版的。这一著作凝结了米德最重要的社会科学研究成果，其中，他发表了一种关于人类行为、互动和组织的概念性观点。这种对于人类行为、互动和组织的观点是社会科学中关于互动的大部分现代阐述的概念基础。米德作为符号互动论的奠基人，他认为，人与人之间的互动，是以"符号"为媒介的间接沟通方式，以此方式进行的互动即为符号互动论(Theory of Symbolic Interaction)。在他看来，人的行动是有目的的、富有意义的。许多社会行为不仅包含了生物有机体间的互动，而且还包含了有意识的、自我间的互动。在人的"刺激—反应"过程中，人对自己的姿势可能引起的反应有明确的意识。当一种姿势对其发出者和针对者有共同意义时，它就成了"有意义的姿势"，即符号。米德自称是社会行为主义者，认为象征符号是社会生活的基础。人们通过语言、文字、手势、表情等象征符号进行交往，达到共同理解。社会意义建立在对别人行为的反应基础上。他重视日常生活情境中人们如何交往，如何理解社会关系。米德的符号互动论在心理学界及社会学界有较大的影响，是20世纪20年代美国社会学中一个重要理论流派。

美国经济学巨匠、制度经济学鼻祖——凡勃伦，其分析思想表现出了符号互动论色彩，他对经济社会学的贡献最为直接，也是制度学派中的社会学派代表，其成名作《有闲阶级论》可以看作是经济社会学的早期代表作。在这部著作中，凡勃伦把制度划分为两类：一类是满足人类物质生活的生产组织制度，另一类是拥有私有财产或展示人们之间相互关系的社会制度。前者满足人们的物质需要或生存需要，受自然人的本能驱使；后者满足人们的精神需要或社会需要，受人的本能驱使。凡勃伦的分析表明，经济生活严重地受制于社会力量，甚至可以认为是社会力量控制了经济的发展方向。比如显示消费、显示有闲成为社会分层的重要动力，同时，能够显示有闲或有条件显示有闲又成为社会分层的重要标志。

凡勃伦的有闲阶级理论充分展示了生活方式对阶级和社会地位的认识价值和解释力。他把消费分为两类，一类是有闲阶级为了过有闲生活而从事的消费；另一类是劳动阶级为了维持自己的生活而进行的消费。有闲阶级理论指出：有闲阶级试图通过消费让他人了解消费者的金钱力量、权利和身份，从而为消费者博得荣誉和自我满足。炫耀性消费以非必要性消费为特征具有不可逆转性。当消费进入炫耀所代表的某个阶层，则如果退出这个层次的消费群体，不但不能继续保有已获得的荣誉，而且还将遭到群体的蔑视。凡勃伦无情地批判了有闲阶级之后，又转而讨论了制度问题。在他看来，制度实际上就是人们的思想习惯。私有财产、价格、市场、货币、竞争、政治机构以及法律等都是"广泛存在的社会习惯"。制度受环境的影响，一旦环境发生变化，它就会随之发生改变，而它的变化是通过个人思想习惯的变化来实现的。对思想习惯的调整，社会各个阶级的难易程度不尽相同。有闲阶级生来就趋于保守，这已是一个普遍认可的事实。凡勃伦的消费理论在当时是西方经济学中的"异端"，不为主流所认可，但它引导西方消费理论的社会学发展方向。

第二节　经济社会学的理论体系

目前，经济社会学理论体系尚无定论，有人把它概括为主要由经济行动论、社会经济结构论、社会经济变迁论和社会经济战略论组成。经济行动作为经济因素和非经济因素作用的结果，它的主体是社会人而非经济人，人们行动所追求的目标并非获得最大利润，而是满足多层次需求与发展。经济系统是社会系统中的一个子系统，社会系统的各个子系统之间互相提供功能满足，使社会的阶级阶层结构与经济发展水平相适应。当工业化引起的社会流动和社会结构重组作为普遍的社会现象，由此社会从机械团结向有机团结过渡。当代经济社会学或新经济社会学关注的重点主要是社会经济变迁的理论构建上，集中探讨社会经济发展的一般规律、社会变迁所具备的心理特质、发展的指标体系、发展中的协调与失调等问题。由此产生了后工业社会论、富裕社会论和社会指标运动等。社会经济发展战略论是社会经济变迁论的延伸，该理论从长远的观点研究一个国家或地区的社会经济发展道路，在了解资源状况、认清国力国情等前提下，提出该区域或该国未来发展对策。

从 20 世纪 80 年代至今，西方经济社会学研究的焦点包括以下几个方面，并形成了几个鲜明特色的理论派别。

第一，理性选择理论学派。主要以科尔曼等人为代表。在他们看来，经济学上有关效用最大化基本假设、市场均衡理论等，不仅可以运用在市场交换和物质生产领域，而且也可以运用在更为广泛的社会问题分析上，这就构成了经济社会学理性选择理论的基础。概括地说，理性选择理论就是从主流经济学领域内获得一些基本假设和基本方法，运用主流经济学方法论，把各种经济现象和经济问题放到更为广阔的社会生活中去加以解释和研究，如贝克尔对婚姻、家庭以及生育等人类行为的分析、科尔曼对法人行动的分析、阿马蒂亚·森对贫困问题的分析以及阿罗对投票选举问题的分析等。尽管这些经济社会学家自己并不称之为经济社会学，像贝克尔就把其在 2000 年出版的著作命名为《社会经济学》，但人们依然认为他们就是经济社会学理性选择理论学派的代表。

第二，新制度经济学派。制度是人们从事选择活动的根据与条件，制度给人们有目的的活动提供了激励与规范，制度在经济社会生活中占据重要的地位。在新制度经济学派看来，制度分析的重点就在于对交易成本的分析。虽然交易成本概念最早可以追溯到诺贝尔经济学奖获得者科斯，但在社会学有关制度互动研究中的主要代表人物是威廉姆斯。他主要在治理公司结构、构建不同组织理论的框架下发展了交易成本经济学，它的基础包括从郝伯特·西蒙借鉴得来的有限理性理论以及旧制度主义经济学中有关思想。在新制度经济学派中，科斯提出了著名的"交易成本"概念，他认为有了"交易成本"概念就能找到解释制度存在和制度变迁的方式和理由。

第三，社会网络理论。西方社会网络理论最早可以追溯到 20 世纪 20 年代至 30 年代，由英国人类学家在研究原始社区人与人交往中而形成的关系理论。一般认为，布朗首先使用"社会网(Social Network)"概念，其含义是人与人交往中所形成的相对稳定的联系，并由此研究人与人在社区中如何形成网络。网络理论虽然形成于欧洲，但主要发展于美国，这恐怕也与美国在 20 世纪 40 年代以后重视社会结构，以及随着 70 年代至 80 年代互联网技术的发展与普及应用有一定关系。美国网络理论研究主要分为两个分支：一个是借助社会心理学理论对小群体(如企业内的车间、科室等)的研究，主要分析人与人之间的互动关系，代表人物有弗里曼；一个是以怀特、格兰诺维特等人为代表，主要研究个体行动怎样受到社会网络关系的影响，个人如何通过社会关系网络形成社会、获取社会资本等。

第四，以美国伯克利大学乔治·阿克尔洛夫(George Akerlof)为代表的信息经济学派。1970 年阿克尔洛夫发表了文章《柠檬市场：质量的不确定性与市场机制》(*The Market for Lemons: Quality Uncertainty and the Market Mechanism*)，文中率先提出"柠檬市场"概念。"柠檬"是美国俚语，本意为"次品"或"劣等品"。"柠檬市场"的一个经典例子是旧车市场，在这个市场上，买者和卖者有关旧车质量的信息是不对称的。卖者知道车的真实质量，而买者却只能根据自己的知识或经验判断旧车质量的期望值，也就是说买方在旧车市场上处于"逆势选择"状态中，因而其理性的行为只能根据车的平均质量来决定其保留价格。这样一来，那些提供质量高于均值水平车的卖者就会因无利可图而退出市场交易，而那些提供质量低于均质水平车的卖者因有利可图而捅进市场。结果是市场上出售的旧车质量下降，从而理性的买者愿意支付的价格进一步下降，导致更多的较高质量的旧车退出市场。长此，一个均衡的情况是旧车市场将逐步萎缩直至消失，这就是经济学里的"劣币驱逐良币"。

通过该案例，阿克尔洛夫指出，经济学模型在解释许多经济社会问题时具有自身难以克服的局限性，这些局限性可以通过引进社会学、人类学和心理学知识加以弥补，从而使重新构建起来的经济学理论更具有解释力。另外，他还揭示了借贷人和放款人之间的信息不对称如何导致第三世界国家如此高的借贷率等问题，其影响相当深远。也正因为如此，他与斯蒂格利茨(Joseph E. Stiglitz)、迈克尔·斯宾塞(A.Michael Spence)一起荣获了 2001 年度诺贝尔经济学奖。

可以发现，西方经济社会学从 19 世纪至今的发展并没有走着一条平坦大道。究其原因，主要有以下几个方面。

首先，基本假设的片面性。毫无疑问，任何一种人文社会科学理论都是建立在某种假设基础之上。经济社会学同样也不例外，基本假设构成了西方经济社会学理论的逻辑起点、理论领域以及研究方向。因此，分析西方经济社会学何以曲折发展首先应当从它的理论假设和理论前提入手。西方经济社会学理论假设来源于西方经济学与社会学，因此，要分析其理论假设，就必须分析西方经济学、社会学的理论假设。西方经济学秉承"经济人"假设。在西方经济学家们看来，人首先是一个经济的人，也就是一个有着固定偏好、理性的、自私自利的、追求利益最大化的人。所以，人总是要追求利润的。"经济人"假设包含三个命题：第一，"经济人"是自私的，即追求自身利益是经济人的经济行为的根本动机；第二，经济人在一切行动上都是理性的，具有较为完备的知识和计算能力，能够根据市场和自身状况而使自己所追求的利益最大化；第三，只要有良好的制度保证，个人追求自身利益最大化的自由行动会不自觉地增进社会公共利益。

19 世纪，"经济人"假设不仅在经济学领域获得了广泛认同，进而也扩展到管理学领域。以泰罗为代表的科学管理理论强调人都具有追求经济利益本性，从而使管理学与经济学的人性假设一度取得了共识。但不久以后，在 20 世纪 30 年代，梅奥从"霍桑实验"中认识到人除了对经济利益的要求外，还有团体需求以及个体心理需求，因而他们否定了"经济人"假设，马斯洛需求层次理论更把"社会人"假设发展到了极点。社会学家从一开始就认同并主张"社会人"假设。在社会学家们看来，"社会人"是存在于历史发展中的文化制度人，也是有着流动偏好的人，实质上是具有价值理性、是社会化的人。

应该说，西方经济学、社会学所主张的人性假设都具有自身无法克服的缺点。"经济人"假设把人的"利己心"作为与生俱来的、一成不变的东西，从而把人看作自私自利永恒化和绝对化，无视经济社会制度对人的经济行为作用。即，单纯的"经济人"假设忽视了"社会人"假设所强调的人的社会活动制约性，因此，这样的假设是不可能存在的。同样，"社会人"过分夸大了人的活动的社会文化心理性，忽视了人类实践活动的经济基础性；正如马克思和恩格斯在阐述人类社会活动时强调人类需要的基础作用，在二人合著的《德意志意识形态》中指出："我们首先应当确定一切人类生存的第一个前提，也就是一切历史的第一个前提，这个前提是：'人们为了能够创造历史，必须能够生活。但是为了生活，首先就需要吃、喝、住、穿以及其他一些东西。因此第一个历史活动就是生产满足这些需要的资料，即生产物质生活本身'"。因此，忽视"经济人"假设的"社会人"假设在现实生活中也是不存在的。

其次，西方经济学在其发展过程中为了显示自己的学科"霸主"地位，总是试图排斥其他学科方法论。与此同时，社会学为了保持本学科纯洁性，也试图排斥经济学方法论。所以，二者方法论之间的相互排斥使得经济社会学长期处于停滞不前，无法发展的状态。

西方经济学与社会学基本假定上的片面性及其进一步发展，加深了经济学与社会学之间的鸿沟，使得经济学与社会学之间无法展开真正的交流与对话，经济学和社会学之间始终处于难以调和的发展状态。一方面，经济学为了追求自身的科学性以及学科"帝国主义"地位，不断向数学化、计量化方向发展，大量引进数学方法论，试图从方法论上排斥包括社会学在内的其他社会科学方法论。另一方面，社会学为了片面保持本学科的纯洁性及独立性，也有意识地与经济学划清界限。加上社会学起步较晚，人们对社会学的认同和接受还有一个逐步积累过程。这样，以经济学、社会学为基础而发展起来的西方经济社会学必然处于徘徊状态。

再次，从根本上讲，任何理论的产生与发展都与经济社会现实密切相关，离不开它所要解决的经济社会问题。从这个意义上讲，西方经济社会学曲折发展就在于西方国家经济社会发展的曲折性。每当经济社会有了较大发展时，经济学便大行其道，而当社会发展面临诸多社会问题、人们用经济理论无法解决这些社会问题时，经济社会学便有了相应的发展。事实上，最近几年经济社会学之所以有了长足发展就是因为经济社会发展的日益复杂以及由此形成的跨学科要求。

因此，要想改变经济社会学的曲折发展，只有加强学科之间的交融，才能实现经济社会学的发展。其实，也正是采取了如此措施，西方经济社会学在其短暂的 100 多年发展过程中才不断出现繁荣景象，为今天的经济社会学理论与实践的发展奠定了坚实基础。

第三节　经济社会学方法论与基本框架

任何一门学科都有自己相对独特的研究方法与研究视角，不同研究方法是区别不同学科的主要标志。经济社会学作为整合经济学与社会学而形成的一门跨学科理论，是一门致力于吸收经济学与社会学方法论的优点，同时又克服这两门学科方法论不足的一门交叉性社会科学。因此，作为一门独立学科的经济社会学就有自身独特的方法论。根据西方经济社会学发展脉络，经济社会学方法论演变分为三个阶段，即 19 世纪 30 年代中期至 20 世纪 50 年代中期为第一阶段，称为"古典"经济社会学；20 世纪 50 年代中期至 80 年代中期第二阶段，称为现代经济社会学；20 世纪 80 年代中期至今是第三阶段，称为新经济社会学。不同发展阶段，经济社会学有着不同的研究方法。

一、经济社会学方法论

方法论上，社会学与经济学对经济社会学有着许多借鉴之处。不同于支配主流经济学的个体主义方法论，一般来说，经济社会学把经济当事人概念归结为"社会建构的"(socially constructed)——经济当事人附属的群体所塑造和强制形成的。数学模型只是经济社会学众多理论与研究方法的一种，借助数学模型可以研究经济现象和非经济现象的相互作用。经济社会学还承认调查研究方法、历史分析和比较分析的合法性。在经济社会学中，理论多元论和方法论折中主义一样重要。历史学和人类学是反对人类行为研究中的"经济学帝国主义"方法的战斗中受人欢迎的伙伴。合理性(rationality)不是作为其中一个假定，而是被看成其变化可以通过研究文化和历史背景得到解释的一种现象。市场交易的运作不是被看成自我调节机制的结果，而被认为是嵌入制度中的某种东西，同时制度又依赖于文化和社会的关系。

(一) "古典"经济社会学方法论——经济和社会互嵌关系理论

经济社会学第一阶段，研究者从社会科学中经济与社会相互关系的宏观角度研究"经济与社会"的关系问题，古典经济社会学是残余的、补充的、过于侧重面对面的经济分析，因而缺少自己独特且相应的具体方法论。社会学从它创立之初就非常重视研究经济与社会之间的关系。在社会学思想史上，许多著名的社会学家同时也是经济学家，其研究很难明确地被界定为是经济学研究还是社会学研究。社会学在方法论上，面临经济学与社会学思维的背离。社会学方法论不同于社会学理论，前者是工具理论，只涉及科学发现与检验的逻辑及规则，不涉及具体的社会事实；后者则是包含经验事实的实质理论。社会学方法论也不等同于研究方法或具体技术，它是对研究方法的系统研究和评价。其中，社会学方法论探讨的主要问题有：社会现象的性质；社会学研究方法和基本假设；价值在社会研究中的作用。

1. 迪尔凯姆经济社会学方法论

迪尔凯姆作为社会学的奠基人之一，其著作中体现了众多经济社会学思想，其中主要表现为对经济因素与非经济因素关系的关注。他的实证主义社会学从社会结构出发研究社会事实与社会现象，其方法论体现为"集体主义"，认为文化应整合于经济分析中，对这种关系的分析主要体现在关于社会秩序的讨论。他不认为通过亚当·斯密著名理论"看不见的手"能自动产生社会秩序。同时他也为社会学确立了有别于哲学、生理学、心理学的独立研究对象和方法，即社会事实。社会事实具有不同于自然现象、生理现象的特征和特殊的决定因素。社会事实先于个体生命而存在，比个体生命更持久，其存在不是取决于个人，是先行的社会事实造成。社会事实以外在形式"强制"和作用于人们，塑造了人们的意识。这种"强制"既指人们无法摆脱其熏陶和影响，又指对于某些社会规则拒不遵从将受到惩罚。因此，迪尔凯姆认为，一切社会的观念都具有这种强制力。人类大多数意向不是个人自己生成的，而在外界的引导、熏陶和压迫下形成的。社会高于个人，社会事实无法用生理学、个体心理学以及其他研究个体的方法解释，必须用社会学的方法、观点解释。他认为，宗教、道德、法律、社团、协会、语言，以及服装样式均属于社会现象，都是社会学特定研究对象。并把社会事实分为"运动的状态"和"存在的状态"，前者指与思想意识相关的现象，亦称"团体意识"。后者是社会上一切组织和有形设置，迪尔凯姆注重前者研究。同时，他是一个道德绝对主义提倡者，将社会看作一种代际道德权威。他认为道德准则的维系作用在现代个性化社会里，比在传统的有机团结中显得更微弱、更分散。一旦劳动分工的动态力量、个体人身自由和民主化力量被释放出来，就再也不可能回到过去存在的那个强大的、公开的、约束性的道德维系结构中去。

在迪尔凯姆的《社会分工论》中为社会秩序给出了一个既对自由经济主义提出挑战也对马克思政治经济学提出挑战的答案。在超越"契约的非契约性基础"

上的论点进行深化分析时，重点思考了作为有机团结基础的劳动分工。他接受了当代马克思主义者的观点即经济生活比政治生活更能控制人的行动。政府的政治事务太过于远离日常生活，不能成为社会秩序的基础，因此应将注意力转向日常经济生活。另外，迪尔凯姆试图借用有关社会秩序和社会凝聚力研究将民主制融入经济与社会理论，但仍与传统政治经济学中类似的对民主政治的关注有很大不同。政治经济学将民主政治看成是阶级集体利益的表达手段或者阶级斗争的政治工具，更多地把它看成是一个文化象征意义术语，是社会秩序整合的真正源泉，他认为文化应整合于经济分析之中。

迪尔凯姆的方法论可概括为：应该把社会现象当作事物，根据社会现象产生的强制作用认识社会现象。可以说，他是一个完全的集体主义唯实论者。

2. 马克思经济社会学方法论

作为一名伟大的思想家和革命家，马克思在人文社会科学众多领域都取得了极其辉煌的成就。其经济社会学研究成果主要体现在他对资本主义社会现状和发展趋势的研究中。在马克思经济社会学的研究中，基于西方经济社会学"社会人"基本假定与西方主流经济学的"经济人(理性人)"的基本假定提出了"现实人"新的基本假定。在马克思看来，现实的社会实践是一种主观见之于客观的活动，是人能动地改造世界、认识世界的客观物质活动，是在一定社会历史条件下，又随着社会历史条件的变化而发展的活动，因而是一种全面的、具体的，是一种历史的活动。对于资本主义社会的经济社会学研究，最初的研究成果反映在其作品《1844 年经济学哲学手稿》中。在 1859 年发表的《政治经济学批判·序言》中他也总结了经济社会学思想。

首先，马克思认为："人们在自己生活的社会生产中发生一定的、必然的、不以他们的意志为转移的关系，即同他们的物质生产力的一定发展阶段相适合的生产关系。"[①]从事经济活动的人，不能是抽象的"经济人"，也不可能是抽象的"社会人"，而是具体的、历史的"现实人"。人们在从事经济活动时，受内在利己动

[①] 马克思恩格斯全集（第 2 卷）[M]．北京：人民出版社，2012：2.

机的支配去追求经过理性选择的、合理的、现实的经济利益，同时这种追求经济利益的活动又是在一定历史条件下展开的，因而必然会受到一定的社会文化制度的制约与影响，社会文化制度对于求利活动的制约，规定了求利活动价值走向合理的程度。

其次，对于社会结构与组成社会的个人之间的关系，马克思认为："这些生产关系的总和构成社会的经济结构，既有法律的和政治的上层建筑竖立其上并有一定的社会意识形态与之相适应的现实基础。物质生活的生产方式制约着整个社会生活、政治生活和精神生活的过程。不是人们的意识决定人们的存在，相反，是人们的社会存在决定人们的意识。社会的物质生产力发展到一定阶段，便同它们一直在其中运动的现存生产关系或财产关系发生矛盾。于是这些关系便由生产力的发展形式变成生产力的桎梏。那时社会革命的时代就到来了。随着经济基础的变更，庞大的上层建筑也或慢或快地发生变革。在考察这些变革时，必须时刻把下面两者区别开来：一种是生产的经济条件方面所发生的物质的、可以用自然科学的精确性指明的变革，一种是人们借以意识到这个冲突并力求把它克服的那些法律的、政治的、宗教的、艺术的或哲学的，简言之，意识形态的形式。[①]

最后，对于社会发展的动力和运动形式，马克思认为："无论哪一个社会形态，在它所能容纳的全部生产力发挥出来以前，是绝不会灭亡的；而新的更高的生产关系，在它的物质存在条件在旧社会的胎胞里成熟以前，是绝不会出现的……资产阶级的生产关系是社会生产过程的最后一个对抗形式，这里所说的对抗，不是指个人的对抗，而是指从个人的社会生活条件中生长出来的对抗；但是，在资产阶级社会的胎胞里发展的生产力，同时又创造着解决这种对抗的物质条件。因此，人类社会的史前时期就以这种社会形态而告终。"

3. 马克斯·韦伯经济社会学方法论

马克斯·韦伯在社会研究方法论上也取得了许多开创性成就。他认为经济行为是一种社会行为，并认为行为总是以人的行动为取向，总是参考其他行动者的

[①] 马克思恩格斯全集（第2卷）[M]．北京：人民出版社，2012：3.

行为。

其社会行动理论强调个人行动与社会结构之间的互动，主张从个人出发，透过个人行动中所包含的主观意义或个人动机去理解个人行动，理解由个人行动之间互动而形成的社会行动以及整个社会现象。

在经济行动与权力关系问题上，韦伯认为，"经济行为"应该叫作一种和平行使以经济为主要取向的支配权力，而"合理的经济行为"应该叫作目的合乎理性地即有计划地行使以经济为取向的支配权力。他认为个人行动动机是由社会文化制度造成的，社会文化塑造了个人动机，个人在动机支配下行动，个人行动在于他人行动的互动中构成社会行动，形成社会现象。

另外，他还提出了"理想类型"的研究策略。总之，与迪尔凯姆的集体主义基础上的"社会唯实论"不一样，韦伯认为，社会现象不仅取决于社会现象，也是人主观意志的结果，而且人的主观意志是通过理性行动体现的，通过理性行为的分析了解社会变迁，与迪尔凯姆的方法论不一样，韦伯的方法论则体现为"个体主义"。

（二）现代经济社会学方法论

现代经济社会学在美国表现得尤其繁荣，这一阶段的方法论主要体现为经济行动理论。作为当代较有影响的经济社会学家帕森斯，他继承了韦伯的社会行动理论，是结构功能分析和行动理论学派的创始人之一，是美国社会学功能主义理论大师。他试图在以韦伯为代表的人本主义社会学和迪尔凯拇为代表的实证主义社会学基础上，建立一种更为合理的社会行动理论。他早期的主要理论倾向是建构关于社会价值如何引导个人行动的志愿行动论，后期逐渐转向关注个人、社会与文化三个系统的整合问题，转向更为宏观的社会系统论。在其与斯梅尔塞合著的《经济与社会》中，他用结构功能的分析方法研究了经济系统和社会系统间的关系，指出经济系统是一个开放系统，在其运行的过程中存在着和其他系统的能量交换。在帕森斯看来，西方主流经济学的局限性主要表现为没有适当地处理经济得以发生的非经济条件问题，这是社会学的任务。他针对主流经济学原子式行动的理论和方法论，提出了自己的行动结构理论。

帕森斯在《社会行动的结构》中提出了一般行动理论——意志论行动理论的基本思想，他认为，社会行动最基本的单位是"单元行动"，目标、环境和规范是其基本要素，行动就是在物理环境和价值规范两方面的制约下，个体为实现一定目的所发生的动作与过程。他认为这两种传统都对说明人们社会行动的某一方面做出了贡献，但都未能对社会行动的结构做出完整说明，必须把它们综合起来，才能形成一个合理说明人们社会行动的一般理论。在分析意义上，单元行动具有如下性质：①有一个行动者；②有某种行动目的；③有一定的行动情境，这样的情境包含两个要素，即行动者能加以控制的手段要素和不能控制的条件要素；④有一定的行动规范取向。单元行动就是由目的、手段、条件、规范这样一些要素构成的。每一种行动都涉及主观目的，并构成行动中的意志自主因素。这种意志自主的努力，使行动情境得以区分为手段与条件。而规范作为一种主观要素，对行动者的这种努力起着调节作用。帕森斯认为，单元行动中相互关联的这些性质，构成了各种行动科学的共同参照系。他还强调社会共同价值的重要意义，认为是规范使行动与社会秩序结合起来。这种多维度的行动分析观点是他以后发展行动系统理论的重要基础。

从20世纪40年代开始，帕森斯致力于建立结构—功能分析理论。他在《社会系统》(1951)中对结构—功能分析理论做了系统阐述，并在后来的许多论著中不断加以发展。他认为行动的多种要素构成综合体，单位行动应该包括以下要素：①有目的、有能力的行动者；②行动过程所指向的未来目的；③行动者追求目的是可供选择的手段；④行动者在实现目的过程中受到的情境制约；⑤行动者受到的规范和价值观的影响。他认为，社会行动系统就是由一个或多个行动者的单位行动互动而成，进而，帕森斯又提出行动系统的四大要素——社会系统、人格系统、文化系统和行为有机体系统。他认为这些子系统相互牵制，并制约人类的行动。行为有机体系统与行动者的生物学方面有关。这四种系统都有自己的维持和生存边界，但又相互依存、相互作用，共同形成控制论意义上的层次控制系统。在每个子系统内部，社会规范、文化价值、心理活动和生理需要分别引导和控制人们的活动，从而形成一个平衡、协调的行动者互动体系。帕森斯的社会系统就是社会，它的结构是行动者在互动过程中形成的制度化模式。社会系统是一种行动者互动过程的系统，行动者之间的关系结构就是社会系统的一种基本结构。社会系统中的行动者通过社会身份、社会角色与社会发生联系。一种身份就是社会中的一种地位，角色是与这种地位相应的规范行为。角色是相互性的，角色之间相互期待，由此而形成社会的角色结构。集体则是一系列互动的角色组成的系统。另一种结构单位是各种社会制度。社会制度由价值观和规范构成，是围绕一定的功能焦点而组织起来的权利与义务的模式，是制度化了的身份与角色复合体。一种制度可以出现在许多不同的集体中，在同一集体也可以存在几种不同类型的制度。结构所形成的关系模式具有社会整合意义。社会互动中的角色、人格和文化有着紧密联系。同时帕森斯吸取了弗洛伊德精神分析学说中关于"超我"的思想，提出社会道德规范内化为人格的观点，认为这种内化过程与社会化密切相关。

韦伯也曾经提出，要以个人行动作为社会学分析的基本单位，把各种不同层次的社会结构概念都转换成可理解的行动。他认为只要"行动着的个体赋予其行为一个主观意义"，行动就可能发生。这样，社会学的研究主题就是由行动者来定义。进一步说："只要行动的主观意义考虑到了他人的行为，并就此在行动过程中借之确定方向，行动就是'社会性'的"。韦伯划分出了三种行动类型：受习惯支配的行动、受感情支配的行动以及为实现目的而选择有效的手段的行动。在第三种行动——即"理性行动"中，依据其目的一手段的关系又可分为两种：以追求个人目的为定向的行动；以追求某种超越性价值为定向的行动。并且，任何理性行动都会受到社会的影响，因为它必须考虑到他人的相应行动并做出相应调整。

早期的帕森斯接受了韦伯的上述理论立场，把社会与经济关系中的"社会行动"作为自己的研究对象。不过帕森斯认为韦伯以及其他一些与韦伯观点相似的"唯心主义"社会学传统，过于突出了个人行动的主观的一面以及影响个人主观定义的文化理想与价值观，而忽略了行动在其中的情境作用。与此相反，以迪尔凯姆为代表的古典实证主义社会学把人的行为视为周围情境的反应，看到了客观环境对人的行为的制约或影响，这是它的长处，但它又过分强调了这种制约作用，而忽视甚至完全否定个人主观因素的能动作用。

帕森斯认为，社会系统有其自身存在和发展的功能条件，即适应(A)、达标(G)、整合(I)和维模(L)，这就是其著名的 AGIL 模式。其中，适应是社会系统适应环境的能力，它体现了社会与行动体系之间的关系，满足这一功能需要的是社会经济制度；达标是社会系统确定总体目标、调动系统能量以实现目标的能力，它体现了社会与人格系统之间的关系，承担这一功能的制度结构是政体；整合是社会系统内部各部分相互联系并协调一致的能力，它体现了社会系统自身的内在联系，承担这一功能的社会制度主要是法律、宗教等；维模是社会系统维持终极取向的社会价值模式的能力，它体现了社会系统与文化系统之间的关系，执行这一功能的主要是家庭和教育以及宗教制度的某些成分。帕森斯并没有停留在子系统层次的研究，而是继续探究到亚子系统及亚亚子系统内部，并认为这些亚子系统具有与子系统相似的功能，协调和共同维持的关系。所以，帕森斯理论是一种复杂交错的立体网络结构，每个因素都相互牵制，并共同维持着社会系统的运行和发展。

以上述理论为出发点，帕森斯认为社会经济发展的过程就是社会总体适应能力提高的过程。因为社会结构的存在方式是为了满足社会系统的各个功能，如果当一个社会结构不能满足社会系统的功能时，社会结构的变迁就势在必行，决定社会结构的四个子系统就要发生相应的变化，使社会结构向着满足社会系统功能需要的方向运动。帕森斯把这种社会结构的变迁称为适应性增长、分化、容纳和价值概括化。帕森斯认为，功能的分化程度随着社会的发展在不断增大，现代社会功能分化程度最高，因而能最大限度地满足社会存在和发展的需要，这一切就使现代社会经济制度成为最优越、最合理的社会制度，是人类社会发展的最高阶段。

（三）新经济社会学方法论

新经济社会学，不是指经济社会学的研究对象与研究发生的改变，其研究对象依然是传统经济社会学所关心的问题，经济社会学的新与变是指它的方法论的变化，是指从社会结构视角把社会关系网络分析工具引入经济社会学研究中，并用此方法对经济学的核心问题进行研究。也就是说，新经济社会学是对传统经济社会学方法论的继承和拓展。其研究目的就是要对经济社会关系现象提出比专门化的经济理论或社会理论所能提出的解释更为令人满意的解释，这种解释只能通过整合经济理论和社会理论，以建立一种足够分析经济与社会的相互关系的分析框架才能达到。以马克思、迪尔凯姆和韦伯为代表的古典经济社会学已为该学科确立了研究经济与社会互嵌关系的基本理念和学术空间，然而，从经济社会学的演变中可以看出，他们却未能建立起一个统一的经济社会学理论体系和方法论。20 世纪 50 年代，以帕森斯和斯梅尔瑟为代表的经济社会学家，以其理论整合方式，在古典经济社会学确立的研究范围内，建立了一个抽象力和形式化俱强的、综合的现代经济社会学理论，即功能—结构主义经济社会学。功能—结构主义经济社会学虽然在形式上构建出了一个庞大的经济与社会关系的理论，也未能建立起一个统一有效的，又能同经济学进行整合的方法论。以社会学家和经济学家共同撰写的论文集，即斯梅尔瑟、斯威德伯格主编的《经济社会学手册》标志着促进经济学和社会学合作努力的一个重要转折点，同时也标志着探索经济学和社会学广泛的理论综合的一个新进展。

新经济社会学力图以一种新的社会学视角即社会结构和社会网络的视角对经济生活领域中的核心问题，如市场、企业、合同等经济行动和经济秩序的研究。一般认为，以格兰诺维特在 1985 年发表在《美国社会学杂志》上的《经济行动与社会结构：嵌入性问题》一文作为开创新经济社会学的里程碑性的文献。他洞察到了传统经济社会学只重视理论综合，漠视对日常经济等问题进行研究和解决的局限，文中他借用了波兰尼研究原始社会经济形态时提出的"经济嵌入于社会"的特定概念中推延引申了"嵌入性"概念，他提出了一个一般化的"经济行动嵌入于社会结构"的假设，在社会行动理论基础上用社会关系网络分析方法对新经济社会学学科定位以及基本概念和方法论进行说明。这篇论文为经济生活的社会关系网络分析建立基本的思想和方法论打下了基础。

文中格兰诺维特发展了波兰尼的嵌入理论，目的在于将经济行动嵌入社会结构这一观念，以便从这个一般化的普适的"嵌入性"概念中获得一种研究经济行动的新视角，即从社会结构或社会关系网络的角度研究经济生活的"合法性"，从而造成了经济社会学的转向，即，广义地研究经济与社会的相互关系转变为只研究社会(在此又只分离出社会关系网络)对经济的影响。不过，要想说明新经济社会学视角的合法性，还必须构建某种相应的新方法论。

格兰诺维特在提出经济行动与社会结构的嵌入性与社会关系网络理论时，即社会嵌入理论，对新古典经济学和制度经济学家研究经济行动的社会化不足(under-socialized)和社会学家在研究经济问题时的过度社会化(over-socialized)问题进行了批评。他认为，新古典经济学的行为理论前提是经济活动中绝对不受任何社会结构、社会联系影响的，只是为自己经济利益打算或谋求经济利益最大化行为的人。这就是一种社会化不足的观点，是在生产、分配、交换、消费的任一环节中，行动者总是不带任何感情地、孤立地行动。实际上，在任何竞争性市场中，无数买方或卖方都是为了经济利益在进行交易，交易双方之间不存在任何社会的、制度的或人类情感的关系。且交易双方也并不需要彼此了解太多，因为这种交易都只是暂时的，并不一定要求双方保持长期的合作关系。每个人都只是作为"交易者"出现，而作为"人"的特性就必须彻底忽视。这样，在新古典经济学中，经济活动中的社会关系被视为市场运行的障碍。从制度安排中寻找对经济秩序解决问题办法的新制度经济学派，仍然属于一种"社会化不足"的观点，因为除了制度安排之外，不承认具体的人际关系、人际网络以及内在于这种人际关系中的责任、义务及信任能有效地阻止破坏和欺诈行为的发生。实际上就是把信任排除在外，用"制度安排"来取而代之，就可以想象在纯粹的制度安排下维持市场中的经济秩序是什么样，因为任何一个理性行动者都会想尽一切办法来逃避这些制度的约束，从而使制度在事实上成为没有效力的规定。

格兰诺维特在批判"社会化不足"的观点时，还对帕森斯的结构功能主义中对经济行动研究出现的"社会化过度"观点也进行了批判。他认为，在帕森斯结构功能主义的理论框架中，行动只不过是内化于个人的社会规则的反映，它更多地具有延时性与文化性，而不是活生生的、与当下的社会情境进行微妙互动的人的主观能动活动。

格兰诺维特认为"社会化不足"和"过度社会化"这两种看似截然对立的方法论，其实有一个共同之处，即两者都具有一种通过原子化的个人实现决策和行动的观点。只不过引起他们的决策力量来源有所不同：在不充分社会化的描述中，原子化个人的决策是由对自我利益的功利性追求产生的，而在过度社会化的观点中，原子化决策是由个人内化的行为模式决定的。无论是社会化不足还是社会化过度的观点，两者都把个人现时的决策和行动与个人当下所处的具体社会关系与环境割裂开来，因而无法说明正在进行的各种社会关系和社会结构对经济行动的影响。

因此，要说明社会结构对经济行动的影响，必须有一个新的方法论。即为了避免社会化不足的和过度社会化这两种观点各自的不足，需要引入一种新的嵌入理论，以说明个人经济行动与其所处的社会现实的关系，这种嵌入理论必须能够解释行动者的真实行动状况。因为人是嵌入在具体的、正在进行的社会关系体系中的，因此，必须在人的理性选择中加进非经济动机和非经济因素尤其是社会结构因素对人的行动的影响。而一旦对实际经济问题进行分析，这种未能真正实现方法论整合的嵌入性分析，便不可避免地滑向分析的集体主义方法论即"过度社会化"了。由于嵌入性分析缺乏连接行动与结构互动关系的中间机制的设置，决定了其难以将非经济因素的影响纳入对人的经济行为与经济生活中的研究，从而也决定其不可能选择从个人行动出发研究经济行为与社会结构之间的关系路径。相反，既然作为研究前提的是"经济行动嵌入于社会结构"的假定，那么，从外在的社会结构出发研究社会关系网络对经济行为的决定性影响便十分自然。也就是说，行动者既不是外在于社会环境原子个人似地进行决策和行动，也不是固执地坚守其已有的社会规则与信条，而是"嵌入于具体的、当下的社会关系体系中并做出符合自己目的的行动选择"。由于假定行动者是有目的的，因此，格兰诺维特还主张保留理性选择假设。

作为现代社会网络研究领域的传奇人物哈里森·C．怀特(Harrison Colyar White)，他在格兰诺维特的"经济行动嵌入社会结构"的基础上发展了社会结构的数学模型。其代表作《认同与控制：社会行动的结构化理论》《来自网络的市场：

生产的社会经济模型》《机会链：组织中流动的系统模型》等，就反映了其市场理论在经济社会学研究方法上的发展。其中《市场从哪里来》一文在经济社会学市场理论中占有非常重要的地位，且具有里程碑式的意义。他从社会学视角对经济学的基础领地——市场，进行了结构主义的重新构建。他从结构主义的视角，第一次凭借经济学之"矛"攻破经济学之"盾"，成功地对经济学的市场概念进行了社会学结构主义的重新构建。

20世纪七八十年代，怀特选择了生产市场作为"攻击"经济学的突破口，他认为生产市场是当代工业经济的主要特征，无疑应当成为当代经济学的重要基础领地之一。而经济学却在市场理论这一领域相当薄弱，只有所谓"纯粹的交换理论"。在纯粹的交换市场中，参与者之间的关系是匿名的、暂时的、功利的、非重复性的，所有参与者个体之间竞争性的投机与博弈行为汇聚到宏观层面形成了一只"看不见的手"控制着价格，凭借这种价格机制便可以实现市场的清空，即达到市场的供求平衡。从纯粹的交换理论出发形成了两种广为人知的市场定义：①市场是一种方便交换的社会机构。②市场是一种对经济资源的分配起决定性作用的、抽象的价格决定机制。市场的第一种定义过于宽泛，几近于同义重复；第二种定义虽然很有启发意义，但却是从市场的抽象功能和市场运作的结果来对其进行定义的。该定义之所以无法进一步具体化，是因为在纯粹交换理论的"原子化"个人的假设下，交换市场中的竞争者之间没有明显区别，于是整个市场像是平板一块，基本没有内部结构。由此带来了将交换市场等同于真实市场的第一个问题：在实际的市场中，竞争者之间是有差别的，比如说不同商家在市场上出售的同一种商品拥有不同的质量，于是市场不再是一块平板。那么是市场中什么样的结构与机制来保证它完成调节供求、决定价格的功能的？将交换市场等同于真实市场所带来的第二个问题是把生产过程整个排除在市场之外。在交换市场中，人们似乎可以毫不费力地调整交易的数量，以至于生产商需要购买的原材料或零部件好像可以源源不断地从市场中稳定地"涌现"出来，而生产好的成品也可以顺顺当当地"消失"于市场中。所以在交换市场中是没有"生产商"这一角色的，它只是被"销售商"和"消费者"这两个角色轮流替代。

针对交换市场概念存在的上述问题，怀特引入了另一种对生产市场的定义：市场是可以不断再生的社会结构，该结构是由一组特定的公司及其他参与者通过观察彼此的行为而演化出各自不同的角色来形成的。该定义有以下鲜明特点：①将生产商作为主角引入市场，是生产商们的行为塑造了市场。②生产商之间是互不相同的，因为他们有各自不同的"角色"，正是生产商之间的这种不同使得有着内部结构的立体市场成为可能。③各个生产商不是孤立的，它们之间存在着互动关系，每个生产商通过观察其他生产商的行为来做出自己的行为决定，而自己的行为又被其他生产商看在眼里，成为他们做决定的基础，正是这种生产商之间的动态关系将平面市场真正变成了有着内部结构的立体市场。④市场是一种相对稳定的结构，因为它可以不断地自我"复制"，于是市场参与者的行为不再是完全"投机的、暂时的和不可重复的"，市场成为生产商之间、生产商与消费者之间维持相对稳定的资源分布与流动状态的结构性关系。不过，这一对市场的定义有一个明显疏漏——消费者哪去了？无论是交换市场还是生产市场都是由两部分组成的，即销售生产商与消费者，那么在怀特的市场定义中消费者的地位和作用是什么？对此，怀特认为，与可以主动灵活地做出生产与定价决策的生产商相比，消费者是相对被动的群体，只能根据生产商提供的产品及其价格来做出"可以买"与"不能买"的二分选择。消费者的这一集体性选择的作用在于：将各个生产商原来的"市场期待"(想要卖掉多少产品、赚多少钱)"投射"为"市场现实"(实际卖掉多少产品、赚了多少钱)，从而让每个生产商"看"到自己的"市场期待"与"市场现实"之间的实际差距，据此调整下一轮的生产与定价决策，所以怀特将其市场理论中的消费者比喻为"镜子"。这样一来，把积极主动的生产商作为市场定义的主角，并从生产商的视角出发来构建生产市场的结构模型就显得理所当然。

这样，怀特成功地用结构主义的市场定义替代了功能主义的市场定义，为市场功能的实现找到了结构上的支撑，用怀特自己的话说，即"把新古典经济学的厂商理论嵌入到市场的社会学视角中"——更准确地说，是社会学的结构主义视角中。考虑了结构因素的市场定义无疑更为接近当时工业经济高度组织结构化的现实，从这个意义上说，怀特对市场定义的重新"构建"的确向市场的"真实"走近了一大步。不过，怀特对生产市场的定义实质上只是将市场从交换领域延伸到生产领域，并把交换市场压缩在功能的层面从而使其消失于结构的层面。实际上，在生产市场中同样存在交换的问题，即生产商的产品是如何流通到消费者手中的？生产商的收入是通过哪种渠道获得的？现实中可能的方式有：通过企业间的订单、合同，也可以通过推销员、小卖部、百货商店、超级市场、跳蚤市场乃至物物交换……但这些都不是怀特关注的问题，在其生产市场的定义和模型中，产品被认为是可以轻而易举地直接与所有消费者见面并毫无障碍地完成买卖交易的。从这个意义上说，怀特对生产市场的定义在交换领域并没有比交换理论更加贴近真实，只是用"生产商"的角色替换了"销售商"的角色。当然，这种简化是为了突出生产厂商之间的结构性要素，以及在一定程度上为获得模型的普遍性所不得不付出的代价——在此已经初步体现出"构建"与"真实"之间的辩证关系。所以怀特定义的生产市场并不是真实的市场本身，真实的市场有着很多不同的维度及其相应的定义形式，怀特只是从一个以往未被发现或被人忽视的方向接近了市场的真实。怀特的生产市场理论与社会学研究者中的生产市场理论的实质上是不同的，怀特的市场理论中缺失了社会学市场理论中的一个关键性概念——纽带。厂商间的互动关系暗含于市场模型中，但并没有具体化为直接联系不同厂商的纽带。这主要是由于怀特在运用该理论在技术上采用的是新古典经济学的数学方法。其市场模型几乎只能适用于生产市场领域，因为该理论模型是建立在他对生产市场这一特定领域的独到洞察力基础之上的天才创见，这就注定了其模型构建方法的特殊性与局限性。而社会市场的网络理论，作为一种高度操作化、规范化的测量性及描述性分析工具，可以适用于对生产市场、金融市场、劳动力市场等各种市场以及市场之外的诸多社会经济现象的分析。事实上怀特后来也发展出了真正网络意义上的生产市场理论，他以"市场"一文建立的单个生产市场的模型为基础，在其上游加入了该市场中的厂商进行生产所需的各种原材料和零部件的供应链。

二、经济社会学研究框架与内容

在研究经济行动中，经济学偏重于研究经济社会发展过程中的经济因素，重点关注经济发展与经济周期；社会学在侧重于社会现实问题的描述与解释；经济社会学在研究经济社会发展的过程中，重点关注经济因素与非经济因素间相互作用，集中对社会变动进行分析。

(一) 理论研究框架

经济社会学是以社会学理论作为研究框架。社会学的各大流派对经济社会学的研究与发展都有着重要影响。其中，功能主义、冲突理论、交换理论和符号互动理论这四大社会学理论流派对经济社会学发展有着重要影响。

1. 功能主义

功能主义理论的特征是把社会现象、社会行为、社会关系、社会体系、社会过程分别分成不同的组成部分，研究它们之间的相互作用。且强调社会各部分在协同合作基础上，有秩序地为实现社会的需要而发挥作用。在功能主义理论中，以帕森斯和默顿的功能主义最为突出。功能主义对经济社会学研究的重要影响主要体现在，该理论强调注意社会结构中的每一部分对于社会整体生存所发挥的功能，强调社会制度、规范和角色功能的发挥，有助于保持社会均衡和促进社会发展，也有助于分析经济与社会的相互作用。

2. 冲突理论

冲突理论的主要观点是冲突有正、负功能，社会分成不同的利益群体，当各群体的利益不均等时，便会引起冲突，重新分配资源阶级之间会出现冲突。社会冲突是社会生活的中心过程。冲突理论对经济社会学的影响是，有利于研究经济与社会在各个层次上的冲突现象，了解其冲突的正负功能、利益群体的对立状况、阶级斗争以及这些冲突对社会过程的推动作用或瓦解作用。

3. 交换理论

交换理论认为人类的一切行为都受到某种能够带来奖励和报酬的交换活动的支配，认为人类的一切社会活动都可以归结为一种交换，人们在社会交换中所结成的社会关系也是一种交换关系。社会交换理论将社会交换与经济交换作比较，并得出五大命题。社会吸引、分化与整合、竞争、冲突与变迁等组成了社会交换的基本过程。但不是所有的社会交换都是对等的，以相互吸引和平等交换为基础。社会交换理论同样对经济社会学研究有着重要影响，它提示了与经济交换规律对等的社会交换规律，为探求经济交换与社会交换的异同、了解两者的关系提供理论依据。

4. 符号互动理论

符号互动理论是一种通过分析在日常环境中的人们互动来研究人类群体生活的社会学理论派别，主要研究的是人们相互作用发生的方式、机制和规律。这里的符号指在一定程度上具有象征意义的事物。美国社会心理学家米德认为，符号是社会生活的基础，人们通过各种符号进行互动，并可以借助符号理解他人的行为，也可以借此评估自己的行为对他人的影响。符号互动论认为，人的行动是有社会意义的，人们之间的互动是以各种各样的符号为中介进行，人们通过解释代表行动者行动的符号所包含的意义而做出反应，从而实现他们之间的互动。该理论的主要观点是心灵、自我和社会是人际互动的过程。在这个过程中，符号是先决条件，语言是心灵和自我形成的主要机制，心灵是社会过程的内化，行为是个体在行动过程中的自我设计。个体行为受他自身对情景定义的影响，个人和他人存在于互动中。符号互动论有助于研究经济与社会中的微观现象，有助于了解行为的互动性质，即经济行为和社会行为。

(二) 研究重点与研究内容

1. 研究重点

经济社会学作为当今社会学中最为活跃的分支学科之一，其研究在各个时期的关注点不一样。早期迪尔凯姆的经济社会学注重对规则和制度的研究，集中研究合同、价格、财产、技术和专业群体等制度的研究。经济社会学的创始人韦伯把"能计算的规则"之存在视为理性经济秩序发展的前提条件。斯韦德伯格对新制度经济学、理性选择社会学、新经济社会学、社会—经济学的异同等进行了讨论。

斯梅尔瑟认为，经济社会学研究的重点有两个。第一个重点是研究经济行为本身，即这些经济行为如何与不同的角色和集体结合在一起，何种价值观念使这些经济行为得以合法化，何种规范和制约手段使这些经济行为得以调节、管理。研究的内容还包括企业等经济组织内部的地位体系、权力、权威关系、越轨行为、派系、拉帮结伙的活动对经济行为的影响。第二个重点是研究经济背景的社会学变项之间的关系。例如，工业社会中职业角色结构同家庭角色结构有何关联，不同社会的经济体制会引起哪种政治冲突，不同的经济制度会造就何种阶级结构。这些关系会引出更大的经济社会学研究课题，如公共政策、劳资冲突、经济阶级之间的关系等斯梅尔瑟把经济行为看作经济社会学的一个研究重点。从而可以看出，他并非主张经济社会学研究纯粹的经济行为事实，更贴切的提法应是研究经济行为的社会性或社会过程。经济社会学的特色与研究内容更应该强调经济行为的社会方面。

经济行为作为社会行为的有机且重要组成部分，必然具备社会属性。无论经济行为的具体形式是什么，其实质都是人们之间相互作用的过程。也就是说，经济行为有广泛的社会意义，这也正是经济社会学所要研究的主要内容。

经济社会学研究重点就是研究经济与社会的关系。经济与社会的关系包含着丰富的内容，而且这种关系是多样化的。第一，局部与整体关系。经济是社会的一部分，经济服从于社会并为社会服务，而社会是经济发展的环境与先决条件。第二，并列关系。在研究社会发展时，通常会把经济与社会并列起来，把它们看作是发展中彼此独立的两个部分。第三，重叠关系。重叠是指经济与社会这两个领域的部分重叠。如，对于一些经济活动来说，它既是经济活动，同时也是社会活动，经济的发展同时也是社会的发展。也就是说，经济与社会没有绝对的分界线。第四，因果关系。在经济与社会之间，因果关系有两种。一种是单向因果关系。例如，人们常把经济发展看作是社会发展的原因，即社会发展被看作经济发展的结果。被列在经济发展之后的另一种因果关系是双向因果关系，即把经济和社会看作互为因果。对于特定的经济现象和社会现象，既不可能同时是因，也不可能同时为果。这种情况下要判定因果关系就必须作具体的时空分析。一般来说，当一种经济现象先出现并引起某一社会现象的变化时，就可以说前者是因，后者就是果。相反，当一种社会现象变化在先，相关的经济现象随后变化，就可以说这一社会现象是因，而它所带来变化的经济现象是果。第五，功能关系。经济与社会之间首先存在着功能关系，且两者互相作用。这种功能关系是双向的，但这种双向关系不是均等或完全同一的。一般而言，经济对社会的作用被看作主动的和正向的，而社会对经济的作用被看作反作用。之所以有这种区别主要是因为经济现象比较活跃，常首先对社会起作用。第六，显关系和潜关系。在经济与社会之间既存在显关系，也存在潜关系。经济与社会关系更多地分析其显关系，不过其潜关系分析也不可忽视。

2. 研究范围

可以说，经济社会学研究的主要范围，不同学者对这一问题有不同的界定。从社会系统角度进行考察。首先将经济作为社会上诸多结构中的一种结构进行分析，然后再研究经济结构同其他社会结构的关系，如文化价值观、意识形态、政治等结构的关系。从经济过程的角度进行研究。为了进一步研究经济因素和非经济因素之间的关系，经济过程、商品生产和服务、分配、交换和消费等必定是经济社会学研究范围。从经济变迁与社会变迁的角度进行研究。对一个既定不变的经济结构和社会结构中的各种经济过程进行静态的经济社会学研究，与一个主要结构正在发生变化的社会进行经济社会学研究，二者是完全不同的。因此，研究经济变迁和社会变迁之间的关系，并特别重视世界上那些新兴国家的发展经历、社会变动与发展等相关问题毫无疑问也非常重要。

（三）研究主题及应用

1987年，斯韦德伯格对经济社会学的研究主题进行了归纳总结，他认为应包括以下内容。第一，经济过程：生产、消费、技术创新、市场(劳动力市场、金融市场、工业品市场和消费市场)；第二，经济组织：银行、保险公司、公司和工业部门等；第三，经济关系：经济组织与非经济组织之间的关系，国家、工会等；第四，经济阶层：企业家、经济分层、分层与流动、工作环境、职业分化、经济理论与意识形态、经济态度等；第五，其他：福利国家、国际经济、通货膨胀、合同、货币、正式经济与非正式经济等。

另外，马蒂尔利从另一角度论述了经济社会学的研究领域，这些领域应包括：①经济行为；②市场与交换；③经济活动的构建：包括生产(企业家、公司、劳资关系、文化、科学与新技术的发展)、分配(财富与合同系统)、消费(影响消费的因素、社会分层系统、教育、家庭)；④国家与社会的模式；⑤经济过程对整个社会的影响：不平等与社会阶层、经济利益与配置、经济发展与结构变化、国际影响等。

经济社会学揭示经济与社会之间的客观规律，在现实生活中有着广泛的应用。随着我国现代化建设的深入发展，越来越多地要求人们从社会的广阔角度了解经济活动，理顺经济与社会的关系。具体说，经济社会学应包括以下四大应用领域。

一是对经济过程进行社会学分析。包括指导经济参与经济过程，包括对生产、交换、分配和消费等过程的社会学分析，各经济集团的经济效益与社会效益。研究经济行为与社会行为中支配人们经济行为的主要因素等，这也是人们的基本活动。社会的所有成员在不同程度上都参与了经济活动，有的人参与了经济全过程，有的人只是参与了经济活动的一部分。尽管人们各自在经济活动的参与程度上有差别，但任何社会成员都离不开经济活动。因此，经济社会学研究的应用范围应包括社会群体对经济活动的各种影响。群体是经济活动的决定因素。不同类型群体结构对生产、交换、分配和消费都有着不同的影响。

同时，不同群体参与经济活动要有科学的指导准则。经济社会学则从社会的角度指导人们的经济参与。从这一角度出发，经济社会学除了可以帮助人们正确地认识经济活动的社会意义，能提高人们参与经济活动的价值使人们在经济活动中除了得到经济效益外，还能在社会生活中获得同样重要的社会收益。同时经济社会学还能帮助人们正确认识和处理经济活动与社会活动的关系，更好地促进经济活动的参与。

二是社会条件与加强经济管理。经济社会学还应研究影响经济发展的各种社会因素及发生作用的各种社会条件，比如政治、文化、教育、人口等与经济发展的关系，同时应加强经济管理，经济管理不是纯经济过程，而是要面对活生生的人。而人不仅仅有经济行为，还有社会行为。人的经济行为和社会行为的交集使经济管理复杂化和社会化。在日常的经济管理中，要涉及人的社会性格、社会关系等问题，经济管理则不能回避这些问题，这些问题事关经济效益和调动人的积极性。正确认识和调动人的积极性，需要经济社会学的知识，只有具备这种知识，才能更好地从经济与社会的角度认识人、了解人的经济行为和社会行为，才能充分调动人的积极性。对于现代经济管理人员来说，在经济管理中，既要有经济的眼光，也要有社会的眼光。既要懂得分析经济，也要懂得认识社会，并自觉地将经济社会分析综合起来。这样才有利于调动人的积极性，挖掘经济管理潜力，提高管理的经济效益和社会效益，实现经济管理的良性循环。

三是研究经济政策实施的社会条件与解决经济社会问题。在经济领域和社会领域两个各自有别的运行体系中都可能会出现失调现象，这些失调很可能导致经济问题和社会问题的产生。经济问题与社会问题两者间存在着某种联系，其中最突出地表现为两个领域问题的重叠性。许多经济问题同时又是社会问题，两者之间没有绝对的界限。经济社会学视野刚好有助于正确认识经济问题与社会问题的关联，经济社会学从综合角度认识经济问题与社会问题，它可以给予人们一种新观念，从全新角度认识经济问题和社会问题，提出综合治理的方案，把经济问题连同社会问题一起解决。

四是制定经济社会发展计划。现代化建设不仅是指经济建设，还包括社会发展，比如研究自然灾害、生态环境与经济发展的关系有利于经济社会发展规划的正确制定。现代化建设是以经济建设为中心，但社会是一个有机的整体，社会各部分是互相联系的，其中任何一个部分都不能离开社会总体而孤立地发展。因此，发展经济必然牵涉到社会进步问题。在经济和社会发展计划的制订中，关键是如何使经济与社会协调发展。协调发展是一个异常复杂的问题，它要求从经济社会理论上阐明经济与社会的关系。这既包括宏观的，也包括微观的；既包括静态的，也包括动态的。可见，经济社会学的应用研究非常重要，意义深远。

三、新经济社会的产生与基本理论基础

新经济社会学(New Economic Sociology)是运用社会学的理论和方法来研究

经济行为和经济体系的一门学科，它把人与人之间以经济为媒介物所相互缔结的关系作为研究课题，是研究社会中经济部分的社会学。新经济社会学是与传统的经济社会学或者称"旧"经济社会学相比较而言，兴起于 20 世纪 80 年代，是经济社会学发展的第三个阶段。新经济社会学认为，经济现象是嵌入社会结构之中的。在新经济社会学家看来，社会结构就是一种网络。社会结构牵涉到个人之间、角色之间、群体之间、组织之间等多种层次的社会单位之间的关系模式。

(一) 产生背景

经济社会学的研究主要可分为宏观经济体系、中观经济结构和微观经济行为三个层次，其研究则主要包括两大部分：一是经济的社会学研究；二是经济与非经济领域的关系研究。20 世纪 70 年代，"经济学帝国主义"与社会学学科出现了一次融合。经济学家加里·斯坦利·贝克尔(Gary Stanley Becker)出版了《人类行为的经济分析》，用微观经济学理论方法和相关概念来解释一些非经济问题，并取得了不一般的效果。该著作被视为"经济学帝国主义"的最强音，是经济学家吹响"入侵"其他社会学学科领域的冲锋号。面对经济学思想和方法的扩张，很多社会学家纷纷声讨这种"经济学帝国主义"。其客观结果引发了学者们对各自学科的认真反思，同时促进了学科间彼此的深层次交流。

随着经济学、社会学以及其他多学科之间的深入交流与拓展，许多学科领域获得了巨大成功。这些领域的成功拓展一方面为新经济社会学的兴起和发展提供了合适的学术氛围，另一方面也成为发育新经济社会的渊源。经济学理论方法和社会学理论方法的相互影响与相互促进，最终便产生了新经济社会学。可以说，新经济社会学的发展与嵌入理论、理性选择社会学、社会经济学、心理—社会—人类的经济学和交易费用经济学的发展密不可分。

(二) 基本理论

作为新经济社会学的代表人物，格兰诺维特可视为新经济社会学的纲领性宣言，因为它正式向经济学发出了挑战，并建构了可以取代经济学某些核心假设的社会学式替代物，他认为所有的经济制度都是"社会建构"，他认为经济制度是通过网络而产生的，然后被凝结到更坚固的社会结构当中。作为经济社会学研究的最新进展，新经济社会学自此以后成为国际社会学界较为重要，并极具活力的研究领域，吸引了大批社会学家和经济学家的关注，并取得了丰硕的研究成果。

尽管新经济社会学阵营中的研究者有着不同的学术兴趣和研究视角，理论观点各异，但归结起来其基本理论主要有网络理论、文化理论和组织理论三类。

1. 网络理论

"社会网络"即社会结构的"资本化"，是"联结行为者的一系列社会联系或社会关系"的总和。一个稳定的社会网络中或多或少都有社会资源，这就是有助于行为者实现工具性行为的"社会资本"。网络理论所关注的是网络在经济特别是市场中所扮演的重要角色。从20世纪70年代开始，哈佛大学的怀特等人就开始从网络视角研究经济问题，并发表了一批极有影响力的著作。在这些著作中，除了格兰诺维特有关弱纽带和劳动力市场中的关系网络的著名研究外，舒瓦茨(Michael Schwartz)关于连锁企业、艾科斯(Robert Eccles)关于买卖双方的互动、贝克尔(Wayne Baker)关于保险市场等的研究都颇具特色。到20世纪80年代以后，网络研究的关注点出现了转变。

另一项重要的网络理论是巴特(R. Bun)的"结构洞"(strtural holes)理论，即随着关系网络的增长，强关系变得更加稠密与连接更为紧密，但通常情况下，同质化网络关系在提高而异质化在降低。尽管巴特师从科尔曼，但他与格兰诺维特、艾科斯等人一样，都深受怀特的影响，对经济生活中的网络特别关注。在此背景下，巴特1992年提出了"结构洞"理论。该理论指出，在社会网络中存在两种形态，其中一种是处于网络中的个体(个人或组织)与其他任何个体都存在着联系；另一种形态更为常见，即网络中的个体仅与部分个体存在直接联系，而与其他个体都不存在直接联系。

2. 文化理论

新经济社会学增加了组织理论对日常生活中经济现象的解释力，有关文化理论的代表人物是扎勒泽(V. Zelizer)与迪马乔(P.Dimaggio)，他们对文化在经济生活中的意义进行了深入探讨。扎勒泽认为，以往社会学家对"市场是如何运作"的这一问题视而不见，更没有把市场作为一项社会性与文化性的因素对待。事实上，市场不应被视为经济以外的社会文化因素的对立面，而应被理解为一种特殊的社会关系和文化价值观。对此，扎勒泽指出："要有效地研究市场，分析者就必须打破经济学家在市场这一令人难以捉摸的领域的智力垄断。有一种流行的错误假设——市场交易，或更一般地说，经济现象，是不受文化与社会限制的。我们如何推翻这一易引起错觉的假设呢？更具体地说，我们如何令人信服地证明市场与亲属关系和宗教一样，也是社会关系与文化价值中的一种特定类型呢？"。扎勒泽从文化视角研究出发，主要围绕道德与市场、生命保险、儿童的社会价值等三个问题进行研究。她认为只有来自文化方面的变动，才有可能使个人生命这种过去主要具有伦理道德价值而无法用金钱来衡量的事物逐渐变得可以从经济的角度来定价，也只有来自文化方面的变动，才有可能使儿童这种过去具有经济价值的事物到今天变得经济上毫无价值而在感情上却是无价之宝。新经济社会学有关文化的内涵与作用主要表现在：一是对新经济社会学的研究对象的确定；二是文化观点应用于新经济社会学的代表性言论和具体案例研究中。文化的另一贡献是主张对非市场领域中经济现象的研究，开创了经济学家研究经济的新局面。

另外，扎勒泽还曾批评网络理论把经济生活单纯建构在网络结构上的不可靠性。认为网络理论试图通过社会关系网络这个唯一因素来解释整个经济生活，扎勒泽对这种"社会结构绝对论"的做法提出了尖锐的批评，因为这无形中忽略了经济生活中的文化因素。

3. 组织理论

艾科斯所提出的"准企业"(quasifirm)理论中指出，在经济生活中存在着某种以关系网络为基础的经济组织方式，尽管处于这种经济组织中的经济活动者并没有构成结合紧密的企业，但彼此之间的合作与协调仍具有相当的稳定性，就像一家"准企业"一样。弗里格斯坦(N. Fligstein)等人则向在组织研究领域中影响巨大的经济学理论和管理学理论(如威廉姆森的交易费用理论和钱德勒的多重分支企业理论)发出了挑战。在新经济社会学关于组织的研究中，一个重要主题是"资源依赖"(resource dependency)。一些研究者认为，某个组织总依赖于它所处的环境来获取资源。如，弗里格斯坦所著的《公司控制的转型》就是从社会学视角出发，对美国大公司的历史进行了重新考察，而杜宾(F. Dobbin)所著的《打造工业政策》中对19世纪美国、英国、法国等国家的铁路政策的演变做了比较研究。

(三) 与经济社会学的比较

在理论取向上，经济社会学的研究者们更注重微观层面的研究，中观结构(工作团体)和宏观体系(经济结构)被视为行为的外部条件，或者是作为行为的副产品。而新经济社会学的研究者们则强调上述三个反面的同时作用与彼此的相互关联。

在研究主题上，经济社会学更多关注的是社会分层、人际关系、团队协作、人与机器的关系等，探讨的是如何最大限度地发掘劳动者的生产潜能与劳动技能，从而提高工作效率，实现利润的增加。而新经济社会学更多关注的是经济行为者既作为社会行为者中的一分子，同时又作为经济行为者的行为是如何嵌入社会结构并如何置身于自身社会结构中，以及这些社会结构又是如何被社会性地建构起来、有机团结起来，从而促进社会的发展与进步。

在研究方法上，经济社会学中的情景研究、个案研究、参与观察研究等方法是最常用的研究方法，描述性与定性研究占据主导地位。在新经济社会学中，网络研究方法、解释性与实证研究等则成为主要方法，同时抽样调查与统计的使用也越来越常见。应该说，新经济社会学为社会网络分析做出了巨大贡献，正是新经济社会的相关研究便推动了社会网络分析的发展与成熟。

在研究成果应用方面，作为一门边缘学科，经济社会学横跨经济学与社会学两个领域，也被视为"管理社会学"，其目标是直接用来指导企业对劳动者的监督，改善企业或其他经济组织的管理。新经济社会学更强调理论性，从社会学视角出发，使人们对经济生活有了一个全新的理解，并成为一个对经济生活进行社会学研究的里程碑，推动了社会学的快速发展。其研究成果与现实生活中的经济目标往往不直接相关，大多被用于解释新兴的经济现象。

新经济社会学作为一个新兴学术流派，是综合了社会学、经济学、政治学等多门学科研究成果的结晶。就社会学而言，使用社会学方法分析经济现象不仅改变了其相对于经济学而言的"剩余学科"的被动地位，帮助其拓展了研究领域，而且加强了社会学对经济结构和经济扩张的敏锐性，增强了经济社会学学科创始人之一韦伯所强调的"经济与社会"的传统。

第三章 当代经济社会学概述

第一节 当代美国经济社会学

经济社会学是当今社会学中最为活跃的分支学科之一，尤其在美国社会学界，这可以从美国一年一度的社会学年会专题讨论会的数量变化和研究生教育的专业设置中看出。2000 年，第一届美国经济社会学分会成立，第一届分会主席是加里·斯坦利·贝克尔(Gary Stanley Becker)，分会组织委员会委员包括伯格特、弗林格斯塔、乌兹、旺德利以及怀特。分会刚成立时十分艰难，但大家同心协力，进行了卓越有效的工作，建立了必需的分会组织结构并开始招募会员，当年就招募了 400 名经济社会学分会会员。2001 年 1 月，分会就成为美国社会学学会的永久性分会组织，会员人数逐年上升。美国经济社会学 2014 年-2015 年间的负责人是密歇根大学的格里塔(Greta R. Krippner)。上一届主席是加州大学尔湾分校的妮娜(Nina Bandelj)，选举主席(下一届主席)是波士顿大学的奥尔亚(Alya Guseva)。以前的主席包括普林斯顿大学的波茨、哈佛大学的道宾(Frank Dobbin)、斯坦福大学的鲍威尔等。

第一届经济社会学分会会议于 2001 年在加州举行，当时有两个专题分会，一是"经济社会学的演变领域"，另一个是"全球金融市场"，同时还有一个由乌兹主持的圆桌论坛。会议开得十分成功，吸引了大量听众。同年《美国新闻与世界报道》(U. S. News&World Report)开始将经济社会学作为美国社会学系年度排名的主要领域之一。

20 世纪 80 年代中期以来，以格兰诺维特为代表的新经济社会学的诞生，标志着经济社会学进入了一个崭新的发展阶段。新经济社会学的主要理论基础是"社会网理论""文化社会学"和"组织理论"。经济社会学的复苏一定程度上是由于受到怀特关于市场社会学的论文，博特的《行动的结构理论试探》一文和格兰诺维特关于嵌入性与经济行动的论文这三篇具有重要影响的论文的激发。可以说，新经济社会学是北美的一种集体努力，是一种社会运动。

制度学派成为美国经济社会学研究的主要视角。制度主义视角对经济的分析主要表现在弗兰克·道宾主编的《经济社会学》(*The Sociology of the Economy*)一书中，正如高柏所指出的那样，"制度学派是美国经济社会学中最有影响的学派之一"。经济社会学家关注用经典社会学方法来理解经济行为，特别关注影响经济规则形成与演变的四个因素：政治制度、经济模型、社会网络及经济理念。

(1) 政治制度塑造市场。

佩罗(Charles Perrow)和高柏的研究都验证了国内的政治制度如何使不同的国家产生了独特的经济制度和市场形势。佩罗研究了美国寡头企业的崛起，高柏研究了日本产业行会和卡特尔的兴起，研究显示政治制度结构决定了塑造经济制度和规范的主体，以及这些制度和规范的基本内容。他们的研究解释了政治制度是如何塑造经济市场的。

(2) 经济模式塑造市场。

公司和国家也遵循示范效应，这也是一种理性策略。经济行为在一定程度上类似于人群的模仿行为，而不是理性设计与计算的结果。米兹鲁奇(Mark Mizruchi)和戴维斯(Gerald Davis)从历史的角度考察了美国银行业在 1962—1981 年的全球化问题；施奈普(William Schneper)和圭伦(Mauro Guillen)考察了公司的治理、合法性与模式；塞蒂纳(Karin Knorr Cetina)和布鲁格(Urs Brugger)在名为《全球微观结构：金融市场的互动实践》(*Global Microstructures：The Interac—tion Practices of Financial Markets*)一文中，用田野调查的分析方法探询了规范交易的非正式规则，正是非正式规则的聚合形成了市场的规则结构。

(3) 社会网络塑造市场。

社会网络有很多方式塑造经济行为：通过提供定价线索，通过展示可提供的商业策略，通过塑造竞争环境等。麦克利恩(Paul MccLean)和帕吉特(John Padgett)考察了文艺复兴时期意大利佛罗伦萨的丝绸业和羊毛加工业发展的商业模式，他们通过分析得出结论，即社会网络和经济网络的重合为早期的佛罗伦萨带来了新的联姻和贸易方式。研究显示，社会网络塑造了佛罗伦萨的经济活动。海弗曼 (Heather A. Haveman)和凯斯特(Lisa A. Keister)从组织生态学的角度研究了产业网络中的位置如何影响一个公司的前景，他们用经验研究阐明了产业网络能够有利于公司的绩效、增长和存活。由此可见，经济生活一直是社会生活，社会网络影响经济网络，经济网络也无法摆脱社会网络的限制。

(4) 经济理念塑造市场。

经济社会学家认为经济理念影响经济行为和制度，嵌入在经济习惯中的理念经常塑造出新的经济习惯。古典经济社会学家韦伯在《新教伦理与资本主义精神》一书中就指出，资本主义精神起源于新教伦理。斯科特在2000年发表的《制度变迁与医疗保健组织》，考察了美国医疗保健领域在20世纪60年代由一种市场模式取代了美国早期的专业群体控制模式和作为过渡的官僚模式，试图找到这种新的管理医疗保健的市场模式是如何产生的。戴维斯在题为《关于当代中国家庭产权制度的讨论》一文中探讨了对全球的房地产私有化理念的反抗，尤其是发生在转型期的中国社会对西方资本主义房地产法律的反抗。泽利泽尔早在20世纪80年代初期就关注因为亲人去世而支付现金的人寿保险问题，并发表了著名的《道德与市场：美国总统人寿保险的发展》。希利力图解释器官移植产业如何回避人体器官产业化的问题。这些有关医疗保健市场、房地产市场和人体器官移植市场的研究都告诉我们，在现实生活中存在着许多有效组织经济活动的方法，是一种理念使得某些特定的方式被当作合理合情的运作方案，说明理念对经济行为有着重要作用，这也是经济社会学家所秉承的信念。

如上所述，组织制度学派和历史制度学派是当代经济社会学的主要视角之一。20世纪80年代以来，美国经济社会学的研究着重于以下几方面。

一、社会网络与经济社会学

如前所述，怀特、罗纳德·博特以及格兰诺维特三人对新经济社会学的发展做了奠基性的工作，随后，他们的追随者们在网络与经济生活方面继续努力研究。可以说当代经济社会学研究的重点是网络。怀特花费近10年时间对结构理论进行了研究，1981 年他在《市场来自何处》(*Where Do Markets Come From*？)一文中概述了他的市场理论，2001 年又在《来自网络的市场》(*Markets From Networks*)一书中对自己的市场理论进行了详尽得阐述。怀特的理论的重要性在于，人们不再仅仅只关注市场被嵌入其中的制度和社会关系，而是集中关注市场本身的内在网络结构，这种研究取向对经济社会学的发展起着十分重要的作用：怀特的理论为市场动力学分析提供了一种全新的方法，并为经济社会学家主张用经济社会学替代主流经济学的努力提供了理论支撑。

罗纳德·博特认为社会资源、社会资本的多少取决于个体在网络中的位置，与关系的强弱没有必然的联系，并提出了"结构洞"的概念以作说明。结构洞是社会网络的两种类型中的一种，即"社会网络中的某个或某些个体和有些个体发生直接联系，但与其他个体不发生直接联系。无直接联系或关系间断的现象，从网络整体看好像网络结构中出现了洞穴"。结构洞的重要性并不与关系的强弱有关，因为在结构洞存在的时候，处于两者连接状态的第三者拥有两种优势：信息优势和控制优势。而为了保持这两种优势，第三者希望保持着结构洞的存在，不会让另外两者轻易地联系起来。在经济组织中，占有结构洞多的人更有地位与声望。显然，结构洞是社会网的一个部分。同时博特的理论还认为优势在于疏网而不是在密网中。博特的结构洞理论如同怀特的市场结构理论一样，对新经济社会学的发展做出了重要贡献，它改变了传统经济学理论中认为竞争是公司能力、公司战略和市场地位所决定的观点，把竞争优势定位于社会关系之中。

除怀特运用网络分析市场、博特用网络研究竞争外，格兰诺维特用网络理论分析了人们在就业时信息网络的作用，舒尔茨用网络理论分析了银行与公司的连锁作用关系，埃柯勒斯(Robert Eccles)用网络理论研究了买卖者之间的主动和公司内的互动等。另外一些重要的网络研究包括帕尔默(Donald Palmer)的"破碎法"研究和贝尔的国家证券市场的买卖分析等。经济社会学中的网络研究方法适用面十分广泛，它可用来研究个人、公司之间的关系，工业与经济的关系，同时网络分析也适用于定量分析，在解释经济中的个人与组织变化之间的相互关系方面有着很大的优越性。

二、文化与经济社会学

当今经济社会学研究的另一主题是经济和社会生活中文化的作用。迪马吉奥认为经济与文化的关系分析应集中在文化与经济过程之上，如"文化与生产""文化与消费""文化与交换"等。

泽利泽尔用自己的独特方法进行了三方面的研究，即社会保险、儿童的社会价值以及货币的特殊形式。她把数据分析与历史事实结合起来，通过对人类价值与市场的研究，为20世纪80年代的经济社会学提出一个新的有趣的主题。

然而，研究者对经济社会学在多大程度上可用文化因素来解释还不明确，同时，历史上的文化因素也不易把握。泽利泽尔也不无担忧地指出，在把文化整合进经济分析的同时要抵制三种理论的诱惑：第一种是所谓的"经济现象的文化还原论分析"，这种理论把经济行动转化为意识活动的形态，把经济生活还原为完全日常生活的意义符号话语的形式；第二种是认为"文化是一种独立的、自治的世界"，会以某种方式在分析经济行动之外产生独立的影响；第三种是认为一些社会现象比其他社会现象更具文化性的主张。泽利泽尔进一步指出，这三种观念的本质都是认为经济构成了一个独立的层面。但无论如何，学者们认为，经济社会学需要在研究中考虑文化因素。

三、性别不平等与经济社会学

性别研究在美国社会学界是一个重要的传统领域，而性别与经济的研究是当前美国经济社会学研究的一个重要方向。性别研究是当今女权主义发展的必然产物，比较典型的研究包括威廉·贝比(William Bielby)和丹尼斯·贝比(Denise Bielby)对工作中努力与投入的性别差异研究；瑞斯钦(Barbara Reskin)对传统性别歧视概念的反思：她指出目前存在四种歧视，即头脑中的歧视、统计歧视、结构歧视和无意识或非敌意的歧视；巴荣(James Baron)、汉南(Michael Hanan)、黑素(Greta Hsu)和柯卡克(Ozgecan Kocak)对硅谷170个高新技术公司核心技术和科学工作岗位中职员的性别构成问题的研究；泽利泽尔对性别的亲密关系的研究等等。

除了上述内容，性别与经济社会学的研究内容还集中在另外两个方面，即雇佣与家务的研究。前者主要涉及劳动报酬方面的性别差异、求职中的性别歧视以及工作中的性别隔离；至于后者，经济社会学关心的是为什么妻子在已有工作的情形下，还必须在家务中挑大梁，而丈夫则不乐意分担家务。另外一些研究还关注妇女的收入与在家庭中的权力大小之间的关系，以及家庭中货币分配的动力学问题。另外，妇女在公司内的角色也是性别研究的一个主题。

四、经济发展与经济社会学

经济发展一直是经济社会学家专注的重要主题之一。而在美国社会学界近年来开始关注用社会资本来研究经济发展，尝试用社会资本解释和理解发展问题。曾任美国经济社会学分会主席的普林斯顿大学社会学教授波茨和摩尼(Margarita Mooney)发表了《社会资本和社区发展》一文，他们通过三个案例，即意大利爱米利亚—罗马涅大区中的柔性生产体制、厄瓜多尔印第安人之间的手工艺生产和贸易以及由在美国的萨尔瓦多避难者向其家属提供资金的社区基础设施项目来理解发展结果。波茨和摩尼的研究说明了社会资本是如何促进经济发展的，同时指出，作为社区和地区一种特征的社会资本可以通过培育协作精神和企业家精神而促进经济与社会的福利。

自20世纪80年代中期以来，新自由主义以突出市场力量、削减政府管理职能为特征。尽管新自由主义改革能解决经济发展中的宏观问题，但是它的重建会使得社会底层，乃至中产阶级遭受损失和灾难。波茨和摩尼关注的是社会资本如何促进经济发展，艾克斯坦(Susan E. Eckstein)则试图理解人们对经济灾难进行抵制的社会运动形式，她在《全球化与动员：拉丁美洲对新自由主义的抵抗》一文中得出特别重要的两点结论：一是当政府越弱时，政府—社会关系制度化程度越低，社会政治化的水平越高；二是遭受灾难的个人和群体在日常生活中表达不公时转向新的沟通方式，如利用互联网等。

除了上述美国当前经济社会学研究的主要领域之外，美国经济社会学家关心的另一个主题是不同经济组织的结构。埃柯勒斯建立了一种高度稳定的网络类型——"准公司"理论。鲍威尔也对埃柯勒斯所研究的问题进行了探讨。除网络理论对经济组织的结构研究有推动作用外，社会学家也运用威廉姆森的交易成本理论和钱德伦(Chandler)的多头公司理论对经济组织进行研究。目前，对经济组织的研究集中在对公司的研究。自 20 世纪 90 年代以来，组织理论的发展为公司研究提供了理论基础，新制度经济学的创建也给公司研究以极大的推动，尤其是威廉姆森的《市场与等级制度》的影响。公司研究的内容集中在公司与市场的区别、钱德伦巨型公司的影响、多头公司的发展与传统的经济理性等方面。

事实上，经济社会学的研究领域正在扩展，从理论上讲，韦伯和帕森斯的影响依然存在，波兰尼的"嵌入"观点也有一定的地位。但从上述讨论中可以看到，当代经济社会学研究还存在着不足，或者有几方面应该引起经济社会学家的重视。首先，社会学家大多仍局限于传统的研究主题，致使时至今日，市场社会学和货币社会学尚未建立；其次，很少有社会学家从事比较研究；再次，如何吸收世界体系理论、制度经济学、妇女运动观点，还需要进一步研究；最后，经济社会学家对 19 世纪德国经济社会学的研究显得不足。形成这些问题的主要原因是社会学的传统观点局限了人们的视野。社会学的传统观点认为社会学仅研究经济的边缘领域，而且这种研究也只限于社会学的学术领域范围内。相比之下，处理同样的问题，经济学家要比社会学家的反应灵敏得多。

进入 21 世纪以来，美国的经济社会学研究领域不断扩大，研究人员不断增多。许多社会学系相继把经济社会学作为它们的主攻方向。目前，具有经济社会学研究优势的美国著名大学包括斯坦福大学(以斯梅尔瑟、格兰诺维特和沃尔德为领军人物)、西北大学(以斯廷斯乱姆、赫希、乌兹为领军人物)、普林斯顿大学(以迪马吉奥、波茨为领军人物)、加州大学伯克利分校(以弗林格斯塔为领军人物)以及康奈尔大学(以斯威德伯硌、倪志伟为领军人物)等。以康奈尔大学为例，康奈尔大学已是当代美国经济社会学研究的重镇，在 23 名教师中，近一半的研究方向为经济社会学，集中了斯威德伯格、倪志伟(Victor Nee)、赫德仓姆(Peter Hedstrom)、布瑞顿(Mary Brinton)、赫克森(Douglas Heckathorn)等著名经济社会学教授。康奈尔大学的经济社会学研究集中在以下领域。

(1) 经济社会学的奠基性思想。借助经济社会学的当代研究和理论，集中研究韦伯、熊彼特的经济社会学思想。领军人物是斯威德伯格教授。

(2) 从生命历程的视角对妇女职业进行定量研究。领军人物是布瑞顿教授。

(3) 发展中的资本主义经济社会学以及发达的资本主义经济社会学；大规模制度变迁的原因；市场和社会结构的变迁。研究者包括斯威德伯格、倪志伟、布瑞顿等。

(4) 发达资本主义中的公司和组织的边缘研究。

(5) 从博弈论的角度研究经济交易和经济结构的基础理论。主要研究者是赫克森。

(6) 用社会网理论对经济生活中的复杂制度之间以及相遇的陌生人之间的信用的研究。研究者包括倪志伟、布瑞顿、赫德仓姆等。

(7) 发达工业社会的阶层和职业研究。

(8) 研究发展的市场经济和发达的市场经济中的市场结构、企业家精神以及市场出现的条件。主要研究者包括斯威德伯格、倪志伟等。

(9) 关注不同国别的人力资本、社会资本和文化资本的形态，考察它们的形成和对经济发展的作用。这些国家主要是中国、日本、美国以及瑞典。研究者主要有布瑞顿、倪志伟、赫德仓姆等。

(10) 发展的市场经济和发达的市场经济中劳动力市场变化的制度分析。研究者包括倪志伟、布瑞顿、赫德仓姆等。

除此之外，他们的研究内容还包括法律与经济、全球化运动以及反全球化运动的出现、工业社会里青年人失业的原因和对策研究等。

第二节　当代欧洲经济社会学

众所周知，经济与社会的关系研究的历史在欧洲源远流长。早期涂尔干的经济社会学注重对规则和制度的研究，集中研究合同、价格、财产、技术和专业群体等；经济社会学的创始人韦伯把"能计算的规则"的存在视为理性经济秩序发展的前提条件。然而，20 世纪 20 年代以后，特别是第二次世界大战以后，经济社会学在欧洲的研究日渐衰落。究其原因，一是美国的社会学取得了极大的成功；二是大萧条后，古典的经济学似乎与现实隔绝，经济学家迅速发展了新的更综合的理论来说明社会现实。从这个角度讲，可以说凯恩斯主义和斯德哥尔摩学派的兴起使大众对经济社会学的需要成为无稽之谈。

20 世纪 70 年代以来，欧洲社会学界活跃着一批从事经济与社会关系研究的社会学家，他们是斯威德伯格、伯恩斯(Tom R．Burns)、布迪厄(Pierre Bourdieu)、马蒂尼利(Alberto Martinelli)、杜伯斯(Pierre Dubois)等，他们的研究主题主要有以下几个方面。

一、经济社会学及其研究范围

斯威德伯格对新制度经济学、理性选择社会学、新经济社会学、社会—经济学的异同进行了讨论。新制度经济学的基本思想是用微观经济学来解释社会制度和经济制度的出现和功用。理性选择社会学类似于新制度经济学，是把理性选择作为研究的出发点，但不同的是，理性选择社会学对经济制度的兴趣不大。社会经济学不同于新经济社会学。它的基础是跨学科，而不是社会学，但许多研究是社会学家完成的，至少有社会学的特点。新经济社会学抛弃了经济学通常所强调的理性概念的非真实性(心理学特征)——人们不如经济学家所假设的那么理性，转向集中于经济学家失败的方面(把社会结构整合于分析之中)，这一转变使引进新的分析方法成为可能：与行为者在什么地方是理性的和社会结构在什么地方是重要的有关。新经济社会学与旧经济社会学的一个主要区别是，新经济社会学毫不犹豫地攻击新古典经济学的基本方法，尽管旧经济社会学对其他持批评态度，但它绝不构建一个同水平的替代模式：而新经济社会学则明确地提出在市场结构、生产、定价、分配和消费领域，经济行动者不是被原子化的，而是与互动及互动结构有关的。

斯威德伯格还对经济社会学的研究主题进行了归纳。他认为经济社会学的研究主题包括以下内容。①经济过程：生产、消费、技术创新、市场(劳动力市场、金融市场、工业品市场和消费市场)等；②经济组织：银行、保险公司、公司和工业部门等；③经济关系：经济组织与非经济组织之间的关系、国家、工会等；④经济阶层：企业家、经济分层、分层与流动、工作环境、职业分化、经济态度、经济理论与意识形态等；⑤其他：福利国家、国际经济、通货膨胀、合同、货币、正式经济与非正式经济等。

马蒂尼利从另一角度论述了经济社会学的研究领域。这些领域是：①经济行为；②市场与交换；③经济活动的构建，包括生产(企业家、公司、劳资关系、文化、科学与新技术的发展)、分配(财富与合同系统)、消费(影响消费的因素，如社会分层系统、教育、家庭等)；④国家与社会的模式；⑤经济过程对整个社会的影响，如不平等与社会阶层、经济利益与配置、经济发展与结构变化、国际影响等。

采取什么样的理论来研究经济社会学，这是经济社会学家十分关注的问题。斯威德伯格认为所使用的理论应包括中层理论、依附理论、系统理论、女权主义理论、网络理论、组织理论、数学社会学、历史社会学、民俗学、行为研究、政治经济学、制度主义、博弈论、新古典经济学。他指出在经济社会学中常用的概念有：嵌入、网络、社会经济行为(理性与非理性)、经济行为者、制度、累计变化、经济亚系统、生产模式、世界体系、经济阶层、意识形态、配置、帝国主义、商业化/脱商业化、信用、经济制度、职业、劳动力市场(国际劳动力市场、分化劳动力市场)，等等。J. 贝克尔特(James Berkert)指出，应把社会关系、文化、认知、规范、结构、权力和社会制度作为经济社会学解释经济结果的基本解释变量。

二、市场与交换

斯威德伯格跳出了经济学理论那种只把市场作为价格机制的限制，而把市场作为社会结构来考察。斯威德伯格认为这里的社会结构是代理行动者之间的一种互动，这种互动是再现的和模式化的，同时通过奖赏得以维持。他指出，为了充分理解市场现象的复杂性，需要从社会学和经济学两个方面来分析，因而他用两个作为社会结构的市场类型来分析。斯威德伯格认为市场现象的核心在于，市场不仅仅是由交换这一个要素构成，而是由两个重要的要素即竞争与交换组成，换句话说，是与竞争结合的交换。他指出，市场并不是由简单的买卖双方进入交换的同质性空间，而是独特的互动网络，为此，社会学家一直努力探求在市场行为中起作用的法律和政治因素。他进一步指出，市场的竞争是一种"间接的冲突"，这种冲突不同于一般的冲突，冲突双方不是直接接触，而是由"双方共同努力"所构成的。竞争对手要想超过对手，不是试图去破坏对方，因此这种冲突意味着双方都在同时向社会释放额外的能量，社会从双方的冲突中受益。

斯威德伯格把市场作为社会结构进行了分类。一方面，他根据不同历史时期的市场特征描述了市场结构的演变；另一方面，他对现代市场中不同类型市场的社会结构进行了分析，这些市场包括劳动力市场、资本市场、消费者市场和工业市场等。在历史视野下分析市场的社会结构时，斯威德伯格指出，最初的市场是一些小社区的边界，市场中竞争程度很低，竞争也没有渗透到社会中，交换行为是直接面对所有交换行为者的。到了"丝绸之路"的年代，竞争则发生在职业商人和一般商人之间，贸易仅限于豪华值钱的商品，竞争也没有渗透到社会的生产组织中，其中存在着几种组织交换的不同方法，交换的利润是丰厚的。中世纪的市场竞争发生在严格规范的城市，竞争行为渗透到社会的一些地方，交换中的讨价还价很突出，交换不是以标准化的产品为基础的。在现代资本主义市场，存在国内国际的自由竞争，竞争行为扩展到社会，即市场的竞争与生产的竞争并存，各种理性机制的存在便于交换的进行。

伯恩斯一直从事市场与市场交换的制度学研究。在伯恩斯的研究模式中，没有关于均衡的人为假设。相反，他认为要使现代市场正常地运转，市场和市场交换模式中应该包括而且要求具有高度的选择规则。伯恩斯强调市场的社会秩序是由一系列规则构成的，这些规则包括法律与规范、社会关系与角色规则。各种市场安排影响价格形成，影响市场的交易量和市场的稳定性以及其他行为特征。伯恩斯认为市场具有鲜明的社会性，市场是嵌入社会的构建，它不仅取决于社会政治构成，而且还取决于文化环境、社会价值、社会规范、法律原则和市场外部的社会关系。市场在一定程度上是一种规范与道德秩序具体化的反映。因此伯恩斯主张用社会经济的分析方法来研究社会和社会过程的构建，将权力分析与交换分析联系在一起(参见本书第五章)。此外,在市场方面进行实证研究的还有米德特(A. Midtun)关于能源和航空市场规则的调查与研究,巴格纳斯卡关于地下经济的研究,马蒂尼利的国际市场研究等。

三、货币与货币系统

货币研究是经济社会学又一个十分关注的领域。越来越多的欧洲经济社会学家对货币特别是欧洲新货币的建立感兴趣。伯恩斯(Burns)、斯威德伯格(Swedberg)等分析了货币的社会构建以及货币的引进与维持,研究了货币系统的不稳定性等,并探讨如何解释和解决这些问题。赫希和高斯奥普、鲍姆加纳和伯恩斯、戴威勒(Deville)等把货币问题看作通货膨胀来考虑。他们的研究强调以政治为基础,如认为通货膨胀不仅仅是一个经济问题,而且还是一种解决收入分配中的紧张与冲突的主要社会机制——至少短期是如此,而长期的问题可能加强和导致主要的经济与社会政治危机,拉丁美洲国家的情形可以对此加以说明。

伯恩斯从三个维度即货币作为符号、货币作为制度和货币作为技术对货币进行了深刻的分析。他考察了货币用途的含义及其规则,对货币的价值网络和价值转换、货币的特殊性和广泛性的过程进行了研究。伯恩斯认为,正是通过制度点金术、社会事实以及货币实质相关定义的建立与维持,才形成货币的社会构建。通过对货币的研究与分析,伯恩斯得出以下结论。第一,货币系统是通过制度安排、技术装备和机构等加以创造与维持的一种社会秩序。货币系统有效作用的同时也维护和产生其他制度和制度安排,如产权、大规模市场、企业网络、贸易和工业税收、政府机构等。第二,现代流通货币的制度点金术必须包括纸与符号转化为货币,必须用系统的方法构建和管理货币系统。第三,现代货币系统并不是简单的、自发有序的,而是需要有组织的社会构建和对货币以及货币过程的管理。伯恩斯一直强调真实世界的社会定义、社会的社会定义以及制度事实。第四,作为一种技术的货币被认为类似于人工制品和工具,货币系统使"能动主体"(human agency)更有效地行动和互动,更及时地解决一些问题,使得个人和集体可以得到在没有货币系统时得不到,或者虽可以得到但代价较高的东西。货币克服了以物换物的弊端，允许各种间接关系的形成和高度发达的劳动分工，在现代化的生活中起着关键性的整合作用，同时货币技术用做定义、标准化、技术化一类价值的交换、市场价值的通用方法。第五，构建和开发货币，将其用做一种普遍的符号系统、一种以高度联系化的方式运作的符号系统。伯恩斯认为价值转化过程是通过社会制度和互动过程完成的，如在一定的制度条件下，交换价值与实用价值相互转换，市场交换价值转化为实用价值。第六，现代货币秩序是大规模的复杂的社会—技术系统，因而需要精巧的、理性的和动态的规则。伯恩斯认为，货币系统与其他大规模复杂的社会—技术系统(如电力、通信和交通系统)具有共同的特征。首先，所有这些活动都是为人类活动而构造和管理的，在货币的所有用途中，其主要是作为价值存储和交换媒介发挥作用的；其次，任何技术或者社会—技术系统无论是电力、通信和交通系统，还是货币系统，都有危险、失败的可能性，或者有负效应。因此，货币系统的管理和运作要求建立一种有效的货币系统和货币机制模式。第七，货币有多种用途和含义，有些用途和含义是相互矛盾的。这种矛盾导致了货币系统的不稳定性和风险性，如为稳定货币价值与经济增长而在信贷或货币方面的大量增加，为稳定兑换率与刺激经济增长或出口而允许货币贬值等。历史上解决这些矛盾的措施不但不能解决问题，达到稳定货币秩序的目的，反而导致问题加重。伯恩斯认为这种现象说明不仅是缺乏规范的措施或方法，而且缺乏足够的货币理论和货币系统模式，换句话说，是货币理论的失败。

最后，伯恩斯声称，从他的动态制度理论来看，社会分化导致了不同领域的增多，这些不同领域具有不同制度化的基本价值或使用价值的特征，也具有由特殊规则系统和货币索引过程所构建和管理的特征。他指出，社会分化必然导致制度化价值的扩展与复杂化，不同制度领域的行动者赋予货币以及其行动不同的含义，社会生活正在日益多样化，继续的社会分化和货币关系流通的复杂化，使核心价值的实现过程与转化过程变得无序或者使其重构，然而，对关系和过程具有调节作用的货币，在使社会分化的同时，也使社会整合。

除了上面三大主题外，欧洲经济社会学家们还关注以下问题。

（一）现代资本主义制度

对现代资本主义制度的研究集中在：①对资本主义制度安排的发展模式和动态变化的研究，如鲍姆加纳(Baumgarner)、鲍耶尔(Boyer)、戴威勒和伯恩斯(Deville and Burns)、高斯奥普(Goldthorpe)、马蒂尼利(Martinelli)、斯特里克(Streeck)等；②资本主义制度下的阶层关系研究，如格劳奇和皮查洛(Grouch and Pizaorno)；③研究国家与市场的关系，如鲍格(Berger)和考米斯克(Kozminsk)；④考察资本主义制度与政治和社会文化秩序的关系，如鲍姆加纳(Baumgarner)、戴威勒和伯恩斯(Deville and Burns)、马蒂尼利(Martinelli)。

（二）企业行为研究

欧洲经济社会学家对在既定文化模式下的企业文化和管理形式一直有浓厚的兴趣。怀特利(Whitley)用比较的方法调查了欧洲的"商业系统"，鲍希尔也对跨国公司的企业行为和组织进行了研究，企业家与创新从熊彼特开始就一直是欧洲经济社会学家极为关注的主题。

（三）消费行为的社会学研究

许多欧洲经济社会学家试图解释消费类型、消费倾向，以及试图通过广告和政府法制来规范消费行为。芬兰的萨库伦(P. Sulkunen)、英国的道格拉斯(M. Douglas)和法国的布迪厄还研究了消费与分层的关系。他们认为在任何社会，无论在语言和服饰方面还是在休闲和饮食习惯上，都有可观察到的阶层差异。布迪厄在1986年调查了不同生活习性形式和人们的地位，结果显示有明显的、直接的消费需求和消费模式的迹象；马蒂尼利还研究了社会的主流文化和亚文化对整个消费者需求结构和消费模式的影响，如农业社会表现为对土地的拥有，而现代社会显示其地位的符号为房子、汽车、艺术品等。

（四）社会福利

福利一直是经济社会学研究的主要领域之一，特别在斯堪的纳维亚国家。这些研究主要集中在用比较研究的方法处理市场失效和社会问题(失业问题、不平衡发展问题、经济和社会不平等问题)与资本主义发展之间的矛盾，艾斯平－安德森

(Esping-Andersen)、考皮(Kopi)和希密特(Schmidt)是主要的代表人物。

(五) 工业关系中的政策制定

与上述问题相关的是工业关系中的宏观经济政策以及福利政策等的制定，研究集中在国家与经济的关系上，主要的研究者是伯格、戴威勒和伯恩斯、希福(Scharf)等。

欧洲经济社会学家还注重对工作和就业的研究。对工作的研究表现在组织特征和组织区别方面。研究就业的经济社会学家把就业与失业不仅仅当作一种经济机制来看待，而且把它们当作社会构建来分析，分析失业的社会构成和社会后果等。在欧洲经济社会学的研究中，尽管对企业家个人的研究仍然是学者们研究的重点，但人们更关注对企业家功能的研究，更多地关注公司、银行和国家这三者之间的关系，这种关系构成了创新的主要障碍。企业家关系的有利和不利的比较分析以及不同模式的比较分析，构成了经济社会学的重要课题。

一般而言，欧洲经济社会学家发展了一种不同于美国同行所研究的经济社会学，他们更多地强调经典的经济社会学。与注重中层理论的美国传统相反，欧洲经济社会学家一直沿着整体分析的方法前进。

第三节　中国经济社会学的历史发展

社会学作为一门综合的具体社会学科,在中国 20 多年的恢复和重建过程中取得了丰硕的成果，并已发展和建立了一些相对独立的分支学科体系。在分支学科体系中，经济社会学的研究和学科建设占有重要的地位。

一、中国经济社会学恢复与重建的历史背景和特点

在社会学众多的分支学科中，经济社会学是一门相对年轻、尚不成熟的学科。就西方经济社会学的研究来讲，它曾长期处于徘徊和停滞状态，直到 20 世纪 50 年代初才奠定了自身的理论基础，摆脱了长期徘徊的局面，成为一门独立的社会学分支学科。从 20 世纪 70 年代以来，西方经济社会学得到了长足的发展，一大

批经济学家和社会学家纷纷从经济与社会相结合的综合视角，论述了经济社会学的新理论和新方法，西方经济社会学进入了快速发展的繁荣时期，经济社会学已成为当代国际社会学的热点。

中国经济社会学研究的恢复和重建可以说是相当艰苦、缓慢的。其原因是在新中国成立之前，中国经济社会学的研究尚属于起步阶段的经验研究。当时的中国老一辈社会学家抱着满腔的热情，对中国的城市和乡村进行了很多经济社会调查，开创了中国经济社会学研究的风气。但是，当时中国社会学界还没有人形成建立经济社会学的学科意识，从而也就没有人将在这些经验研究中所生发出来的局部经济社会学思想和方法提升到经济与社会关系的理论研究上，以便形成中国经济社会学的学科研究。新中国成立以后，社会学被中断过，中国经济社会学研究也随之中断。1979 年，中国社会学恢复和重建以后，中国经济社会学的研究几乎是在一无所有的情况下重新开始的。因此，中国经济社会学研究与其说是恢复和重建，不如说是"从头开始"更为恰当。

（一）中国经济社会学研究重建的历史背景

1. 中国经济社会学是在社会学"要赶快补课"的呼唤中起步的

1979 年 3 月 30 日，邓小平同志在《坚持四项基本原则》的重要讲话中指出："政治学、法学、社会学以及世界政治的研究，我们过去多年忽视了，现在也需要赶快补课。"他还希望，思想理论工作者必须下定决心，急起直追，一定要深入专业，深入实际，调查研究，知己知彼，力戒空谈。这些指示对于社会学的重建和发展是有力的支持和鞭策。社会学的"补课"任务很多，首先是要进行学科的基础建设，尽快培养能够掌握社会学基本理论知识和分支学科知识的人才。经济社会学是社会学学科建设的重要组成部分，社会学的"补课'，任务就必然要求经济社会学赶快恢复研究，尽快在高等学校及科研单位培养一支掌握经济社会学理论知识和方法的教学科研队伍。

2. 中国经济社会学研究是在我国实行改革开放的重大战略决策的要求下开始的

1978 年，中国共产党胜利地召开了十一届三中全会，做出了把全党工作重点转移到经济建设上来和实行改革开放的重大战略决策。经济社会学的研究就是在这种新形势下，适应了改革开放的需要，从而受到社会学者的重视。一方面，经济体制改革要求经济社会学在理论和实践上科学地论证和解释体制改革是经济发展的内在动力，并对经济体制改革引发的社会变迁和体制改革过程中出现的诸多社会问题做出社会学解释。另一方面，随着对外开放政策在各个领域的实施，国际学术交流也提上日程。在此形势下，西方经济社会学开始被引入我国，从而带动了中国经济社会学理论研究的恢复与发展。

3. 中国经济社会学是在国际经济学"社会学化"的趋势下恢复和发展的

20 世纪 70 年代以来，西方经济学的发展出现日益"社会学化"的趋势，即把社会学的视角引入经济学中。一部分经济学者摒弃传统经济学以纯经济因素研究经济的方法，开始重视社会经济结构、社会制度、社会关系、社会心理等社会因素对经济活动的影响和作用，从而拓展了经济学的研究视野，为经济学的研究开辟了一个新的领域。经济学"社会学化"也受到中国经济学者和社会学者的重视，中国经济社会学的研究就是在经济学"社会学化"的浪潮中恢复和发展的。20 多年来，有相当一部分中青年社会学者越来越关注和涉足经济问题的研究，并取得了可喜的研究成果。

（二）中国经济社会学重建的特点

由于中国经济社会学的研究是在上述历史条件下恢复和发展的，因此，40 多年来中国经济社会学的研究形成了以下几个特点。

1. 移植性

移植性即普及性地介绍国外经济社会学的理论知识，把国外经济社会学作为研究范式。在中国经济社会学重建之初，由于国内研究经济社会学的人才"断层"和可供参考的资料奇缺，在此情形下，引进国外经济社会学的理论和方法就成为普及经济社会学理论知识和推动经济社会学恢复发展的主要来源。这种"转手"介绍国外经济社会学理论的过程大致采取了三种方式：邀请国外社会学家来华讲授经济社会学课程；翻译出版国外经济社会学著作；国内一批中青年社会学者撰文评介国外经济与社会关系研究和介绍经济社会学研究的历史、现状及主要内容。

2. 应用性

讲求应用性和实证性是社会学的重要特点之一。中国经济社会学恢复研究以来，一直突出了这个特点。这一方面是承袭了 20 世纪 20 年代至 40 年代中国老一辈社会学家研究经济与社会问题的经验研究传统；另一方面是经济体制改革要求社会学者大力从事经济问题和经济政策取向的研究和调查，以促进社会学为经济体制改革服务。40 多年来，中国经济社会学的研究取得了可喜的成果。而在众多的研究成果中，应用性的文章和调查报告占有相当大的比例。这些应用性的文章内容主要包括社区经济与社会协调发展，经济改革中职业角色流动与行为调查，国有企业改革与非经济因素，中国私营企业与雇工问题，企业制度创新与管理，中国农村社会组织与社会保障，失业与再就业工程，社会公平与社会保障，中国贫困问题，市场经济与人们消费观念的变迁，文化价值与经济发展，经济体制改革与社会心理反应的调查等。

3. 学科性

学科性即重视学科的建设，不断探索构建有中国特色的经济社会学理论体系。中国经济社会学在走过"普及性介绍"为主的"补课"以后，逐步踏上了学科化建设的时期。我国从事经济社会学教学科研工作的专业人员日益增多，并有更多的社会学工作者和经济学工作者投身于经济与社会关系问题的研究，这必将会推动中国经济社会学的学科建设和发展。

二、中国经济社会学恢复与重建以来的研究主题

40 多年来，中国经济社会学的研究取得了较大的成就。从理论研究成果来说，主要表现在下述几个方面：

(一) 关于马克思主义经济社会学理论的研究

社会学恢复以后，中国经济社会学重点研究和阐述了马克思的经济社会学理

论，认为马克思是经济社会学研究的奠基人之一，《资本论》是研究经济与社会关系的典范。在这些方面，不少社会学者发表了论文，并在出版的著作中做了专题研究。宋书伟提出，早在 19 世纪，马克思的许多著作中就蕴含着丰富的经济社会学思想。马克思创立唯物史观后，从历史、哲学的角度为经济社会学的研究奠定了科学的基础。马克思的《资本论》及其他许多经济学论著，在西方许多社会学者看来，同时也就是社会学论著，并由此而推崇马克思为"社会学家之父"。高友谦等人认为，马克思的《资本论》是经济学和社会学相结合的典范，它总结了人类社会发展的各种经济形态。此外，还有学者认为，马克思的社会经济形态理论，即经济基础与上层建筑的经典论述，为经济社会学的研究提供了科学的方法论。

(二) 关于西方经济社会学理论与方法的研究

1. 对西方经济社会学研究的重点进行了分析

周长城和伯恩斯考察了当代西方经济社会学研究的理论方法以及研究重点。他们指出，西方社会经济学所应用的主要理论包括中层理论、依附理论、行为理论、系统理论、女权主义理论、网络理论、组织理论、历史社会学、数学社会学、民俗学、政治经济学、制度主义、博弈论、新古典经济学。经济社会学最常用的概念是：嵌入、网络、社会经济行为、经济行为者、制度、累计变化、经济子系统、生产模式、世界体系、经济阶层、意识形态、配置、帝国主义、商业化、信用、经济制度、职业、劳动力市场。研究的重点包括：经济过程，如生产、消费、技术创新、市场等；经济组织，如银行、公司和工业部门等；经济关系上，如经济组织和非经济组织之间的关系以及国家、工会等；经济阶层，如企业家、经济分层、分层与流动、工作环境、职业分化、经济理论与意识形态等；其他经济社会学研究，如福利国家、国际经济、通货膨胀、合同、货币、正式经济和非正式经济等。

2. 市场转型的经济社会学研究

市场转型的经济社会学研究是伴随着中国改革开放而开始的，研究者大多为西方研究中国问题的经济社会学家，其代表人物是倪志伟、安德鲁·沃尔德(A. G. Walder)、林南(L Nin)、I. 瑟伦伊(I. Szelenyi)、A. 罗纳-塔斯(A. Rona-Tas)、简·奥伊(J．Oi)、N．弗林格斯塔等。

在改革开放的初期，倪志伟考察了福建的私营家庭农场，提出用结构性补偿理论来解释市场过渡。他用三种命题勾勒其理论：①市场权力命题，认为随着市场的形成，由中央进行分配的那部分会失去，直接生产者将拥有更多权力决定其物品与服务的交换价格。②市场激励命题，认为市场交换比社会主义部门更能激励个人付出努力，并导致教育的更高回报。③市场机遇命题，认为迈向市场化的改革将创造出新的流动渠道，在科层制提升之外开辟替代途径。

随着新经济社会学的流行，经济社会学家开始用新经济社会学的基本概念"嵌入"和"经济制度的社会构建"来研究中国的市场转型。学者们认为，无论是过去还是现在，经济本身都嵌入由习俗、社会规范、社区和家庭关系所形成的社会制度中，因此，市场转型的经济社会学研究将社会制度与结构因素更充分地纳入变迁的因果解释，而不是像国家中心分析法那样优先从政治领域寻找原因。经济社会学家认为，构成市场转型的制度变迁出现在国家、地区和地方三个层面。在国家层面，贯彻经济改革的国家政策在法律规章的制定(逆集体化、财政分权、企业改革、法律规章的改革)及政治制度所扮演的角色方面已经孕育了关键的变迁。鉴于以往经济发展和国家政策的贯彻在我国存在着差异，所以在制度变迁的速度和范围上所存在的地区差异也必须纳入考虑之列。在地方层面，制度变迁集中体现在对社会网络结构和以经济行动为依据的制度安排的改造方面。许多人不再依附于地方政府官员之间的纵向关系，而往往更加倚重在社区内部或社区之间联系经济行动者的社会网络。这种变迁改变了社会规范和惯例的实践。

需要说明的是，近几年来，经济社会学的教学与研究在中国有了非常大的发展，主要表现在以下几个方面。①经济社会学教学机构的制度化。目前，"经济社会学"作为本科生的主干课程的地位是不容置疑的，而且一些大学明确提出"经济社会学"作为学校的特色，如上海财经大学等。②有关经济社会学研究的范围在扩大，水平在提升，从《社会学研究》发表的论文和研究生的毕业论文可以看出这一趋势；同时，从国家社会科学基金和教育部人文社会科学基金项目所设置的有关经济社会学研究课题也说明了这一点。③经济社会学的学术活动也正在独立形成，如相继在清华大学、上海财经大学和上海大学等高校和研究机构召开各种学术研讨会、工作坊等。

三、中国经济社会学研究展望

如前所述，经济社会学的重要性已越来越为学者们所认识，中国的经济体制改革以及开放的具体实践也急需一种符合社会发展的新理论来解释社会，预测社会发展的趋势。毫无疑问，经济生活中的社会学分析面临着极好的发展机遇。为了使中国的经济社会学沿着正确的道路发展，我们认为经济社会学的研究应该特别注意以下几个方面，并力图有所突破。

（一）加强经济社会学理论范式的构建

尽管中国经济社会学恢复以来，许多社会学家从事经济与社会关系的实证研究，但我们认为有关经济社会学理论与方法的研究尚显不足，换句话说，经济社会学的学科建设还很不够。如果经济社会学研究不是建立在理论构架之上，而是认为社会学家所从事的有关经济问题的研究都是经济社会学研究的话，那必将把经济社会学研究以及经济社会学的学科建设引向歧途。自我国社会学恢复以来，一些分支社会学的演变已经告诉我们，若忽略社会学的理论研究以及不重视理论范式的构建，学科的纵深发展是不可能的。因此，必须把经济社会学的理论研究和实证研究结合起来，特别是要加强理论与方法的研究，即使是实证研究也应是规范性的实证研究。

（二）市场的多维度研究

经济体制改革和市场转型，都是围绕市场进行的。然而，目前我国学者对市场的研究大多是从经济角度展开的，换言之，经济学家比社会学家更关心市场。经济学把市场视为价格机制，而经济社会学研究市场则应将市场作为一种社会结构，更多地关注市场制度的政治—文化方法。市场制度的政治层面含义包括：①把市场的形成视作国家构成的一部分，国家为市场稳定创造了制度条件，控制制度和制度的构建是有权活动者的特权之一，市场构建的"规则"和市场干预是了解新型市场发展的关键所在。②市场内的发展过程反映了两种政治斗争：公司内部的权力斗争和控制市场的公司之间的权力斗争，且都与"控制"有关。只有用多维度的视野考察市场，我们才能更理性地解释金融市场、劳动力市场等。

（三）对就业和失业问题进行经济社会学的分析

以往对就业和失业问题仅仅是将它们视为经济制度来研究，正确的做法应把就业、失业作为社会构建来分析，研究的重点应放在由就业、失业引起的不平等，社会分层和不同类型的分化，劳动力市场的进入与退出模式，失业、就业不足和闲散无事做之间的区别，性别、年龄和教育程度对就业与失业的影响，就业的形式。失业特别是长期失业的社会后果，下岗和再就业的社会构成及其社会后果。对公共就业和企业就业政策评价的社会构成及其社会效果，对教育系统和训练政策评价的社会构成及其社会后果等方面。

格兰诺维持指出："在我们的鼻子下面有一个金矿，我们可以去探讨。萨缪尔森在《经济分析基础》一书的绪言中谈到 20 世纪 30 年代经济学的发展，他说当数学首次被用于经济分析时，各种长期争论不休得不到解决的问题运用数学突然可以解决了。如同在处女湖钓鱼，那是黄金时代。目前对经济社会学而言也是如此。有一个巨大的、尚未接触的领域，那就是经济社会学。"显然格兰诺维特对经济社会学的前程充满信心。

尽管学者们对经济社会学的发展充满极大的希望，但经济社会学家采取什么样的理论路向去研究经济行为经济现象呢？一般认为不外乎三种理论路向：第一种是经济社会学家采取经济学家的范式，不同的是经济社会学家将经济学的范式应用到一般经济学家所忽视的领域，如婚姻、家庭、歧视和情感等方面，贝克尔有关家庭和婚姻等方面的研究就是这种套路；第二种是经济社会学家关注个人决策的社会背景，并把某些社会因素作为决策的约束条件，一般情况下，主流经济学家们视社会因素为既定的，而且这种社会约束被认为存在于价格与法律之中；第三种是一些经济社会学家所推崇的，如格兰诺维特、泽利泽尔等，他们认为要寻求对经济现象进行替代性的描述和解释，用一种新的经济社会学理论取代传统的经济学理论。

第四章　社会经济学视野中的
理性选择

　　作为现代社会科学中独立学科的经济学与起源于哲学的社会学是两个完全不同的学科。或者说在当时的情况下与某种程度上，社会学不关心经济问题，经济学也不关心社会问题。从历史上看，社会学创始人主要反对当时占据主导地位的经济学。文艺复兴运动以后，西方国家逐渐产生了由传统农业社会向现代工业社会的转型。各种经济社会利益阶层不断分化和形成，经济现象、经济行为以及经济生活呈现日益多样化、复杂化趋势。但传统的主流经济学、新古典政治经济学以及萌芽的社会学理论很难解释清楚人们的各种经济社会行动。随着世界经济快速发展，各地不同人们的联系日益紧密起来，已相互成为一个不可分割的整体。而单一的学科思维方式、理论图景及其解释框架的相关局限性也逐渐显露出来，迫切需要人们反思传统经济学、传统社会学理论等局限性，这就需要人们运用新的方法和新的思路解决出现的各种新的社会问题，迫使经济学与社会学不得不结合起来构建一个新的、能够解释社会现象、解决社会问题的相关理论与新的学科——经济社会学。实践产生理论发展的需要，也正是在这样的背景下，20世纪以来，以寻求合理解释复杂经济社会现象为己任的各种经济社会学理论派别如雨后春笋般地涌现出来，成为社会科学研究领域内一道亮丽的风景线。理性选择就这样被经济学家实际运用相关方法研究人们在经济生活中的各种反应，包括行为、规范以及各种价值观念等。

第一节　理性选择的范式源流

　　20世纪来，经济社会学家们在研究中不断发现影响人类行为的因素是多方面的，经济因素仅仅是其中一个重要的方面。除此之外，在他们看来，个体之间进行的社会交换和社会互动等因素也会影响到人类社会行动的重要因素。通过个体之间的社会交换，人类能够建立起相互之间的信任关系，也正是通过个体之间的社会互动，人类能够建立起相互之间的信任关系，也正是通过个体之间的社会互动，人类知道自身行动的社会价值。因此，社会学家们在不满意原有传统理论的基础上，提出社会交换和社会互动等理论，就构成了经济社会学理性选择理论的重要来源。

在社会科学中，几乎所有的理论都隐含着对社会行动者是理性的还是非理性的假设。"理性"在英语中有"reason、rational"这两个单词与之相对应，这两个词都含有"算计、合理"的意思，在哲学上一般用"rational"这个词。由于理性是人的思维过程，所以它主要是指主体用比较明确的概念进行判断或推理，以便用最小的成本实现自身目标的思维活动。哲学家康德认为，理性思维必须符合形式逻辑，违背形式逻辑的思维叫反理性、非理性或者叫感性思维。人们的选择行为往往受很多条件限制，它不仅是一种有限理性选择，甚至常常停留在感性层面上，由感性意识支配的选择行为。亚历山大(Alexander. J. G.)指出，有关人的行为理性和非理性涉及的内容主要有：人到底是理性的还是非理性的；人对待世界的态度到底理性的还是非理性的；人到底是根据效用最大化行动(理性)还是被感情和无意识的欲望所支配(非理性)，不同学科或同一学科内的不同理论的论述主要源于对行为的不同假设。格雷鲁维特(Granovetter，M.)认为，经济学与社会学最大的差别在于前者强调人们为何做出选择，后者强调人们为何不作出选择。什么是理性选择？理性选择就是效用最大化或最大化假设，即理性行动者趋向于采取最优策略，以最小的代价取得最大的经济社会效益行为。

一、理性选择理论渊源

毫无疑问，理性选择来源于经济学，古典经济学家亚当·斯密首先提出了"经济理性人"或"理性经济人"概念，该概念后来便成为经济学的核心，以至于人们把经济学称为"理性选择的科学"。亚当·斯密从经济学角度给了理性以定义，认为理性主要是指人们的思考能力、计算能力、趋利避害的能力，理性等同于经济计算能力。

20 世纪 50 年代以来，经济学、政治学和社会学这三门以"寻求普遍规律为宗旨的传统社会科学日益相互重合，社会学家成了开路先锋"，他们将"政治社会学""经济社会学"列为两个重要的、常规的分支领域试图贯彻和运用理性选择方法。社会学对理性选择的贡献始于乔治·霍曼斯的《交换的社会行为》，霍曼斯运用社会心理学的群体动力学以及其他观点解释了小群体的行为，从而构建了社会交换的形式。霍曼斯的开山之作为后来学者的社会心理的实证研究提供了社会交换的理论基础。詹姆斯·科尔曼则直接吸收了理性概念，并认为社会学似乎只能是一门理性选择的社会学，强调"具有目的性的理性人"的利益选择必然被特定的"私人物品、事件以及某些专长"等资源所控制，社会学就是要借助对个体行动的解释去分析"处于宏观水平下的个人行动以及这些行动实在怎样构成宏观社会现象的"。科尔曼的《社会学理论的基础》已经成为用理论选择理论分析社会行为的经典之作。他一针见血地写道："本书认为，如果社会理论的目标是解释以个人为基础的社会组织活动，理解个人行动便意味着寻找其隐藏在行动内部的各种动机。因此，解释社会组织活动时，必须从行动这一角度来理解他们的行动。换句话说，局外人认为行动者的行为不够合理或非理性，并不反映行动者的本意。用行动者的眼光衡量，他们的行动是合理的"。随后，作为社会交换理论的代表人之一的美国社会学家彼得·布劳，其著作大部分是对官僚制组织中各种情况的分析，他运用社会交换思想研究了正式组织以外的非正式组织的社会交换。在其早期论述官僚制组织内部非正式过程问题时，曾注意到雇员如何频繁地通过工作换取尊敬，以信息获得赞同，以及非物质报酬的交换过程。另外他从社会结构出发研究人与人之间的交往过程，还是结构主义交换论代表人物。20 世纪 70 年代以后，布劳提出了宏观结构理论，试图用宏观结构主义代替早期的交换理论，创立和发展了一个更加严密的理论体系。

政治科学引进理性选择理论几乎与社会学同步，肯斯·阿诺把理性选择理论运用于福利经济学，其思想主要反映在他的著作《社会选择和个人价值》中，由于受研究领域的限制，书中思想没有在福利经济学以外产生更大的影响。后来阿诺的学生安瑟尼·唐斯在其《民主的经济理论》中将理性选择理论用于研究政治系统。唐斯的著作反映了新古典经济学在政治科学中更广泛的应用。随后，布坎南和戈登·塔洛克在1962年合著的《同意的计算》和美国著名经济学家曼瑟尔·奥尔森著的《集体行动的逻辑》相继问世，其中《同意的计算》标志着公共选择理论的诞生，同时政治科学中颇具影响的期刊——《公共选择》也开始发行，这些都说明学者们在政治科学研究领域广泛地应用了理性选择理论。布坎南、奥尔森等人都是著名经济学家，但他们都研究了政治科学。也就是说，上述著作与期刊，尽管不属于社会学领域，但都涉及社会学中源于霍布斯及其他社会契约理论家所关注的经典集体决策问题，因此，这些研究吸引了许多社会家，并导致了大量的社会学研究成果的问世。比如奥尔森的《集体行动的逻辑》中强调宏观问题的分析始终要归于微观主体的理性行为，同时提出了一个分析集体行为的思路。

理性选择理论源于新古典经济学假设，广泛地运用于经济学以外的领域，如加里·贝克尔的《歧视经济学》就是理性选择理论早期运用的例证，他在人力资源、犯罪、家庭等方面的研究也同样广泛运用了该理论。受贝克尔的影响，一些经济学家不但在贝克尔所研究的领域重新使用理性选择理论，而且在社会学领域也广泛地运用理性选择理论。如罗伯特·弗朗克在其《选择权力》中分析了影响个人择业的社会系统，他指出：一个人选择工作时不仅仅要考虑自己工资的多少，而且还要考虑与同一公司中其他同事的工资对比情况。另外，威廉姆森和一些新制度主义者也考察了理性选择理论在其他方面的运用。

威廉姆森将交易作为理论分析的基本单位。因交易的主体是一个个的自然人，所以需要对人做出一定的假设。而完全理性假设，在现实生活中往往导致理性的自负。因此，门格尔(Carl Menger)、哈耶克(Friedrich Hayek)等奥地利学派代表人物坚持"有机理性"，认为"人之行动而非设计"的制度在社会发展过程中扮演着更加重要的角色。赫伯特·西蒙认为"理性有限又刻意为之"。在西蒙看来，有限理性包含两方面含义：第一，社会生活复杂多变，人的理性不能穷尽思考所有可能的情况；第二，未来存在多种不确定性，人的理性不能准确预测之。因此，对决策的要求是"满意化"而非"最优化"。威廉姆森认为，既然理性是有限的，那么交易双方就不会试图签订面面俱到的契约；既然理性是刻意为之的，那么交易双方就会努力节约交易成本，"可以有两种做法：一是注重决策程序，二是设计好治理结构"。他还认为，决定交易形式的主要有三个因素：资产专用性、不确定性和交易频率。在其1996年出版的《治理机制》中，威廉姆森将资产专用性分为六种专用类型：第一，场地专用性，"是指一系列站点被相互联系密切地排列着，以节约库存和运输成本"；第二，物质资产专用性，指为生产某种产品而必需的专用模具；第三，人力资源专用性；第四，专项资产专用性，是为了满足特殊需求而进行的专项投资；第五，品牌资产专用性；第六，临时专用性。威廉姆森认为，专用资产的投入导致了交易的"根本性转变"，由于供应商投入了巨额资产，一旦需求方改变主意，那么这些资产将难以挪作他用，为了避免需求方的这种投机行为，标准的交易模式将不再适用，专门的治理机制应运而生。最早提出有限理性概念的阿罗认为，在经济活动中，人们掌握的信息往往是不完全的，由于个人的投机行为，信息还会遭到故意的扭曲。基于信息的不完全，阿罗认为：第一，因为个人的活动往往互相干扰，所以针对个体活动的共同决策往往优于分散决策；第二，最优的共同决策依赖于分散在个体中的信息；第三，从信息传输的角度来看，将信息传输至共同的中心，要比分散传播"更便宜且更有效率"；第四，由决策中心抉择并传达，往往要比分散决策节约成本。

在罗伯特·艾克斯罗德著作《对策中的制胜之道：合作的进化》中，不仅讲述了一般意义下的博弈，还着重论证了非对称形式下的博弈，比如如何建立与君子、小人之间的长期博弈，并且将问题抽象成为初始成活性、鲁棒性和稳定性的问题。按照自利理性人的假设，在人类社会中广泛存在囚徒困境不足为奇，陷入困境的"囚徒们"不互相背叛反而彼此合作，却是一件奇怪而需要解释的事。艾克斯罗德在开始研究合作之前，设定了两个前提：一是每个人都是自私的；二是没有权威干预个人决策。即个人可以完全按照自己利益最大化企图进行决策。在此前提下，合作要研究的问题是：第一，人为什么要合作；第二，人什么时候是合作的，什么时候又是不合作的；第三，如何使别人与你合作。在社会实践中有很多合作的问题，如国家间的关税报复，对他国产品提高关税有利于保护本国经济，但是国家之间互提关税，产品价格就提高了，丧失了竞争力，损害了国际贸易的互补优势。在对策中，由于双方各自追求自己利益最大化，导致了群体利益的损害。受其影响，后来者们将进化博弈论引入理性选择理论，并将博弈论作为发展社会理论的工具。

理性选择理论用于宏观社会学研究开始于 1983 年，其中宏观社会学中的历史及其他方面的研究似乎是理性选择理论应用的重要领域，主要原因在于这种研究关注或解释社会系统功能或变迁，而社会学的其他研究仅仅强调个人行为的解释，由此可见，理性选择理论不适合非理性的个人行为。随着《理性与社会》期刊的发行和 1990 年国际社会学协会理性选择研究分会(Research Committee of Rational Choice)的诞生，理性选择理论开始完全进入运用阶段。以科尔曼出版的《社会理论的基础》，标志着经济社会学经济理性选择理论的正式确立。

二、理性选择理论产生的背景

伟大哲学家黑格尔曾说："凡是合乎理性的东西都是现实的，凡是现实的东西都是合乎理性的。"任何一种理论的产生都有其独特背景，经济社会学理性选择理论同样也有其深刻的社会背景和学科背景。

(一) 针对传统经济学理论自身无法克服的局限性

理性选择理论首先针对的是传统经济学理论自身无法克服的局限性而产生的。经济学认为，生活在经济社会中的每一个人首先是一个"经济人"，人们的活动必须遵守"经济人假设"原则，人是依据个人稳定的利益偏好在各种行动中做出选择。因为在传统经济学理论中，对人的行动理性(经济人)的假设占据了主导地位。亚当·斯密认为，人的理性在于他在各项利益的比较中选择自我最大利益，以最小的牺牲满足自身最大需要。也就是说每一个个体都是趋利避害的，在追求成本最小化和利益最大化。这样的结果将导致整个社会行动和社会选择的经济性、选择性以及利益最大化，从而推动经济社会不断向前发展。

社会学家们同样承认人的行为是受"理性"支配的，不过他们认为人的行动是受社会环境和社会结构制约的。社会学家们发现，在现实生活中不仅个体的经济社会行动并不总是追求经济利益最优原则，而且群体的社会行动也不是必然地追求经济理性。他们认为，理性选择理论的解释应是社会系统的行为，而不是个体行为。另外，很多社会心理学家研究发现，社会群体、社会组织以及社会团体的经济社会活动也并非都遵循经济利益最优原则。作为一种集体行动不仅有经济理性行动，即他们的行动不仅仅是工具理性行动，而且还具有社会理性、价值理性以及在此基础上形成的文化理性特征等。这些行动同样是构成整个社会的一个有机组成部分，使得整个社会的运行遵循着自身独特的逻辑和规律，从而实现历史的发展是不以人的意志为转移的"合力的"结果，因而也就是"合目的性与合规律性的统一"结果。所有这些都有力证明了人类经济社会行动的目的非唯一经济性。

(二) 针对传统管理学理论无法克服的局限性

西方管理学一般认为以泰勒(F. W. Taylor)所著的《科学管理原理》(*The Principles of Scientific Management*)标志着管理学科的诞生，他也被称之为管理科学之父。其科学管理原理主要提出了差别计件工资、管理和执行相分离、标准化等方法，这主要是以"工时研究"为基础建立起来的。在泰勒所处的时代，美国社会出现了前所未有的工业技术进步。但是，低劣的生产组织、管理方式以及恶劣的工作环境严重阻碍了生产效率的提高，同时，导致了劳动者与资本家之间的矛盾日益尖锐。如何化解劳资矛盾、提高劳动效率成为非常迫切的实际问题。为此，泰勒认为，科学管理的中心问题就是应如何提高效率，提高效率既可以降低成本使资本家获利更多，也可以使工人增加工资。他主张用科学方法提高劳动生产率，要提高效率就必须挑选"第一流"的工人，运用标准化的工具、材料与机器，实行刺激性的计件工资报酬制度等。

与泰勒同一时代的法国著名管理学家法约尔(H.Fayol)，着重从分析高层管理入手提出管理活动分为"计划、组织、指挥、协调和控制"等五大管理职能，针对办公室管理中存在的问题，提出了"专业分工、责权对等、遵守纪律、统一指挥和统一领导"等 14 项提高管理效率的原则。法约尔认为,劳动分工属于自然规律。劳动分工不只适用于技术工作,而且也适用于管理工作,应该通过分工来提高管理工作效率,这些管理思路在当时确实很快提高了管理效率。但在随后实际生活中,泰勒和法约尔的管理理念并没有发挥出应有的功效。因为科层制式的管理将把人作为"机器",必然会把人束缚在"科层制"牢笼中,导致人听命于机器,人听命于管理制度,这样的管理必然束缚人的积极性与人的能动性,最终使人处于异化状态。由此可见,无论是"小群体实验"以及其他社会心理学实验,都证明了泰勒以及法约尔管理理念的条件性。所以,在理性选择理论看来,必须重新反思管理学理论和实践。

实际上,在理性选择理论创始人看来,人不仅是简单地接受机器的指令以及制度的安排,人不是"机器",而是一个有理性能力、有自己行为偏好倾向、有自己判断选择能力的人。所以,人也是一个有着多样性需求的理性人,既有作为社会组织中的一员服从组织安排、实现组织目标、追求经济理性功能,又有自身独特的个性需求,也就是说人除了追求工具理性(Instrumental Rationality)以外还会追求价值理性(Value Rationality)以及社会理性(Social Rationality)。也就是说,人在制度面前并不是无能为力的,他既是各种管理制度的服从者更是制度的创造者。这样,在理性选择理论看来,现代管理科学的理论假设、理论内容也无法解释现代社会中各种正式组织存在着的大量的非正式群体与非正式组织问题,所以,必须寻求新的理论来弥补管理学理论存在的局限性。

(三) 社会转型、新的社会阶层及社会问题的产生

从 16 世纪以后,整个社会急剧转型,不断走向分化,产生新的社会阶层及社会问题。面对日益复杂的经济社会现实,20 世纪中叶以来,各门学科越来越显示出在高度分化基础上的融合趋势。经济、社会以及政治发展的日益复杂化、综合化,使得任何一种单一的学科都设法解决纷繁复杂的社会现象和社会问题,作为学科"帝国主义"的经济学及其自身所设定的理论方法越来越显示其研究视野、研究方法以及研究思路的不足,尤其迫切需要人们构建一种新的理论来"解释世

界"和"改造世界"。

一切理论都来源于实践，经济社会学同样不例外。20 世纪 30 年代以来，伴随着西方社会学中心从欧洲向北美迁移，经济社会学适应美国社会的变迁现实逐渐成长起来，西方经济社会学理性选择理论在解释日益复杂的经济社会现象方面取得了令人信服的成就，逐渐得到了人们的认同。理性选择理论的出现解决了经济学与社会学重叠问题，经济学用理性选择方法严格限定出某些结果，而社会学则解释这些结果。而由加里·贝克尔等人倡导的自成体系的"经济学帝国主义"宣称"经济学方法具有普遍性，能够适用于一切人类行为——所有人类行为都可作为行动者从一系列固定偏好中实现效用最大化，并使得信息积累量达到最优"。科尔曼则将经济分析用于社会现象，并融入了"社会资本"的思想。正如沃勒斯坦所言："'二战'以后，三门以寻求普遍规律为宗旨的传统社会科学(经济学、政治学和社会学)日益相互重合。社会学家成了开路先锋，他们早在 50 年代就将'政治社会学'和'经济社会学'列为两个重要的、常规的分支领域。"他所说的"开路先锋"主要就是指理性选择理论在融合经济学、社会学以及政治学等学科方面，以及该理论在研究社会现实问题方面所取得的成就已经逐渐为人们所承认、所接受。这样，理性选择理论自然就成了 20 世纪中期以来人们普遍关注的一个重要研究领域。

三、理性选择理论主要吸收的学科思想

(一) 主流经济学方法论

方法论对经济学的理论研究至关重要，对经济社会学的理性选择理论影响同样深远。主流经济学秉承的"理性经济人"或"经济人动机自利"的假设传统，认为人们的经济行为之所以发生就在于参加经济交易的各方都是一个"理性"的行动者，每个行动者的行为动机都根源于经济诱因，都期望在交易中尽量得到理想报酬，尽量降低或减少成本，每个人都得争取最大的经济利益，以实现自身经济效用的最大化。在主流经济学家们看来，比如亚当·斯密、熊彼特、马歇尔和凯恩斯等人都认为，理性的经济人是整个市场经济得以运行的前提，它引导着整

个市场经济向着理想化方向发展，每一个理性的交易主体在交易过程中可以得到最优状态。从此以后，理性的经济人假设就成为主流经济学各种理论流派的无条件前提。

经济人假设实际上只是一种理论模型，以市场经济竞争的公正环境、经济秩序的扩展等为目标来理解行为主体应有的特点。一种合理性的经济追求体系，其发展自然是不可限量的，这一体系运用在多元化的社会中将使社会不断走向进步。20世纪50年代以后，"理性经济人"假设被提前应用到在不完全信息情况下"理性的经济人"如何根据对方的选择进行博弈，努力做出有益于自身的判断，实现博弈均衡，从而发展出"博弈论"这一经济学"核心工具"，以便解决"囚徒困境式"的难题，从而把这一理论发展到新的高峰。经济学经过200多年的发展，"理性的经济人"作为经济学的根基一直为主流经济学家所认同。行动者努力追求自己的利益作为一种理性选择，如果本能地去追求对自己不利的东西，那就是非理性的了。由于利益的性质与生活、活动过程等都是复杂的，这样就为这一理论假设在其他社会生活领域中的运用提供了条件与研究基础。

(二) 非主流经济学思想

主流经济学在追求并建立"理性的经济人"假设的统一构架，视"理性"为人的经济行为选择决定的基本准则，认为任何经济行为都是精确计算、力求效用最大化的理性支配行为，追求建立以理性可以解释一切经济现象和行为因果的经济体系之中时，非理性被认为是一种反常现象或不正当行为。非主流经济学尤其是行为经济学以及实验经济学毫无疑问也坚持理性选择理论和方法。但是，行为经济学和实验经济学都反对把行动者理性选择的过程抽象成始终在追求效用最大化的"黑箱"。实际上，行动者在现实的市场情境中总要受到过去既有的社会事实、社会习俗、流行时尚、价值观念、社会规范甚至偏见与歧视的影响，受到行动者自身的知识、阅历、兴趣、爱好、口味、信息获取、健康、荣誉以及在此基础上形成的认知与判断的影响，这些非理性因素同样成为行动者进行选择的依据。为此，他们做了很多心理学实验进行了论证，然而这些思想却被主流经济学理性选择理论所"遗忘"。经济社会学理性选择理论同样吸收了行为经济学、实验经济学等学派的传统，在分析行动者理性选择的时候注重对非理性因素的关注，将理性与非理性因素整合为一个有机的整体。

（三）主流社会学方法论

在被公认的经典社会学三大奠基人物中，马克思第一次实现了经济学与社会学理论与方法的结合，进而实现了社会学方法论的整体主义与个体主义的有机统一。马克思认为，社会学就是人的意识对客观实在做出正确的反映，把人作为经济社会发展的主体，高度重视人在经济运行中的作用。他从资本主义社会中最常见的商品开始，通过分析资本主义社会中商品的交换关系得出，人与人之间的选择关系以及在此基础上形成的社会关系与社会结构。马克思指出，物质资料的生产方式决定了人与人之间的生产关系，人与人之间的生产关系又决定了其他各种经济关系，经济关系又决定了各种意识形态。

经济社会学理性选择理论的兴起同样也受到了韦伯的影响。韦伯将社会学归结为一门"社会行动"的学科，他认为社会最基本的分析单位就是社会行动，个人才是社会行动的真正主体。他从微观的社会行动入手研究了宏观的社会关系与社会结构，并从社会学角度对行动类型做出四种经典式区分后明确指出，不仅是目的合理性工具行动，而且包括价值的合理行动、传统行动以及情感行动在内的所有行动类型，既是按理性顺序排列，也是行动者理性计算的结果，都可以看作是行动者在某种价值取向基础之上的理性行动选择。在韦伯看来，只有有目的的工具行动和价值合理行动，才是韦伯所认为的真正意义的社会行动。韦伯对于理性行动的理解大大拓宽了传统理性的内涵，为经济学意义上的理性概念发展成为社会学上的理性概念铺平了道路。实际上，韦伯的这一思想不仅被社会学家承认，而且也得到了部分经济学家的认同。比如加里·贝克尔曾经把常人看来的非理性行为都纳入"理性"范畴中，并试图用经济学范式加以分析。

迪尔凯姆在《社会学方法的准则》中把社会现象称为"社会事实"，他认为"社会事实"是指一切行为方式，无论它是固定的还是不固定的，凡是能从外部给予个人以约束的，或者换一句话说普遍存在于该社会各处并具有其固定存在的，不管其在个人身上的表现如何，都叫作社会事实。同时他确立了观察社会事实的原则与分析解释社会事实的原则，他说："当我们试图解释一种社会现象时，必须分别研究产生该现象的原因和它所具有的功能。"也就是说要对社会事实(社会现象)进行充分的分析和解释，因果与功能分析是不可或缺的。因为因果分析让我们理解为什么是此现象而非彼现象发生或起作用，而功能分析则会揭示我们思考的这个社会事实会对整个社会或社会的其他组成部分的运行带来什么结果，即这个社会事实会对社会或社会的其他构成产生何种影响。在迪尔凯姆对社会事实的分析中，他强调社会环境对社会事实的决定性影响，"一种社会事实的决定性原因，应该到先于它存在的社会事实中去寻找，一种社会事实的功能应该永远到它与某一社会目的的关系中去寻找。"这也是对经济社会学理性选择理论中理性与非理性选择的贡献。

（四）文化人类学与社会学心理学方法论

文化人类学在很长一段时间内研究初民社会的结构、社会的运作过程以及文化模式。在初民社会里，"理性"的民众所进行的物质交换以及礼物交换不仅仅是一种经济交换，而更多属于一种社会交换。交换的背后主要不是体现"理性""经济人"原则，而是体现"理性"的"社会人"或者"理性"的"文化人"角色。初民社会的这种交换行动更多地属于马克斯·韦伯关于人类理性行动类型中的"传统行动""情感行动"以及"价值行动"。

同时，社会心理学同样影响着经济社会学的产生。社会心理学方法是从研究人的行为规律出发从而激发人的积极性的科学管理方法。心理学家通过大量心理学实验从实证角度指出，"理性的"人所拥有的"理性"需求多种多样，展现出丰富的层次性。比如 B. F. 斯金纳对鸽子、巴甫洛夫对狗的实验后发现，动物的行动纯粹是一种"趋利避害"式的"刺激反应"行动，而人的行动却还有一种建立在理性思维基础上的"内省"行动，"趋利避害"仅仅是人进行理性行动的最基本条件、最基本目标和最基本原则。同时如伊尔顿·梅奥的霍桑实验、梅奥等人在"经济人"

人性假设模式下，试图找出工作条件与生产效率关系的试验。但随着实验深入，"经济人"假设遭遇动摇，最终梅奥提出，人性假设模式是"社会人"，即职工不单纯在追求经济收入，还有社会和心理需求，人的需求是多层次与多元的。因此，要提高工人的劳动生产效率就必须首先从人的社会心理方面鼓励员工。正如马克思所言："培养社会的人的一切属性，并且把他作为具有尽可能丰富的属性和联系的人，因而具有尽可能广泛需要的人生产出来——把他作为尽可能完整的和全面的社会产品生产出来……这同样是以资本为基础的生产的一个条件……。因此，只有资本才创造出资产阶级社会，并创造出社会成员对自然界和社会联系本身的普遍占有。"这些充分说明，应当综合各门社会科学关于人的本性假说与人的一切属性关系，建立一种更综合、有更强解释力的理论假设与理论前提。

第二节　理性选择的基本假设与不确定性分析

一、经济社会学理性选择理论的基本假设

经济学学科常常把理性的经济人作为自己的学科假设，同样，经济社会学理性选择理论也有自己的理论假设。理性选择理论建立在以下前提或基础上：第一，个人是自身最大利益的追求者。第二，在特定情境中有不同的行为策略可供选择。第三，人在理智上相信不同的选择会导致不同的结果。第四，人在主观上对不同的选择结果有不同的偏好排列。理性选择可以概括为最优化或效用最大化，即理性行动者趋向于采取最优策略，以最小代价取得最大收益。借鉴理查德·斯威德伯格的相关解释，经济社会学中的理性选择理论建立在以下基本假设之上。

首先，行动者是自身最大经济利益、社会利益或效用的追求者。经济社会学认为，任何一个行动者首先是一个理性的"经济人"，自然会遵循成本最小化、效益最大化原则。但是行动者往往是一个处于特定社会网络之中、扮演某种社会角色、在既定的文化环境与风俗习惯作用从事某种社会活动的"感性的""现实的"与离不开社会的"社会人"，因此，行动者的行动受此身份制约条件下满足自身行

动效用最大化。这样，个人在遵循经济理性的同时还要追求社会理性，也就是在追求工具理性的同时还要实现价值理性和策略理性，实现工具理性和价值理性的有机统一。

经济社会学理性选择理论强调，行动者在行动过程中面对不同的情境会做出不同的理性选择。一方面，行动者在进行判断和选择的时候可以根据当时的情境，按照经济理性或者工具理性原则进行选择。如在企业经营与管理、商品买卖与交易的过程中，主要依据经济理性选择，而在家庭生活、朋友交往等行动中则主要依据价值理性、传统理性以及情感理性进行选择。帕森斯曾指出，行动者的单元行动要受到行动者本身、行动的目标、行动的情境、规范或限定等多重要素的制约。比如银行加息，根据理性选择理论认为人们就会调整存款方式，但实际不是所有人都愿意这样做。有的人是因为不太了解存款的方法、方式与期限，所以把存款存在活期的，即使银行加息了，他也觉得没有多少获益，因此就个人而言，由于知识的局限或对资本利得的不重视导致其把存款以活期的形式出现浪费很多利息的行为，实际上对于这类人来说也是一种理性选择。当有人告知他利息上调了，并且以他的存款数量只要改变一下存款方式就可以获得一笔不小的利息，而且告诉他通过长短期搭配也不会影响其资金流动性，如果此人听从劝告从而获得了一大笔利息收入，也说明这类人的选择还是一种理性选择。但在没有得到相关建议或劝告之前，他一直保持原来的存款方式也是一种理性选择行为。

另一方面，行动者在行动过程中也可以采取以某种理性形式为主兼顾到其他理性选择形式，还可以将多种类的理性组合起来加以选择和使用，以便更好地实现自身利益与效用的最大化。甚至理性的行动者还发现，由于行动者在实际的行动选择过程中面临着许多复杂而不确定性因素，而且教育环节越多，交易周期越长，这种不确定性因素就越大。行动者在行动前不可能无所不知，所以行动者在进行选择的时候非常理性地知道无法实现效用最大化，只能在综合现有信息基础上选择基本达到满意或达到基本满意。

其次，在特定的社会结构与社会网络中行动者不同的选择都是理性的。经济社会学认为，理想的行动者在经济社会活动时总要进行有策略的选择，这种选择总是在不同的文化、不同的社会心理，也就是在不同的社会结构与社会关系网络中进行一种理性选择。在某种社会结构作用下的行动者在进行选择的时候往往依据经济理性或工具理性，而在另外一种社会结构与社会网络中，行动者则采取价值理性、传统理性或情感理性进行选择。比如皮埃尔·布迪厄在探讨"场域"与"惯习"理论时就把上述要素当作外在于行动者的社会结构和社会网络，它们共同作用于行动者的理性选择，使行动者的理性行动遵循着某种规律。

最后，行动者的选择还有不同的偏好顺序、偏好组合以及偏好传递，从而导致不同的理性选择结果。按照主流经济学观点，不同的"个人偏好"构成了不同的需求曲线从而影响到公共选择。主流经济学还认为，行动者的偏好应该是一成不变的，并认为"口味这东西是不能讨论的"。经济社会学则认为，偏好问题仍然可以作为一个变量加以考虑。因为个人的满足感以及价值选择，也就是行动者个人的偏好选择与偏好顺序总要受到特定的制度、文化制约，还要受到自身在不同场景中相关因素的影响。林顿伯格认为，偏好有两种类型：一种是普遍性偏好；另一种是工具性偏好。G. M. 霍奇逊也认为："制度结构、社会规范和社会习俗以及文化等不仅影响行为，而且也影响人们对世界的看法，进而影响人类行动的目标。"也就是说，理想的行动者在进行理性选择的时候可以结合其他经济社会等多种因素进行偏好组合，将个人选择与社会选择结合起来找到满意的解决方案。这样就可以克服"阿罗不可能"难题。从这一角度看，西蒙的"有限理性"、泰罗的"侠义理性"或"有条件理性"、阿罗的"社会理性"等都是对这个假设的有益补充。

综上所述，经济社会学理性选择是一种较为宽泛意义上使用与理解的概念，一种行动要成为理性行动就必须具备以下特征：一是行动必须是满足行动者需要的最好的方式；二是对于行动者能够辨别出的效用而言，该需要是最优的；三是行动者必须收集最优数量的证据，以支持上述观点。即既要强调行动者理性的私人行动可以整合为有机的社会行动并体现着行动者自身的目的、价值与效用。同时行动者在特定的社会网络中开展的行动选择往往能够对所有的理性变量进行组合，以便让行动者找到一个或者一组能够体现行动者偏好的理性形式或理性组合。

二、理性选择理论的反思：不确定性

理性选择研究进入社会学视野后，其理论视域实现了丰富扩展，大量在传统经济学看来是非经济的因素甚至是非理性的因素进入了理性选择的研究领域。从逻辑上看，如果理论视域和其中展开的研究对象发生变化，那么研究方法也应当发生相应变化。然而事实并非如此，一些社会学家仍然沿袭着传统经济学确立的经济理性研究方法，去研究那些远远超出传统经济学视野的复杂内容。其结果是，理性选择的研究对象与其研究方法之间产生了严重错位，而这种方法错位在科尔曼那里表现得最为明显。

科尔曼在《社会理论的基础》中强调："在本书应用的个人行动理论中，没有任何概念比有目的的行动更为必不可少。然而，为表达这一理论的主要内容，还需要一个更精确的概念。因此，本书将借用经济学中'合理性'这一概念。在经济理论中，这一概念构成了理性行动者的基础"。为了对目的合理性行动开展有效研究，他还强调要坚持效益最大化原则。在他看来，坚持用效益最大化原则说明目的行动，既可以提高理论的预测能力，也可以保持理论的简捷性。

十分明显，追求效益最大化的目的行动也就是传统经济学的经济人理性选择。韦伯曾深入地讨论了这种经济学意义上的理性选择，他在《经济与社会》中把经济行动界定为以经济效益为目的的理性选择，目的性、合理性与经济效益最大化是经济行为的三个基本特征。由于经济行动往往都是同其他社会行动一起发生的，或者说人们对经济效益的追求往往伴随着对其他目标的追求，经济效益目标在行动中的地位也因其他目标的卷入而发生变化。当经济效益是最高目标时，行动者要以最小的成本获取最大的效益，即效益最大化原则。而效益最大化只有在计算中才能明确和实现，所以效益最大化原则同计算原则不可分离。

计算是最典型的逻辑形式，韦伯根据是否引入计算和逻辑分析而划分了形式理性和实质理性并指出："一种形式上的合理应该称之为它在技术上可能的计算和由它真正应用的计算程度。相反，实质上的合理，应该是通过一种以经济为取向的社会行为方式，从曾经、正在或可能赖以观察的某些(不管方式如何)价值的基本要求的立场看，允许用货物供应现存的人的群体(不管其界限如何)的程度。这些基本要求含义是极为模糊的"。韦伯关于形式理性和实质理性的这种界定，是对理性选择行为的意识活动的计算形式、计算程度和选择行为追求目标的实现程度做出的界定。

韦伯的界定十分明确，形式理性就是指理性选择中的意识活动形式应当是计算的。计算有几个最基本的特点或内容：量化、符号化、逻辑推论和效益预测。他以货币为例说明形式理性："纯粹从技术上看，货币是'最完善的'经济计算手段，也就是说，经济行为取向的形式上最合理的手段"。货币可以用数字表示，它本身作为商品的符号，可以用它来对复杂的经济运行过程进行推论与计算，并对未来的效益结果做出评估与预测，因此，韦伯称之为形式上最合理的手段。

实质理性是就理性选择行为的内容而言，具体说是理性选择的目标和结果的实现程度。同形式理性相比，实质理性的表现具有一定程度的模糊性，因为它并未表现出清晰的形式，所以韦伯说："它仅仅说明这个共同点：观察并不满足于纯粹在形式上可以(相对)明确指出的这一事实，即用技术上尽可能适当的手段，目的合乎理性地计算出来，而是要提出伦理的、政治的、功利主义的、享乐主义的、等级的、平均主义的或者某些其他的要求，并以此用价值合乎理性或者在实质上目的合乎理性的观点来衡量——哪怕形式上还是十分合理的即可以计算的——经济行为的结果"。

从韦伯的论述可以看出，实质理性也是一种经济行为的原则或根据，也表现为一定的可以计算的技术形式，但是它与形式理性不同，它不仅仅以形式上的计算为根据，还要从伦理、政治、享乐、等级、平均主义等非经济因素角度对经济行为提出要求，在实质理性支配下的经济行为，同时受到这些非经济因素的制约，实质理性中包含非经济原则。因此，实质理性包容了指向理想目标的价值理性，降低了计算、推论等技术形式在经济行为中的地位。实质理性注重的是"经济行动的结果"。

韦伯关于形式理性和实质理性的论述是对目的理性或工具理性理论的深化，从其上述论述中不难发现，目的理性或工具理性原则不是不受条件限制随意可以扩及任何领域的，特别是效益最大化原则和计算原则仅仅是在经济利益作为最高追求甚至唯一追求的条件下才是有效的，并且效益最大化和选择意识的计算形式化是不可分的。那些与价值理性、传统、习惯和情感因素纠缠在一起的选择行为，不仅经济效益最大化原则被各种非经济因素湮没，而且计算形式也被传统习惯、政治理想排除。

不过遗憾的是，后人仅仅利用韦伯的目的理性或工具理性概念，却没有注意其关于形式理性和实质理性内容的讨论，以至不受限制地任意扩展目的理性和工具理性的适用范围。比如科尔曼就是未加限制地把目的理性扩展到经济行为以外的社会行为上，即从微观的经济行为研究扩展至宏观的社会系统研究。虽然他对经济学的理性选择做了一些改动，即把经济人改为理性人，把经济效益变成包含声望、地位、道德和伦理等内容广义的效益，然而，效益最大化原则没有改变，并且与经济效益最大化原则有内在联系的计算原则也没有改变。问题的关键就在于此，因为效益最大化只有在经济利益上才可以明确地界定，并进而开展模式计算，而在社会声望、社会地位、道德伦理等非经济因素上，效益最大化不仅是模糊不确定的，并且也是不可计算的。因此，科尔曼根据效益最大化原则主张计算那些无法计算的非经济因素的效益，实质上是制造了一种研究方法不适用于研究对象的方法错位。

这种方法错位在其他社会学家关于理性选择的研究中也时常表现出来。如马尔科姆·沃斯特认为，韦伯界定的工具理性行动(亦即科尔曼的目的理性行动)原则，适用于解释价值理性行动、传统行动和情感行动，他指出："通过扩展工具理性的概念，使之涵括其他三种类型的行动，并因此涵括所有的人类行动，从而来'解决'韦伯的问题，这样也就解决了理解的验证问题，因为所有的人类行动都有着同样的意义，假定都是以工具利益最大化为取向的"，并且，"个体持续计算着相对于参与成本的参与回报，因此，人类行为被认为是理性的"。他不仅像科尔曼一样展开了宏大的理论视野，而且也同样坚持了目的理性或工具理性选择的基本原则，仍然要用计算原则去追求效益最大化。

沃斯特对韦伯问题的解决显得有些简单，他主张勾销不同行动类型的区别，然后像贝克尔那样把工具理性原则扩展到社会生活的各种领域。韦伯对四种行动类型的划分目的在于指出不同社会行动有不同的行动根据，依据不同根据而展开的行动有不同的行为方式或选择方式，以不同的行为方式或选择方式为基础产生了相应的权威类型或控制模式。也就是说韦伯是在差异中考察人的各种行动类型，尽管他认为工具理性行动或目的理性行动是人类社会由传统进入现代的最有效率的行为方式，但他并没有认为在任何条件下都应当按照工具理性原则行事。

也许坚持一切行为都可以用工具理性或目的理性原则分析的人会作以下辩解：计算行动可以作为广义的分析、比较、衡量和盘算去理解，并不一定是严格的数学计算。但即便做出这种退步，计算仍然是逻辑层面上的思维过程，正如韦伯所言，价值行动、传统行动和情感行动，一般是由非逻辑层面上的信仰、习惯、模仿、情感和本能冲动支配的，是无法用工具理性或目的理性的计算原则去分析的。他说：目的合理性的行动"既不是情绪的(尤其不是感情的)，也不是传统的"；"从目的合理性的立场出发，价值合理性总是非理性的，而且它越是把行为以之为取向的价值上升为绝对的价值，它就越是非理性的，因为对它来说，越是无条件地仅仅考虑行为的固有价值(纯粹的思想意识、美、绝对的善、绝对的义务)，它就越不考虑行为的后果"。可见，韦伯明确地界定了工具理性行动或目的理性行动同价值理性行动、传统行动和情感行动的界限，并清楚地区分了研究四种社会行动的方法原则。

当代社会学在追随"经济学帝国主义"扩张，热火朝天地把目的理性或工具理性的原则与方法推及社会生活的所有层面时，还是有必要像韦伯那样对理性选择的适用原则作更深入的思考，检查形式计算和效益最大化这些工具理性或目的理性的原则究竟在什么意义上能成立。

(一) 不确定性理论的源起

近代以前人们对于不确定性的研究极少，在古希腊时代，人们就认为一切都是确定的，德谟克利特曾说过："一切遵照必然性产生"，中世纪的人们认为，这个世界是上帝创造的，人世间所有的财物都是上帝给予的。因此，一切都是必然的，都是先定的，比如佛教讲人的生老病死、富贵贫贱、悲欢离合等皆有定数也缘于此。

到了近代，随着科学理性的发展、人类认识自然能力的提高以及征服自然力量的增强，人们才逐渐关注相关不确定性问题。从历史上看，首次明确对不确定性概念进行研究的是经济学家奈特(Frank Knight)，对该问题的研究他算是一个划时代人物。在他出版的《风险、不定性和利润》中首次明确提出了"风险和不确定性"的二分法。他认为，不确定性是指某一事件有发生多种不同结果的可能性，既包括可能产生的积极结果，也可能产生的消极结果。奈特认为，不确定性是无法事前预计和估算的，因而也就无法事前进行预防，这样，不确定性表述的就是某种程度的风险。这种分类和解释方法在现代经济社会学中得到了学者们的普遍赞同。现代经济社会学认为，风险和不确定性是有区别的。如果一个"经济人"面对的随机状态可以用某种确定的概率值表示，那么，这种随机状态就称之为风险。如果一个"经济人"面对的随机状态不能够用某种实际的概率值表述出可能产生的结果，这种随机状态则成为"不确定性"。也就是说，"风险就是不能确定地知道，但能够预测到的事件状态，而不确定性是不能确定地知道，也不能预测到的事件状态。"这种"风险与不确定性二分法"的最大好处就是提供了用概率方法深入研究不确定性问题，从而大大促进了对该问题的深入研究。事实上，发现往往意味着某种程度的不确定性。但是，这一点的缺陷丝毫不会损害奈特在不确定性理论研究中的独特地位和贡献。

(二) 不确定性理论的发展

自奈特以后，尤其经历了两次世界大战以后，伴随着社会变迁的速度越来越快，人们越来越深切而真实地感受到经济社会发展的不确定性以及风险性。20世纪80年代，以贝克、吉登斯、哈贝马斯等人为代表的西方社会学家们自觉地开展了不确定性与社会风险问题的相关研究，其中德国著名社会学家乌尔里希·贝克成为该时代的开路先锋。

贝克对于不确定性问题的研究集中体现在对风险问题的探索上。在他看来，不确定性因素的存在一定会产生社会风险。在其《风险社会》一书中首次使用"风险社会"概念，将"风险"定义为处理因现代化本身所引起的危机与不安全的一套系统方法。书中提到："正像在十九世纪现代化消解了封建社会的结构并且产生了工业社会，近日之现代化正在消解工业社会并且正在产生另一种现代性。"这种现代性就是他所说的社会变迁中的反思现代性的阶段，他将后现代社会诠释为风险社会，即科技和经济的不断发展所带来的"潜在的副作用"使人类社会逐渐进入一个风险社会。他认为风险是一个很现代的概念，当人们进入工业化社会以后，有了理性思考能力，认为能够以人为的方式介入自然界与各种社会生活中，但不是有了理性思考能力后就可以顺风顺水，人们为了可能的困境不惜使用各种方式，其结果却在解决前一个问题之时，却又产生了另一个问题。因此，反思现代性与风险社会一起扩张便构成了现代社会的重要特征。在贝克看来，风险社会是人类知识的增长和科学技术的不断进步引起的不确定因素引起的，是工业现代化的发展模式引起的现代性危机的后果，反思现代性成为风险社会理论的基本理论支撑和理论目标。总体来看，贝克关于不确定性与社会风险的思想主要体现在以下几方面。

1. 风险主要是那些也已存在、面向未来的种种有危害性的不确定性因素

贝克所论述的风险是指完全逃离人类感知能力的放射性、水、空气和食物中的毒素和污染物，以及相伴随的短期的和长期的对植物、动物和人的影响，常常引致系统的、不可逆的伤害，而且这些伤害一般是不可见的。"风险既不是毁灭也不是安全，而是'真实的虚拟'。因此，它是由威胁的未来，它与事实相反，成为影响当前行为的一个重要参数。"不确定性并不是已经发生危害的存在，而是未来可能发生的风险。由于过度生产和科技的加速进步，生态危机出现并变得越来越严重，这一危机在社会化层面也日益显现出来，现代社会就变成了一个"风险社会"。所以，风险社会学是一门"对有关潜在性、有关可能性"，即关于不确定性判断的科学。贝克认为，现代性已经使我们的社会由工业社会转向了风险社会，社会问题的核心议题和焦点也从财富分配转移到了风险分配。工业社会是依靠知识和技术来决定现在的生产和生存方式，在他看来，风险导致了未来的不确定性。"在风险社会中，不明的和无法预料的后果成为历史和社会的主宰力量"。现代性的出发点是控制不确定性，但是现代性又产生了新的不确定性，很难找到不确定性产生的真实与确定原因。

2. 风险包含着事实判断和价值判断

风险既是某种可能发生的事实，也包含着对这种事实的态度。就可能发生的事实来说，人们可以设法进行风险控制而降低各种风险的不确定性。但在现代社会里，风险本身还包括价值判断，它包含着风险主体的情感、体验和目标等。不仅不同的个人之间对风险的判断标准不一样，不同的组织、不同的民族以及不同的国家或地区对待某种风险的看法和态度也是不一样的。贝克认为风险的来源不是基于无知的、鲁莽的行为，而是基于理性的规定、判断、推论、分析、研究、比较和区别等认知能力，它不是对自然缺乏控制，而是期望对控制能够日益完美。在当今充满风险的社会中，没有人能够提供确定的答案说明在生活工作中不会遇到任何风险，不确定性已取代经验和传统成为当代社会的基本特征，任何个体行为的选择都要受到某些不确定性因素的干扰，但每个人面对风险的判断都是不一样。有人会把风险当作是一种挑战与发展的机遇，有人会把风险看作不前进、懒惰等自我安慰的理由。因此，风险也自然包含着某种价值判断，包含着某种人为的不确定性因素。

3. 不确定既是本土的也是全球的

现代科技所产生的风险，其影响常常不只是局限于某一国或某一个地区，而可能是大部分国家甚至是全球都可能受到影响。比如由于二氧化碳等气体的超量排放导致大气臭氧层的破坏所引起的全球温室效应；2008年从美国开始爆发的金融危机最终引发了全球性经济危机和衰退等。应当说，全球化风险已打破了先进与后进社会的边界，也就意味着任何地区的社会、政治与经济关系脉络主宰着该社会的风险发展和利益逻辑，并进而导致各地特定的风险社会内涵，比如叙利亚危机、利比亚问题、伊拉克问题、中美贸易战等，并且在辩证性地影响着全球。在贝克看来，现代社会中，"几乎所有人都对被工业重新改造的自然威胁毫无防备。危险成为日常消费习惯中不可缺少的东西，而且它们从根本上就是知识依赖型的，并与文化观念紧密相连"。风险的有害性及其影响是不稳定的、是不可测的，即不确定无处不在、无时不在，整个人类就是生活在风险社会的冰水之中。

4．不确定性理论的反思

自 1990 年科尔曼发表《社会理论的基础》以后，在英国社会学家帕特里克·贝尔特出版的《二十世纪的社会理论》中对当前经济社会学中流行的理性选择理论提出了自己的观点。他认为，尽管经济社会学理性选择理论有许多形式，但这种"理论的追随者"都接受不了下列关键理念：意向的假定、理性的假定、"完全的"与"不完全的"信息的区别，以及在此基础上产生的"风险"与"不确定性"的区别、"策略行动"与"相互依存行动"等方面的区别。

(1) 理性选择理论假定了意向性。贝尔特认为，"意向解释特长伴有对人们有目的的行动的未与其结果的研究"。理性选择理论家们特别关注两种类型的消极、未预期的后果：与目的相反以及没有达到最佳效果的后果。这里的与"目的相反"是指"当人们按错误的假定——在特殊的环境里对任何一个人是最佳的、必定同时对在这些环境里全部个人是最佳的选择——而行动，这种谬误就发生了。"比如萨特以滥伐森林为例：每个农民砍伐树木就是为了获得更多的土地，伐木后土地面积是增加了，但由此导致土地以及生态环境遭到了破坏，因此，最终农民拥有的耕地比开始时更少了而且耕地也更贫瘠了。"未达到最佳效果"就是指"面对相互依存选择的个人选择特定的策略，他意识到要是任何人采纳其他策略，所得大致相同。""囚徒困境"就是典型例子，其中博弈双方之所以进行不利选择，就在于现实生活中的行动者都是作为某个具体的社会成员身份，其在社会结构中的地位与角色都各不相同，由于每个人的行为总要受到某种动机与承诺的影响，故在分析的过程中无法准确判断行为人"想要得到什么、主要意图和目的是什么、价值观是什么"等相关问题，这就是日常生活中人们所理解的诸多不可思议的事情为何竟然这样就发生了的主要原因。

(2) 理性选择理论假设了理性的存在并发挥重要作用。这里的理性是指行动者具有一贯的计划和各种企图，使其理性偏好满足收益最大化原则，同时使所花费的成本达到最小化。即理性包含了"按次序连接假设"，它规定有关的个人面对各种不同的选择具有完整的"偏好次序关系"从而可以推断出"效用函数"。但贝尔特认为，在实际生活中，上述理性情形很难出现。比如，针对即将来临的军事袭击，如果绝对理性地、"长期地考察可能的战略可能会导致灾难性的后果"。上述情形要求人们做出瞬时甚至是非理性选择，在这种情况下，绝对理性主义将失去作用。

(3) 忽视了不确定性与风险因素的存在。理性选择理论认为，人们根据某种确定性就可以知道他们的行动后果，在贝尔特看来，这种情况在现实生活中实际很少发生：因为人们往往只能拥有关于特定行动与后果的部分信息，并不存在能够利用完全信息的现实生活背景。由于不确定性以及风险因素的存在，人们不可能根据过去计划未来。

(4) 忽视了策略选择与参数选择。行动者在决定自己的行动进程之前必须考虑他人所做出的选择，非合作博弈理论就是典型。同样，人们在股票市场买卖股票时，在自己做出决策前也要考虑他人的策略选择。所有这些都是行动者"面临不依赖他们选择的环境时所面对的参数选择"。因此，贝尔特认为，经济社会学理性选择理论存在着以下三个难题。

第一，理性选择理论经常试图给各种社会实践以理性解释。贝尔特认为，理想选择理论或者把表面上不合理的社会实践理解为实际上是合理的社会行动。如针对出现"投票悖论"，理性选择理论不是把这种现在作为一种伪证，而是"倾向于把这种反直观的例子也塑造成理性的叙述"等。

第二，大多数理性选择理论家往往忽视或者抹去文化上的差异。首先，某些理论家主张"偏好是跨各种文化而稳定的"，是一切民族、一切群体的共性。其次，他们认为人的"理性信念"也是永恒固定的，不存在文化背景上的差异。最后，人们追求理性的结果也是不变的，这些显然都是不对的。

第三，理性选择理论认为，该理论的有效性取决于它的预测能力，由于行动者的行动模型与结果呈现一致性，因此，他们就认为理性选择理论是正确的。但贝尔特认为，行动者理性的行动与理性的决策并不是一回事，这两者的一致性有时有偶然的成分。所以，必须对理性选择理论进行彻底反思。

无论是理性选择还是风险社会理论，其核心就是在判断事物发展的基础上，甚至有些事件可能面临全球风险性，因此，对风险社会的反思能力，对相关法律和政策体系所存在的重大缺失缺陷等相关问题做出及时调整与思考，加强制度建设等符合科学理性与社会理性的行为才是理性之道。

第三节　理性选择理论面临的时代挑战

理性选择理论是建立在下列假设之上的：第一，理性选择理论假定个人是自身最大利益的追求者；第二，假定在特定情景中有不同的行为策略可供选择；第三，行动者在理智上相信不同的选择会导致不同的结果；第四，行动者在主观上对不同的选择结果有不同的偏好排列。理性选择理论可以简称为最优化或效用最大化理论，换言之，理性选择行动者趋向于采取最优策略，以最小代价取得最大收益。

赫克特(Michael Hechter)对理性选择理论的假设做了详细归纳。事实上，赫克特的基本观点是直截了当的：个人表现出偏好或效用的等级，他们寻求最大化这些偏好。在一定的条件下，他们建立文化与社会系统来最大化这些效用是理性的。

行动者具有"理性人"的特征，总是追求效用最大化。行动者具有充分的计算能力，即使存在不确定性。也可以通过概率判断各种可能行动方案的预期效用，并比较它们的优劣。行动者具有完全意志能力，能够保证其效用函数具有有序性和单调性。有序性保证行动者在不同行动方案下得到的效用是可以比较的；单调性则保证行动者能够在不同的效用之间判断出偏好程度的差异，并进行排列。有序性和单调性使行动者对自己的效用函数有着清醒的认识，使之符合最大化的要求。

韦伯将社会行动分为四种：①个体借以实现其精心计算的短期自利目标的工

具理性行动;②取决于对真、善、美或正义之类较高等级的价值,或对上帝的一种有意识的信仰和认同的价值理性行动;③由感觉、激情、心理需求或情感状态决定的情感行动;④由一种习惯所形成的传统行动。理性选择理论的依据是个体理性、工具理性。一个行动要成为理性行动,就必须具备以下特征:首先,行动必须是满足行动者需要的最好方式;其次,对于行动者能够分辨出的福利而言,需要必须是最优的;最后,行动者必须收集(从成本和收益的平衡角度考虑)最优数量的证据,支持此处的每一种观点。

彼得·阿贝尔(Peter Abell)承认理性选择理论无法解释许多问题,但是也充分肯定了理性选择理论家所做的探索性研究,并且认为理性选择理论是一种理性选择。他指出,尽管理性选择理论有其局限性,然而却不能否定理性选择理论作为理论起点的意义。他提醒人们注意,社会学理论绝不需要知识的巴尔干化。在选择看问题的理论和方法时,人们并不认为概念和认识论完全不会受到批判。

如同所有新生事物一样,理性选择理论从一开始就受到来自传统社会学和新制度主义学派的批评。布劳就极力反对科尔曼把理性选择理论运用于社会行为分析。大卫·斯乌利(David Sciulli)从规范的角度就理性选择理论在比较研究中存在的不足提出了自己的见解。斯乌利认为,理性选择理论在比较研究方面的不足主要反映在以下四点:①在理性选择理论家中,有些认同洛克式的良性社会变迁方向,如赫克特和科尔曼等;有些则认同霍布斯式的恶性社会变迁方向,如布坎南等。然而,这两种理性选择理论家都不能在理论上解释实际发生的任何社会变迁方向。②理性选择理论家承认市场、等级制度和公司是现代市民社会居于统治地位的机构和组织形式,但他们不能在理论上解释职业、大学、公司的研究部门或其他团体存在的理性。③理性选择理论家正确反驳了规范理论家有关现代行动者共享内化规范,并以此解释社会秩序的假设,然而,他们不能区分制度化的规范,以及如何通过限制私人财富最大化来解释社会变迁的良性方向。④理性选择理论家承认行动者的"权力"以及行动者在市场社会中对权力的基本分配,但是他们却不能从理论上解释市民社会对集权专横运作制度的规范性限制。

总之,理性选择理论从开始就一直受到学界的批评,从其对行为者自身特性的假设，到对决策环境的假设，以及行为者所追求的目标，甚至是其个人主义方法论基础都受到了挑战。这些挑战主要体现为以下四个方面。

(1) 学者们对理性的概念提出了挑战。人们认为理性是有限的，即所谓的"有限理性"。在许多情况下，由于现实世界中存在着行动者不能克服的困难，以及行动者的心理认知在一些因素的影响下会产生偏离成本—收益计算的结果，因而追求理性最大化的行动者并不能实现最大化，甚至有时候行动者也不是把最大化作为追求的目标。最大化假设是以人的完全理性为条件的，只有具备完全理性的人才能够找到实现目标的所有选择方案，并对选择方案实施的后果进行预测，通过比较后做出最优抉择。

作为理性选择理论的基石——理性，是启蒙运动的产物，是现代哲学发展以及 17 世纪和 18 世纪科学发展的结果。托马斯·J. 施弗(Thonmas J. Scheff)肯定了理性强调思想和推理的特征，同时，他对理性低估甚至排斥情感的特征提出了质疑。他指出，如果人完全由理性控制将是十分危险的，理性选择理论过分强调人的自我控制和意识，忽略了人类行为的另一方面。

冲动、无意识和失控。在理性主义条件下，决策者被设想为已考虑到一系列的选择以及选择的后果，虽然在有些情形中这一设想符合现实，但大多数时候并非如此。例如，人们的重要决策常常是在冲动的情形下做出的，很少或者根本不考虑可能的选择和行动的后果。在现实生活中的行为，如选择配偶、选择职业就是如此。有时集体决策也可能是非理性的，证券市场的恐慌、饥荒和战争常常源于冲动、无意识和失控。如果现实生活中人类行为都是完全理性的，那么我们就没有必要改造我们自身以及社会。理性选择理论一味强调理性而对情感加以压抑甚至排斥，是由于人们处于一种尴尬的文化之中。埃利亚斯(Elias)提出，若要纠正理性选择理论忽略情感这一重大缺陷，就必须在理论上将情感视为原因的同时，在研究方法上也要注重认识和调查情感的作用，让社会科学重新回到指导人类的意义上来。

另一方面，在现实中人们要对信息充分了解几乎是不可能的。决策所需的信息虽然可以完全获得，但过于复杂，超出了行为者认知能力所及的范围。以唇民的婚姻态度为例，尽管人们知道几乎近一半的婚姻以离婚告终，但几乎没有人认为自己的婚姻会出现这个结果。同时，在关于事件的客观描述中，行为者往往只按照他的兴趣或已有的观念来解释这些信息，这在诉讼和辩论中有着明显地体现，即所谓的"偏见的自我强化"。又如"事后诸葛亮"式的偏见，当行动者在事件实际发生以后来判断事件发生率时，往往高估发生概率。尽管事件的发生具有客观概率，行动者如果不知道事件已经发生，他会相信客观概率，但当行动者知道事件曾经发生后，行动者的概率判断将超过客观概率，因此对于预期成本和收益的比较在事前和事后就会产生差异。下述实验证明了这种差异的存在。该实验要求两组人数相同的实验者来判断一家桥梁建筑公司是否应对桥梁被洪水冲垮所造成的损失承担责任。第一组被告知，该桥梁实际上已经被洪水冲垮，损害已经发生，第二组则没有被告知这个信息。结果第一组中57%的人认为桥梁公司有责任，而第二组只有24%的人认为桥梁公司有责任。也就是说，在"事后诸葛亮"的左右下，人们对偶然事故发生概率的判断大大提高了。

(2) 行动者的效用不一定都是为社会所认可和激励的，甚至与行动者自身的整体或长期效用的最大化也是有区别的。社会要求每个成员都对其效用进行自我控制，但更多的情形是有些效用在某些情况下成为主导效用，行动者没有或难以对自己的整体效用进行控制，或者因为行动者同时具有多个效用目标追求，而难以对它们进行排序。

首先，行动者的意志力是有限的，受习惯、传统、嗜好的影响。传统和嗜好体现的是过去行为对当前行为选择的影响，习惯重复了过去的行为，但并不代表被重复实施的行为就是最有效率的行为，对传统的维护更多的是与"现状偏见"联系在一起的，行动者坚持了与其当前的效用水平一致的选择。嗜好则是行动者在过去的实践中体验到的能使其感到快乐的行为。尽管在很多情形下，不良嗜好会带来降低行动者效用水平的后果(如吸烟)，但多数行动者还是坚持满足自己的嗜好。

其次，生理欲望也会使行动者丧失对个人效用的控制。饥饿、干渴、性欲、睡眠、疼痛等都是人类本性所产生的欲望，它们不同于从过去行为中建立起来的欲望。但同样可以使行动者丧失对个人效用的控制，如饥饿使减肥者过量进食，尽管她对苗条身材的渴望超过了吃饭，而一个疲劳的卡车司机尽管清楚打瞌睡造成的危险，但还是经常发生因打瞌睡而引发的交通事故。一旦行动者为一种生理欲望所控制时，行为的选择常常是为了实现欲望。习惯、传统、嗜好、生理欲望都是暂时性的主导效用，极有可能不符合行动者的整体或长期效用的最大化，这和常说的"感情战胜了理智"是一致的。

最后，每一个行动者在任何给定时间都不可能仅具有一个理性选择理论所限定的单一的、内在一致的偏好集合，更多的情形是，行动者同时具有许多相互竞争的偏好，这就使行动者面临着一个多重偏好的"集体行动"问题。多重自我问题在跨时期决策上有着充分的体现，未来本位的自我将和现在本位的自我产生冲突，当前的吸烟享受与未来的健康受损冲突，年轻时过度消费的快乐与老年时衣食无忧的安逸冲突。其实，任何一个决策都面临着多重自我问题，如何使它们统一起来并没有一个有效的办法。一般认为，个人的天赋、经历、年龄、教育等能起到一定的作用，法律也可以通过鼓励所希望的偏好或抑制不希望的偏好来发挥一定的作用。

(3) 所谓有限自利的概念。行为经济学认为这一概念的产生有两种解释：一是自我利益并没有得到完全追求，二是行动者追求了自我利益以外的价值(如公平)。社会规范界定了行动者在社会中应当表现出来的行为，如在西方进教堂要摘下帽子，在中国过中秋节要吃月饼等。这些行为并不完全与理性选择理论所判断的行为相一致。一个典型的例子就是欧美人到餐馆吃饭付小费的做法。如果说付小费是为了得到更好的服务，但人们一般是在用餐完毕才付。如果是为了将来得到更好的服务，但多数人在偶然光顾的餐馆里也付小费，不付小费更不会受到起诉，而付小费则直接减少了顾客的金钱。

(4) 对个人主义方法论的批评。个人决策的非自主性已足以促使人们思考从个人角度出发理解社会是不是充分的，因为存在着许多从个人角度理解问题而产生的理论困境，如以"囚徒困境"为基础的一系列集体行动的困境。这些理论困境在多大程度上就是现实的真实困境，还需要更深入的研究。这些研究将促使人们深入地思考理性选择理论的未来前景，有助于发展出可替代的并能够被广泛接受的新分析范式。

对理性选择理论的另一质疑是其使用范围问题。理性主义行为观认为人类行为都是由理性思考支配，试图用理性选择理论分析所有人类行为。詹姆斯·博曼(James Bohman)从理论层次和经验层次对理性选择理论的使用范围提出了质疑。他指出，理性选择理论并非像有些社会科学家所认为的那样，能为综合和统一的社会行为理论提供理论基础。理性选择理论仅在特定的条件下能够解释某些社会现象，如果超过了适当的限制性条件，它将面临难以解决的问题。博曼的结论认为，理性选择理论的论域是狭窄的，无论是在微观的理性层面，还是在宏观的制度结构层面，理性选择理论都需要其他理论的补充。例如，关于效用最大化的理性概念，作为一种最大化理性理论，理性选择理论必须辅以其他最大化模型。

人们曾试图把各门社会科学综合在一起，但都未成功。尽管批评家们对理性选择理论的挑剔不少，但社会学理性选择理论却对经济学和社会学进行了有效的综合，适用范围广，分析效力大，而且使分析更加具有理论色彩。通常人们为了增加分析的理论色彩，必须严格简化现象描述，即必须从现实的众多特征中进行抽象，由此导致理论缺乏实证的精确性。为了使理论在实证方面更加精确，就必须使理论复杂化，使之更适应所研究的对象，从而降低了理论的分析效力。理性选择理论则在上述两者之间找到了契合点，它同时兼顾了理论的分析效力与描述的精确性。

第五章　社会转型中的经济社会学

所谓"转型"，是指事物的结构形态、运转模型和人们观念的根本性转变过程。转型是主动求新求变过程，是一个创新过程。根据柯武刚、史漫飞的理解，转型是指"从一种国家或政体转变为另一种国家和政体。眼下，该词指这样一种制度变革，即从以生产资源集体所有制和党政机关控制生产资源的运用为主转变为以私人所有制以及按个人和私人团体的分散决策运用生产资源为主。"[①]该定义获得了大多数学者认同。社会转型就是社会经济结构、文化形态、价值观念等方面发生深刻变化的过程。社会转型(Social Transformation)是对生物学 Transformation 概念的转用。社会转型思想是西方社会结构功能学派现代化理论的经典思想，西方社会学家便借用该概念描述社会结构具有进化意义的转换和性变，说明传统社会向现代社会的转换。西方较早使用"社会转型"一词的是社会学者 D. 哈利生，在其著作 *The Sociology of Modernization and Development* 中多次使用。中国台湾社会学家范明哲在其《社会发展理论》中把"Social Transformation"直接翻译为"社会转型"，并把发展与社会转型联系起来，认为"发展就是由传统社会走向现代化社会的一种社会转型与成长过程"。[②]社会转型理论很长时间以来是社会历史进步和发展理论讨论的一个中心论题，但直到文艺复兴时代以后，这一主题才开始在西方史学理论和历史哲学研究中逐渐受到关注。

第一节　社会转型理论与阶段划分

一、社会转型理论及发展

社会转型的历史哲学研究至少可以追溯到 17 世纪的鲍胥埃(J. Bossuet)，他

[①] [德]柯武刚，史漫. 制度经济学：社会秩序与公共政策. 韩朝华译，北京：商务印书馆，2002年，第 505 页。

[②] 范燕宁. 当前中国社会转型问题研究综述. 哲学动态. 1997(1)：59—62.

提出了"普史"(universal history)概念。进入 18 世纪，维科(G. Vico)在《新科学》(1725 年)中肯定了历史分阶段、螺旋式上升发展的进步观念。但早期对社会转型问题进行系统研究的应当首推所谓"巴黎的先知"们：杜尔阁(J.Turgot)，孔多塞(M. de Condorcet)，圣西门(C. H. de Saint-Simon)，其中圣西门是第一个深入分析向现代工业文明转型的思想家。

从 19 世纪中叶到 20 世纪前叶，西方学术界就社会转型的理论基础(包括社会进步的概念转型的进程及其机制、转型类型和目标等相关问题)进行了多方探讨，确立了转型理论的论域，建立了研究主题，制订了基本方法论。从本质上说，这一时期转型研究的核心观念是经典进化主义。随着资本主义的兴起，传统社会瓦解，在革命浪潮冲击下的西方社会迅速走向工业化，如何理解和控制这一进程便成为最重要的时代课题，而这正是社会有机体和有机生长这一"隐喻"(metaphor)产生的历史动机。可以说，孔德和斯宾塞是该经典进化主义转型论奠基人。摩尔根提出了一种基于技术进步机制的转型理论，杜克海姆(E. Durkheim)着眼于从具体的社会实在域探求社会转型的机制。滕尼斯(F. Tonnies)则持一种非进步进化观，断定社会转型结果是人生存条件的恶化。

经典社会转型论提出了一些基本假定，内容主要包括：肯定人类社会的进步与转型有统一的逻辑或模式，对它的认识就是对历史的预见。社会是一个有机整体，转型的要素可以以道德或技术等为主导，但最终社会的变化都是整体的、全方位的。转型的结果是进步，是社会从简单到复杂、从低级到高级、从分散到集中、从混乱到有序的运动，这一前进的方向是不可逆的；转型的道路是一元的，在不同社会之间存在的差异只是快与慢之分，其因果机制和变化序列却是一致的，其标准模式就是西方社会转型。

20 世纪 30 年代以后，以斯宾格勒(O. Spengler)和汤因比(A. J. Toynbee)为代表的形态史学兴起，他们认为每种文化类型的演化特点各不相同、各有其发展道路，对经典转型进化论的欧洲中心主义一元论提出了挑战，并建立了多元文化史观。50 年代以后，面对哲学和历史学中对经典观念的质疑，西方社会转型理论研究转向社会学、古人类学、考古学、文化人类学、人种学和历史编纂学等实证科学领域，试图以经验成果为依据，寻求对经典的线性一元转型观念支持，这一研究导向被称之为"新进化主义"。其中文化人类的新进化主义转型论代表人物有：怀特(L.White)、斯图尔特(J.Steward)、萨林斯(M. Sahlins)、塞维斯(E.Service)，他们试图以文化人类学的成果为根据，在肯定和承认文化多元性前提下，寻求其内在本质同一性，从而维护经典转型论的一元化假定。社会学新进化主义转型论的主要代表人物是美国学者塔尔科特·帕森斯(T. Parsons)，在其著作《社会：进化与比较透视》(1966)和《现代社会体系》(1971)中主张用功能分析方法认识和说明整个社会体系和社会制度之间的关系，尤其强调社会整合功能的满足，认为这需要社会成员接受和遵守社会的共享价值观，认为是这些共享价值观将社会"粘"在了一起，如果过多的人拒绝接受这些价值观，社会稳定将会崩溃。

　　和其他新进化主义者一样，帕森斯承认结构变迁的路线是非线性的，肯定在每个水平上"都包含不同形态和类型的大量变种"。但他仍然在普遍意义上维护正统转型论的范式单一论，提出了一个两种进化(动乱和整合)过程，四个进化阶段(原始社会、高级原始社会、中古社会、现代社会)和四种进化机制(分化机制、适应增强机制、包容机制、价值淡化机制)的转型理论体系，其转型标准仍然是西方中心主义。对此，他并不讳言："现代型社会是在一个单独的进货场地出现的，本质上属于欧洲和西方，属于地中海北部和罗马西半部的继承者们。然后，由西方基督教社会奠定了基础，从这里我们得到了所谓'现代社会体系'"。帕森斯主义成为西方转型研究正统观点的重要代表，其核心观念正是所谓趋同论(Convergence Theory)。固然，新进化主义在一些重要方面修正了经典理论观点，转换了研究视角，这表现在力图回避从历史哲学这种反思的中心集中于欠发达国家和发达国家走向现代化道路问题上，最初的转向是肯定转型道路的分化。

　　80年代后，随着比较现代化研究的发展，越来越多的事实和证据被提示出来，人们对六七十年代提出的转型理想提出了强烈质疑。一方面，现代化努力在许多欠发达国家遇到了严重挫折，如贫困继续存在，甚至在扩大。另一方面，传统生活方式和社会结构的破坏与现代工业文明的畸形发展，造成了大量"文明疾病"，西方社会的无组织、混乱和反常，使人产生了社会濒临崩溃的感觉。在这些挑战面前，西方社会转型理论研究进入了批判性反思时期。

首先是对现代化含义及标准的重新审视。一部分学者从相对主义和历史主义观点出发，意识到现代化是一个具体的历史范畴，它仅仅表明社会有目的赶超一个先进标准，但这先进的标准却是可变的、多样的。蒂利亚基安(E. Tiryakian)指出："现代性并非此时此地的现代性，从一种世界历史进程看，现代性或者相对于目前的优势前沿的工艺水平和发明，或者相对于意识、道德、技术和社会结构配置方面的巨大进展，这些进展对人类处境的改善有所贡献。"另一些人则诉诸心理主义，认为现代化是一种个性重构，即对传统个性品格的改造。艾森斯塔特认为："形成适应广阔社会领域的巨大能力；发展某种个人的机动性；扩大兴趣范围；面向他人和陌生环境的兴趣增大；对自身成就和机变的追求提高；看重现时这个人类存在的最有意义的向度"。从现代标准看，新转型论开始抛弃工业主义的范型，转而对西方工业文明持批判态度。其中"后工业社会"论认为现代社会的本质是技术统治，技治主义(echnoracy)成为主导意识形态，这种技术统治造成了贝尔(D. Bell)所说的"资本主义文化矛盾"，即工业文明内部的结构性裂变：一是经济领域中的"效益原则"绝对化，造成等级严密、分工精细的自律体系，使非人化结构极度完备化；二是政治领域"平等原则"绝对化，形成庞大官僚机构；凌驾于社会之上；三是文化领域中"个性原则"绝对化，追求"自我满足和自我实现"，因而与经济—政治领域内的理念和实践不断冲突，形成经久不衰的"反制度化""反视化""非理性化"等现代主义文化运动。在贝尔看来，现代工业社会向后工业社会转型，其实是一种社会主题的历史性变换：从"应付自然"(game against nature)的主题(前工业社会)，转向"对付人造自然"(game against fabricated nature)的主题(工业社会)。而现在，人正在重新发现自己，把人的交往和人文精神重新凸现出来，亦即转向"处理人际关系"(game between persons)的主题。这三个 G 的转型道路，正是人类历史进步的道路。

以法兰克福学派为代表，主要观点有：科学技术的统治和"工具理性"的主宰造成了单向度的社会和单向度的人，社会与人都成了技术附属物。本来，科技进步就当成为人类争取自由解放的手段，现在，却反过来成为束缚人本性的枷锁。

因此，法兰克福学派诉诸一场意识形态革命或文化革命。

80 年代后期，新转型理论在重新审视现代化标准时，也开始对彻底反传统的假定产生了怀疑。怀疑人类社会是否一定要走同样一条向现代社会转型的道路，西方中心主义的现代化路经是不是唯一的？通过对苏联的社会主义工业化、日本现代化和亚洲"四小龙"工业化进程的研究，一种多元的转型理论开始兴起。经济学家格尔申克隆(A．Gerschenkron)曾在考察西欧和俄国工业化的不同道路时，建立了一种特殊的现代类型学。他认为工业化道路可分为如下对应类型：本地型或引进型，被迫型或自主型，生产资料生产优先型或消费资料生产优先型，农业进展型或农业停滞型，经济动机型或政治动机型。蒂利亚基安把这种新转型论称之为"新现代化理论"，亚历山大(J．C．Alex ander)则称它为"后现代化理论"。

新理论对欠发达国家的社会现代化转型研究提出了一系列与传统理论不同的新观点：欠发达国家现代化的动力是"自下而上"与"自上而下"的动员结合，是外生因素起重要作用，包括世界地缘政治形势，外部经济支持，国际市场的开放，国外现代化思潮的传人。它不再坚持欧美现代化标准样板，而应当因地制宜，如日本模式。它同意现代化进程具有一个统一的预定程序(如准备、启动、成熟等)，由于借鉴先行者经验，赶超或超越都可能。许多学者更多地注意到现代化进程的障碍、挫折、甚至倒退。如西托姆卡(P．Sztompka)在《大转型的困境》中特别讨论了转型的可逆性问题。与传统理论不同，新理论特别注意文化与价值在转型中的作用，并且认为这是现代化成功的重要前提。近年来，人们对不同文明的冲突在发展中的作用愈来愈重视，文明冲突论创始人美国学者塞缪尔·亨廷顿(Samuel Huntington)的著作《文明的冲突》就是代表；对东亚新兴工业国家在转型中维持并利用传统文化的做法，表现出强烈的关注和兴趣，新理论表现了一种重视传统的倾向，甚至认为利用某些前现代社会的因素是合理的。应当指出，现有的西方历史哲学和社会学所提出的社会转型理论，虽然与早期的经典观念和中期的实证观念不同，开始承认非西方道路的存在。西方转型理论既没有从社会基本矛盾运动的深层机制分析转型的内在动因，从而建立系统的社会转型理论，也更不能摆脱阶级偏见，肯定并深入探讨社会主义发展道路的可能性。从本质上，他们心中的现代化转型目标仍然是西方民主，自由竞争，合理的行政管理，个人主义伦理观等，并没有真正摆脱西方资本主义现代工业文明范畴。

社会转型理论是社会发展理论的中心环节。

我国学者普遍接受并使用"社会转型"概念和理论开始于 20 世纪 90 年代以后，主要用来解释改革开放后中国的社会变迁。一般认为，李培林 1992 年发表的《"另一只看不见的手"：社会结构转型》一文，被认为是国内最早提出并系统阐述关于社会转型理论的代表作。社会转型理论一开始在中国的出现就是作为描述和解释改革开放后中国社会变迁的理论工具，而且该概念在国内还获得了一致认同，并迅速成为学术界争相阐释的学术话题，或作为阐释所研究话题的工具或社会历史变迁背景，或成为"发展社会学的新议题"，与现代化理论、发展理论一起形成发展社会学三足鼎立的新格局。

不过，如果用库恩的"范式"理论看，国内对中国社会转型的研究尚未成熟，还未获得"范式"地位，可以说仍处于"前范式时期"，目前学术界对社会转型的研究还没有进入"常规科学"的研究阶段。当然也包括对中国近现代社会转型的研究。

二、社会转型阶段划分

从理论渊源上，西方社会学以及由此产生的经济社会学主要产生于 16 世纪以来西方国家经济社会的转型。经过 400 多年的发展，一般认为西方社会转型体现三个基本阶段：第一个阶段，工业革命前资本主义的兴起和发展阶段，即从新航路的开辟到工业革命前的资本主义兴起阶段。伴随西方国家的殖民与扩展，世界市场的开始形成，在英、法、美等国家，资产阶级逐渐建立起了代议制民主政治，确立了资产阶级的统治地位，且资产阶级开始按照自己的要求改造世界，这为资本主义的发展创造了条件，也开启了西方社会的第一次转型时期。第二阶段，工业革命(1800 年)到第二次世界(1945 年)结束后的资本主义工业革命时期与调整时期，工业革命及资本主义的发展与变化，即近代工业文明的兴起与发展，该时期人类历史发生了翻天覆地的变化。工业革命完成以后，西方国家相继完成了资本的原始积累，逐渐走向资本主义大生产阶段，进而进入垄断阶段。由于工业革命大大提高了生产力水平，将人类历史推进到了"蒸汽时代"和"电气时代"，在工业革命助力下，资本主义民主政治制度继续在欧洲大陆发展。社会主义运动的兴起，大大推动了人类的民主化进程。进入 20 世纪后，尤其 20 世纪上半期的俄国十月革命在人类历史上首次成功建立了社会主义政权，为人类发展开辟了新的发展道路，也标志着世界现代史的开端。这也是人类社会所处的一个主要转型期，此次社会转型给人类社会带来了激烈动荡。同时面对 20 世纪初期发生的经济危机，资本主义国家对经济模式也开始进行了调整，实行国家大规模干预经济政策的调整，国家垄断资本主义开始产生，且资本主义世界经济体系最终得以形成。该阶段的社会转型主要表现为两种社会制度并存的典型特征。第三阶段，从第二次世界大战以后，国际贸易体系形成，西方国家进入第三个转型阶段，主要表现为从工业社会向后工业社会转型，同时也是两种社会制度的共存与竞争的典型特征。此阶段，世界从两极格局向多极化方向过渡，美苏两极为争夺世界霸权进行了长时间的"冷战"，同时第三次科技革命推动了生产力的迅速发展，社会主义国家与资本主义国家在经济政策与制度上都发生了巨大变化与调整，形成了经济全球化发展趋势。不过对于西方经济社会的第二次转型，学者们有不同的称谓及表述方式与看法。但不管怎样，西方国家 20 世纪中后期以来的经济社会确实明显不同于早期工业社会，这个阶段的社会有其自身的特点、任务、主题与目标。

　　西方经济社会两次大规模的转型产生了与以往经济社会不同的经济社会问题，引发了社会学家们运用不同于主流经济学的理论框架以及解释图景，分析它所产生的各种经济社会现象及其问题。可以这样说，西方经济学理论的发展历史就是研究西方经济社会转型的历史。这种状况也引发了经济社会学家们试图调和经济学与社会学之间的学科对立，寻求两者之间的对话。正是如此，经济社会转型理论逐渐成为当今西方经济社会学理论流派中最重要的一种，成为人文社会科学家们研究经济社会问题的理论视角。因此，着重研究西方工业国家两次经济社会的转型、现代化目标的追求，以及分析它对当前中国经济社会转型与现代化发展有着十分重要的理论与现实意义。

第二节　市场转型的社会学研究

一、市场转型理论

在研究由计划经济向市场经济的转型过程中，倪志伟于 1989 年提出的"市场转型"理论在学术界产生了较大影响。事实上，倪志伟关于市场转型的定义来源于卡尔·波兰尼，市场转型关注的是商品和服务的分配。在以"再分配"为特征的国家经济中，商品和服务的分配由政府官员（"再分配者"）根据计划来分配，而在市场分配体制中，商品和服务的分配则由买卖双方直接讨价还价所形成的价格来决定。波兰尼认为，所谓转型经济就是市场分配体制渐渐替代政府官员的计划分配的过程。倪志伟将波兰尼对再分配经济的分析运用在经济改革上，提出了市场转型的三个基本命题。

1．市场权力命题

如果剩余产品不再由再分配部门垄断，而是更多地通过市场交换来进行分配，那么就会出现两种情况：第一，控制资源的权力会更多地存在于市场交易中，而较少存在于再分配经济中；第二，当劳动力和商品的价格是以买卖双方的相互约定为基础，而不是由行政命令来确定时，直接生产者便会有更多的权力来决定其商品和服务的交换条件。因此，从再分配向市场的转型会引发权力的转移，这种转移有利于直接生产者而不利于再分配者。

2．市场刺激命题

如果说再分配经济抑制了对直接生产者的刺激，那么市场则对直接生产者提供了强有力的刺激。在再分配经济中，通过行政手段为工业与服务业的劳动力确定的价格对劳动绩效的差别往往缺乏敏感性，而为农产品确定的价格又低于市场所决定的价格。但在市场交易中，生产者有权搁置其产品或劳动力，直至达成一个双方都满意的价格。这样，剩余产品便更多地留在了直接生产者手中。由于报酬更多的是与个人的生产绩效密切联系在一起的，这对个人努力工作的刺激也就更大。它可以表现在对教育的更高回报，因为教育是反映人类生产率的最好标尺之一。

3．市场机遇命题

从再分配向市场的转型会形成以市场为中心的新的机会结构。这并不完全是指再分配部门内的进入与流动机会，而是说市场机会打开了另一道社会经济流动大门。

上述三个命题构成了市场转型理论。市场转型理论说明了从行政等级到市场的转变所引发的权力资源、刺激与机会结构的重大变迁这一核心过程。它预言从计划经济的再分配向市场经济配置的转移过程中，直接生产者会从再分配者那里赢得权力。换言之，随着向市场配置的转移，曾是市场改革前社会再分配过程的"牺牲者"，终将比那些再分配的既得利益者获得更多的收益。

(一) 市场和不平等

已有事实表明，总体收入不平等的程度在导入市场改革之后确实稍有下降。然而，也有证据表明在下降后不久不平等程度又会上升。数据显示：在市场经济羽翼未丰之际，不平等性比再分配经济中经典模型的不平等性还要高。匈牙利的不平等在 1986 年后开始下降，并于 20 世纪 90 年代早期达到了最低水平，以后又开始攀升。所有争论者接受了不平等先降后升的事实。那么，不平等的早期下降证明了市场转型理论吗？其后的上升又证明了这一理论吗？对这两个问题的回答几乎没有一致意见。其争论在于：

1．不平等最初下降的原因

引起最初收入平等分配的原因还完全没有弄清楚。对此有两种对立的假设：其一，将之归于新的市场机会；其二，将之归于更公平的再分配政策。瑟伦伊和倪志伟认为不平等的最初下降是市场渗透的结果。

2．此后不平等又为何上升

接下来的问题是收入不平等趋势的转折点何在？市场转型理论是否受到不平

等在最初下降之后又上升这一现象的挑战？不平等的变化并不仅仅是已有市场增长的一个简单函数，而是以前并不存在的市场(诸如劳动力市场)和新的参与因素的出现所应对的函数。因此，有必要对产生社会后果的市场渗透类型进行定义。当社会主义经济仍然占据主导地位时，市场所具有的平等作用只是暂时的。随着市场渗透的继续，市场很可能会加速不平等。为了理解这种 U 形模型，有必要详细说明究竟是在怎样的制度条件下市场提高或降低了不平等性。市场本身和再分配本身并没有内在的平等或不平等后果，其社会后果取决于它们所嵌入其中的广泛的宏观制度背景。

(二) 由市场产生的不平等的动力

瑟伦伊认为，真正需要关心的问题是：什么类型的市场和市场渗透更有可能对不平等起补偿作用？在什么样的环境中某种社会行动者将是获利者或失利者？市场和再分配的制度安排是什么？提出这些问题并验证那些可经检验的研究假设，例如我们可以提出市场渗透的类型学方法，并尽可能具体地定义每一种经济子系统中的行动者。

区分了市场渗透的不同类型之后，关于市场转型的争论者之间达成了共识。首先，只有在局部市场中，市场才起到平等的作用。市场渗透越深入，它就越成为社会不平等的主要来源。其次，在局部市场的条件下，"直接生产者"，尤其是普通老百姓，因市场渗透而获利。同时，当资本积累在市场经济中成为可能时，便产生了不平等的双重体系。最后，参与争论的人对于 1989 年后东欧市场转型的社会后果几乎没有异议，研究者们都同意干部精英中的技术人员是这次转型的主要受益者。这些技术人员利用私有化政策进行资本的"最初积累"，他们把公有财产转变为自己的私有财富，使这些新兴的私有财产在形式上是模棱两可的。其他人员，尤其是最早投资于市场交易的人，则被新兴的市场排斥在外(或者说被边缘化了)。

二、市场转型的文化视野

斯塔克就市场转型从文化的角度进行了探索。他概述了亚洲公司具有的网络型社会结构的特点。斯塔克是从匈牙利的混合经济转向多样性的视角来论述经济社会学的文化研究的。他指出，分析匈牙利的资产重组，不仅要考虑到公有、私有要素的分解和相互交织，而且也要关注所有权相互联结的网络中组织边界的模糊化。运用网络中心分析方法研究东亚经济的经济社会学家，其基本分析单位不是市场，不是国家，也不是独立企业，而是社会网络。从这一视角出发，东亚经济那种灵活适应世界市场变迁的能力主要在于企业集团之间的内部联结纽带，不论这种纽带是日本商社(keiretsu)的共同股份制模式，还是更加纵向一体化的韩国财团(chaebol)的家庭所有制联系，以及新加坡和其他东南亚国家那种超越网络中组织边界的致密联系，而这种网络是基于"买方驱力"和"厂商驱力"而形成的。

研究表明，战略选择并不是在计划与市场之间，也不是在家族和市场之间，而是在以市场为向导的家庭经营内部。市场导向必须与市场协调区别开来，更广泛的非市场协调制度与高度成熟的市场导向和谐共处。而且，许多重要网络协调的最成功的形式在早期考察者眼中是绝对不可能的形式，研究者们认为这种形式的特征只能在所赖以成长的第二次世界大战后重建期间才能得以存在。因此，东欧的市场转型研究应该关注匈牙利的商社或者捷克的财团。

由此看来，以后的研究应考察东欧的企业网络是否会成功地以世界市场为导向。从关于"转型"经济的探索性文献来看，其中一个基本的问题是这种企业网络能否促成优胜劣汰。一个被普遍接受的假设认为，通过竞争机制"促成"效益差的企业破产最能促进经济发展。然而，根据这种标准来测量重组后的所有权将不可能得到一个明确的结果。事实上，企业间所有权种类的复杂化是减少企业间差异的典型的风险扩散和风险分担机制。在企业网络中存在的取长补短，从传统意义上看，甚至还阻碍这种优胜劣汰。

对产权理论来说，第二次世界大战后社会转型为企业提供的激励性产权设置，既不是淘汰破产，也不是产权多样性，而是产权明晰。产权学派不主张将产权指派给一个所有者，而是认为产权能够被"分化"，由此，则不同的人都能对同一事物的不同方面合法地拥有权利。然而无论如何分解，如果要责任分明则必须产权明晰。

存在于企业间非正式关系网络中的这种平行结构并未导致制度真空。相反地，日常工作仍在进行，组织形式和社会纽带依然存在，各种资源以及那些可以变成资产的东西都没有变化，同时信用交易和协作行为的基础也依然得以维持。此外，还发现了一些秘密组织形式的另类形式以及原先就存在的社会网络的兴起。

对于转型社会的许多争论都是围绕着两项基本政策而展开的。第一种政策是，私有财产的制度化最好通过将公有财产转化到私人手里的方式来实现。第二种政策来自制度经济学理论(尤其是进化派)，尽管私有化进程可能更慢一些，但是使私有财产制度化的更可靠方法在于先形成一个私有业主阶级。政策应该降低中小私有企业的创业门槛，而不是将一个既定组织单位中的财产从一种所有制转化为另一种所有制。这一理论将既存的"第二经济"中的企业视为新兴市场经济的基本组织单位。

与进化经济学所希望的相反，"第二经济"并未成为发展动力强劲的合法私有部门。尽管已经注册的私营企业数量迅猛上涨，但是许多是"皮包公司"(dummy firms)，逃税现象严重，而且许多(对某些行业而言是大部分)企业家仍然仅将从事私营企业当作第二职业。尽管私有部门的从业人员只是缓慢增长，但大多数研究者都认为没有登记的那些工作(对于这些工作来说，国家收不到就业保险费，雇员也没有失业津贴)增长最快。

研究新出现的腐败形式、勒索和剥削趋势的学者将转型称为"第二经济向地下经济的转变"，研究者认为正是现在，在这些新的条件下，匈牙利的处境更类似于拉美。当私营企业家指望政府的政策时，他们只看到沉重的苛税，却得不到信用贷款，政府实际上没有任何计划去鼓励地区和地方发展，因而私营企业对公有部门指令的兑现也无限期地拖延下去。逃税、付给工人低工资，以及不愿意进行资本投资，许多私营企业以这种方式做出反应。这样的政府政策和私有部门的反应，显然不是合理发展私有部门以作为经济增长推动力的理想做法。

如何理解这些在重组过程中出现的互不协调的非正统组织形式呢？我们将根据以下三个概念——混合经济、多样性以及复杂性来重新考虑重组所有权的三个方面(打破公有私有的边界、打破私营企业之间的边界、打破合法性原则的边界)。

试想有两种经济，公有私有各占一半。一种情形是，一半的企业完全是私有的，一半的企业完全是公有的。另一种情形是，所有企业每个都是一半公有一半私有。两种情形都是"混合经济"，然而其发展的动力会相同吗？现实中没有任何两种经济会与这种理想类型相似，但是尽管如此，问题还是尖锐的，即这种混合经济究竟是怎样一种混合？关于企业层面的公司副产品和再组织的重新结合的研究结果，以及关于大企业之间的有权网络与广泛的公有制相结合的研究结果，向私有化争论中被普遍接受的一个假设提出了挑战，此假设即为市场转型经济能在这个二元模型中得到充分的体现。对于公有私有的界限进行更为精确的划分，并不足以弥补这种分析的不足。旧的所有权已经受到很大侵蚀，以致曾经分明的界限现在已是一个重组区了。并不是因为公有私有存在这样一种简单的界限分明的二元主义，匈牙利才成为市场转型的混合经济，而是因为许多公司本身就具有公有私有所有权关系的不同方面。我们所发现的只是所有权的新形式，其中公有和私有的性质分解了，它们相互交织并且重新组合。

三、市场转型的政治视野

实际上有关市场转型的研究主要是讨论 A—B—C 因果关系链中各个部分之间的关系。其中，A 代表形成市场经济的各种背景条件，B 代表市场经济，C 代表来自市场的权力和收入。换言之，市场转型主要研究：①形成市场经济的各种背景条件向市场经济的转变；②来自市场经济形成过程中的权力和收入的变化：斯塔克强调从 A 到 B 的转变；倪志伟强调从 B 到 C 的转变。斯塔克着重指出市场经济的多种类型，他认为匈牙利的资产重组关系属于公营部分和私营部分特殊的致密网络类型，在某些地方类似于东亚周边地区所存在的基于网状分布的经济关系网络。斯塔克(1992)认为，这些市场经济因地而异，在很大程度上取决于路径依赖，而这种路径依赖又建立在旧秩序被摧毁和改革初期的一些决策的基础上。在转型时期，政治市场与经济市场同样重要。

（一）讨价还价型

第一种类型是形成于劳工和经理之间、经理与政府之间的正式或非正式的讨价还价。政府控制一旦放松，正式与非正式组织间的非正式的交涉便呈现了，正是这种交涉有助于解释工人和管理人员之间联系的紧密性以及组织的完善性，从而导致大部分国企改革的项目受阻。由此看来，最后形成的市场类型有赖于在更加宽松的政治环境下的讨价还价，也有赖于一定的潜在经济动力，这一点反映在某些关于市场经济社会的论述中。此外，在广泛政治参与的系统中讨价还价的作用更能充分体现出来，从而导致社会上竞争和平等两种目标之间的紧张。因此，改革既需要引入更多的市场经济原则，也需要更积极的政治参与，政治动员可以开辟新的领域。

(二) 权力延续型

第二种类型是基于继续保持政府和企业之间联系的需要。正如斯塔克所言，在一个产权不明而又不稳定的环境里，分散风险的一个办法是将现任和前任同时纳入自己的经济网。这些网络关系一旦建立便具有自己的生命力，并能提供一种路径依赖分析。尽管政府参与和在政府大量参与下的混合式方案被划分为积极和消极两种，但仍有巨大的权力延续效应。例如，在拉美的历史中，早期政府一直在经济管理中扮演重要的角色，形成了重要的经济枢纽和稳定的制度设置。可见，在当前的制度设置中，应首先考虑历史延续性而不是急剧转型。简言之，之所以强调斯塔克的双重观点是因为：其一，公私混合型管理的设置具有诱人之处；其二，这种设置中仍有权力延续现象。

四、市场转型的新制度主义视野

(一) 制度主义的思想传统

把制度及制度变迁纳入经济学范畴的努力一直贯穿在经济思想史之中。经济学中有两大制度主义思想传统：一是始于 19 世纪末 20 世纪初，并延续至今的美国制度主义传统；二是新近发展起来的，但可以看作古典主义、新古典主义以及奥地利经济学中制度主义因素再现和重新扩展的传统。前者往往被称为老制度主义经济学，而后者通常叫作新制度主义经济学。新制度主义的代表人物科斯指出，新制度主义经济学与老制度主义经济学没有什么理论上的渊源关系，从某种程度上讲，新制度主义经济学与老制度主义经济学在理论上还是对立的。老制度主义经济学的观点不具理论性，是反理论的，尤其反对古典理论，它除了一堆需要理论来整理，不然就只能一把火烧掉的描述性材料外，没有任何东西留下来。而新制度主义恰恰相反，它利用正统经济理论去分析制度与现实问题。

(二) 新制度主义在社会学中的应用

默顿在倪志伟《社会学中的新制度经济学》(*The New Institutionalism in Sociology*)一书的前言中指出："涂尔干在一个世纪前，就定义社会学为'一门制度及其制度产生、制度功能的科学'，'社会学也是一门只能用彼社会事实解释此社会事实的科学'。在《社会学方法的规则》中，他指出社会学不是一门任何科学的辅助性的学科，社会学本身是一门特定的、自主的学科"。

将经济行为和组织的生存模式置于制度背景下加以分析是社会学，尤其是经济社会学的基本方法之一。斯塔克和倪志伟认为，社会学中的新制度主义是以经济行为嵌入非经济的社会关系之中这一基本假设为基础的，它考察了家庭和亲属群体等社会制度，支配着经济交易的文化传统，以及像国家、工会和厂商这样的组织。

1. 新制度主义范式的假设

新制度主义范式的中心观点假定行动者认同并孜孜以求于由民俗、文化信仰、社会规范、网络、市场结构、正式组织及国家所形成的机会结构中的自身利益。新制度主义范式非常适合于研究转型社会，因为它集中分析的是制度变迁的原因与结果。再者，新制度主义范式并不像古典学派，它既不假定有效市场，也不假定统治结构。

斯塔克提供了一系列证据以表明经济生活在面临竞争时用两种主要方式进行重组：一是围绕核心技术的重组；二是企业集团生产多样化。前者企图将公司、厂商和消费者组织起来，而后者则分散了风险。两者都是对付竞争的战略措施，整合生产可以控制对手，保持市场，而多样化生产是一种风险扩展手段，意在使企业在某种萧条的情形下仍得以生存。这两种方式是不是解决不同工业部门或不同规模的企业之间竞争的有效方法呢？如果是，那么政府官员又采取哪一种方式？这些是新制度主义范式下研究公司的重点所在。

2. 地方法团主义

市场转型的新制度主义视野其另一例证是奥伊所倡导的地方性法团主义理论，作为一种社会制度的地方法团主义将重点放在经济动力机制及制度效应上。地方法团主义是将国家制定的正式程序松散地连接起来，并作为一种社会安排。这种法团组织的特点在于其非正式性和复杂性，它具有一长串个人关系网作为复杂的经济交易的基础。使这些法团组织联结起来的似乎就是社会网络交换中的普通交往。这种交换包括基于信任和合作的一般交换，它产生于一种平衡的社会结构之中，例如，一个亲属群体或一个农村社区。在不涉及商品讨价还价的情况下，这种交换是有别于再分配交换的。后者的资源流动遵从于中央调配原则，商品和服务是基于某个中心点流进流出的。

法团组织同时包括劳动力、资本以及土地的市场及非市场的分配方式，这必然涉及集体财产在当地政府和经济行动者之间的产权划分，这种划分是通过签订出租协议和责任契约进行的。作为一种管理结构，地方法团主义在局部改革的情况下是符合工业企业的利益的。在以弱产权、不规范操作以及中央政府正式规则的强制力为特征的制度化环境中，地方法团主义以其信用安全降低了交易成本。在法团主义的地方经济中，再分配经济限制了企业的谋利行为，并且保持了贫弱者的安全网，这样的结果是收入的不平等性较低。而与此相反的其他地区，收入不平等的扩大导致了 20 世纪 80 年代早期地方经济的最初下降。地方法团主义虽说只是一种结构松散的社会组织，但在与外部群体进行市场竞争时，其凝聚力和团结性还是很明显的。

第三节　经济转型与社会转型的关系

经济转型与社会转型之间存在着内在的、必然的联系，经济学家、社会学家都非常重视经济社会转型，对经济社会转型问题也展开了独特视角的研究，从国际经验判断，不论是发达国家还是新型工业化国家，都是在经济社会转型升级中实现持续快速发展。因此，经济转型与社会转型始终是相互依存、相互影响、相互依赖以及相互促进。

一、单一的经济转型与经济增长不能促进社会转型

社会经济转型与经济增长方式的选择不单单要依靠政府的制度约束，还需要根据市场经济的发展和市场环境的条件变化决定。从过去发展经验看，不同类型的社会转型会带来不一样的经济增长，反之，经济增长方式会随着市场经济的变化而发生转变，不同的经济增长就会促进社会转型。当今经济全球化日渐成熟，经济增长也应从全球化视角重新确定其转型方向，不仅要把握好时代赋予的时机和挑战，适应未来经济的进步与发展变迁，同时还要实现不同的经济增长模式以促进社会转型进程，实现经济发展与社会发展相统一的目标。

国内外经济社会发展的现实情况充分证明，物质生活的丰富并不必然地、自发地带动和实现精神文明的丰富与改善，也不会必然地导致社会的明显进步与发展。相反，如果不主动地创造新的社会结构，不主动地去应对与解决转型过程中出现的各种新的经济社会问题，不自觉地构造新的精神文化世界，不努力地提高全社会全体民众的整体素质，不去创造新的、与市场经济转型相匹配的精神文明，那么市场经济的发展和物质资料的丰富不但不能提高人们的精神境界以及社会和谐发展，反而会因为人们过多地关心自己与物质世界的关系与结果，导致人与人之间非物质生活方面关系的淡漠。这样，与物质生活的不断丰富向伴随着人们精神世界里的逐渐分离甚至对立，人变得日益孤独与冷漠，使得精神世界里存在着根本不可能由丰富的物质生活来弥补的巨大"黑洞"。可以把经济社会转型看作是整个社会的物质文明和精神文明建设，实现"农业社会—工业社会—后工业社会—信息社会"形态的社会客体的转型。如果不能实现二者协调一致发展，经济转型的进行可能导致社会转型的结局是一句空话，甚至是倒退。单纯的经济发展和经济增长并不必然地带来社会发展和社会进步，也并不必然地促进社会转型。即

经济增长方式的转变或经济转型可能能够实现经济可持续发展，提高国民生活水平，但不一定实现良性社会转型。只有把经济转型与社会转型有机地结合起来，才能促进经济社会转型与和谐发展，促进人类社会整体进步，进而实现人的全面发展。

二、经济转型与社会转型的互动

既然单一的经济转型并一定能够实现经济的良性运转，经济转型必须充分考虑到社会转型主体及社会结构的转型与变迁，同时必须兼顾社会发展中的其他方面。应该说，决定一个国家实现现代化主要因素是社会结构转型，即经济转型必须与社会转型实现良性互动，才能实现经济社会的持续发展。

第一，按照社会学家的观点，一个社会的系统整体可以内在地分为经济、政治、文化等领域。这几个领域的组织形式、运作方式以及相互作用构成了一定的经济社会结构。同时，就某个领域来说，也可以将其进一步划分为若干部门。从这个角度看，经济社会转型意味着经济社会结构变迁。这不仅意味着要实现由传统社会的经济、政治、文化诸领域高度整合，呈现"机械团结型"社会向现代"有机团结型"社会的转型与变迁，从传统社会中的动能合一向现代社会中的功能分化转型与变迁，还意味着经济系统的各个部门之间如金融保险、银行货币、产业制度、企业管理等方面的转型与变迁，这些方面的转型与变迁势必带来经济社会结构中的重新调整，形成新的经济社会规范体系，在此基础上产生新的文化价值以及生活方式。它们缺一不可，共同规范人的活动，维护社会的运行。

第二，现代社会的经济运行载体是市场经济，从计划经济向市场经济的转型与变迁是所有经济社会学家的共识。市场经济是一种以效率优先的生产体系和组成方式，它要求产权明晰化、竞争平等化、效率优先化、管理分权化，这样不仅要生产平等的民主政治形态，而且要求所有的经济制度、社会制度以及在此基础上产生的其他经济社会制度都要与之适应，也要求社会结构与之相适应，以实现经济、社会的协调。然而由于世界各国经济社会发展的不平衡性，各国多面临的政治生态与经济环境不一样，经济发展程度也几乎完全不一样，在整个世界发展体系中，后发国家的经济社会转型必将是不可逆的创新过程。因此，不仅已经实现转型的西方发达国家并不必然地具备被模仿性，而且正在转型的各国也不具有模仿性，各国只能根据本国历史与现实情况进行经济社会转型与变迁。

第三，从全球化角度看，经济社会的转型是世界范围内的转型，不仅发展中国家需要尽快实现经济社会的转型与调整，而且发达国家也需要实现从后工业社会向信息社会的转型与调整，可以说，转型与调整是一次世界性浪潮。广大发展中国家正在进行一场追赶型、自觉型与超越型的，具有深刻意义的经济社会转型。中国在实现经济社会转型的互动中，既要构建全球化发展趋势中寻求同世界先进文明的"接轨"，又要走向适合中国国情的创新发展道路，既要批判个人发展选择的过度自由化以及个人主义，构建社会主义制度文明，又要在全球文明经历中给世界文化发展添砖加瓦而变得日益多样化。

经济方面主要表现在从非市场经济向市场经济的转型。但从已有的国家经济社会转型实践看，经济社会的转型是一个漫长的过程，不可能一蹴而就，从转型全过程看，应当是整体的、全面的，而不是零碎的、个别的，应作为一个系统工程进行。空间上的整体性、系统性正式由时间上的局限性、有序性的延展来决定。这就要求我们在制定本国的经济社会转型战略是必须有一种整体的经济社会转型观念与框架，必须有一个完整的经济社会系统整体概念，努力实现经济社会的良性互动与良性发展。

第六章　政治、法律与经济

第一节　国家及其在经济中的作用

一、国家与经济的关系

社会科学经常讨论国家与经济的关系，政治的经济社会学同样也在这方面开辟了一片天地。然而，这个问题的覆盖面非常广，所以我们在这一章仅仅讨论现代西方国家。对国家—经济的关系的分析总会带有人为的划分意味，即一方面是"国家"，另一方面是"经济"。避免这种尖锐对立的方法之一就是把国家当作经济生活中的一般组织。经常讨论的是经济生活中的国家而不是"国家与经济"，很显然，国家在很多方面与经济相联系。经济以税收的形式从各个公司和个人流向国家，每一项经济交换都是一份受到国家保护的契约，更进一步说，国家只是一些组织的标签，它们通过各种方式与经济发生联系，并且也相互联系。

另外一种打破这种对"国家与经济"人为划分的方法是引入对"政治"的分析或者引入试图改变国家及其政策的分析。这样做会引起人们对下列问题的关注，如政党的财政状况和社会运动，在何种条件下人们会对政治更加积极或消极，经济观点怎样转化为政治行动以及民主的存在将在多大程度上依赖资本主义(试图将社会运动概念引入经济社会学的论述。

关于国家与经济的论述将在下面谈到，包括对国家与经济之间关系的一些经典的研究。从亚当·斯密以及他的著名论述"国家的三项职责"谈起，接着从社会学的视角介绍公共选择理论以及新制度经济学，最后分两步介绍社会学家们对国家与经济的看法，首先是经典的论述，包括马克思、韦伯以及迪尔凯姆，其次是新经济社会学。

（一）经济生活中的国家：经济学家的观点

亚当·斯密在《国富论》中提出了他的著名论断"国家的三项职责"。这些观点对 19 世纪的公共财政具有重大影响。然而，我在这里谈到它的原因在于，它们可以看作是从经济社会学的角度对经济生活中国家的作用的一种介绍。从这里我们可以看出斯密的观点所具有的强大的生命力。

对于斯密来说，理解国家在经济中所扮演的角色是非常重要的。《国富论》中将近有四分之一的篇幅是在分析这个问题，如果包括斯密对重商主义的批判的话，将近有一半的篇幅。既然斯密关于自由国家的观点可以看作是对重商主义的过度控制和一般行动主义的避免，那么在这样的背景下他对重商主义的认识也是非常有意思的。根据斯密的观点，国家不应当干预经济。他认为，如果国家参与"指导私人生产，并且将生产指向最符合社会利益的就业"的话就会产生"无数的错觉"。

斯密关于国家的观点是建立在他对"天然的自由系统"和具有自由主义形式特征的理念之上的。任何个体只要在法律允许的范围内都可以按自己的方式来追求利益。用斯密的话来说就是："任何一个人，只要他不触犯法律就可以完全自由地以自己的方式追求利益，并且参与产业与资本的竞争"。斯密认为国家除了应当执行的三项职责外，不应当干预经济。三项职责包括：国防，公正，维护包括教育在内的公共事业、基础设施建设。

根据斯密的观点，国家的第一项职责是保护国家不受外来的侵犯。他认为，随着文明的进步，战争发生的可能性越来越小，主要原因在于劳动分工。现代商业社会中的工作提供的闲暇时间是非常少的，而闲暇时间是进行军事操练的重要条件之一。对于现代人来说这一论述可能不具有很强的说服力，那么下面这个例子可以说明这一点。斯密认为，一个国家越富有，就越有可能遭到侵犯。随着武器制造越来越精巧，其价格也会越来越高。在以前，如果一个国家的文明程度不如另外一个国家，也没有那个国家富裕，那么它就会在战争中占上风，但在现代社会却不是如此。在现代社会，贫穷落后的国家发现他们很难保护自己以对抗富裕先进的国家。

国家的第二项职责是维护社会公正，即保护公民个人，使其不受到其他人的压迫与侵犯。由于受到各种各样的"情绪"的影响，人们总是会想得到他们周围人的财富。富人想得到它是因为他们的贪婪和野心，穷人则是出于"对劳动的厌恶"和"贪图眼前安逸的生活"。如果不存在国家的话，斯密认为，任何人的财产都会是不安全的。他在《国富论》中这样写道：那些拥有由多年劳动或累世劳动积蓄起来的财产的人，没有司法官的保障庇护，哪能高枕而卧一夜？富者随时都有不可测知的敌人在包围他，他纵使没有激怒敌人，却也无法满足敌人的欲望。他想避免敌人的侵害，只有依赖强有力的司法官的保护，司法官是可以不断惩治一切非法行为的。因此，大宗价值财产的获得，必然要求政府的建立。

与约翰·洛克(John Locke)的观点一致，斯密把保护私有财产看作国家的最重要的职能之一，他引用洛克的话"政府的存在的唯一目的就是保护财产"。斯密还指出，对公正的保护不可避免地会带来不平等："国家政府，出于财产安全的需要，在现实中就是为保护富人或者说保护那些拥有财产的人而设置的。"

国家的第三项职责是建设并维护公共事业及公共设施，支持一些基础教育和宗教教育。为了经济繁荣，一个国家必须拥有良好的公路、桥梁、港口等设施，必须资助与此相关的教育，否则的话这些设施都将不可能存在。教育事业同样需要资助，国家应该确保每一位公民只要花很少的钱就能学会基本的读写知识。然而，不论在什么情况下，国家都只应当承担这些开支的一部分，剩余的部分应该由那些获益最多的人来支付。

为了更好地保证国家的职能以有效的方式执行，斯密对利益的概念进行了界定。他举的一个例子就是：如果不将大学老师的收入与他们讲课的质量直接联系起来的话，他们是不大可能做出精彩的演讲的。斯密关于大学老师以及他们工作消极性的观点在下面这段话中得到了很好的阐述：每一个人的利益，在于能过着尽可能达到的安逸生活。如果对于某种非常吃力的义务，无论他履行与否，其报酬完全一样，那他的利益至少是通俗意义上的利益，就是全然不去履行义务。如果这时有某种权力，不许他放弃职务，那他就会在那种权力容许的范围内，尽量敷衍了事。如果他生性活泼，喜欢劳动，那他与其把活动力使用在无利可图的职务上，不如找点有利可图的事做。

斯密在分析神职人员的时候也使用了利益这一概念，但他做出了相反的解释。既然消极的神职人员要优于积极的，那么人们不应该将他们的薪水与宗教改革的成功相联系。

公共选择理论以及新制度经济学中关于国家与经济的论述，根据道格拉斯·诺思的观点，经济学家们很少关注国家及其在经济生活中的作用。最近，这种现象在一定程度上得到了改善，经济学家们试图"内生化"国家，但是还是有很多主流经济学家仍然坚持对纯市场行为进行研究。然而，与致力于重塑标准的经济学相比，更重要的是，20世纪60年代以来，经济学家以及政治学家们将经济学理论的逻辑应用于分析政治行为，也就是现在所说的公共选择理论(进一步的了解)。

然而，从社会学的观点来看，公共选择理论有那么一点模糊。一方面，公共选择理论产生了许多具有启发意义的概念和观点。关于政治家与选民在政治生活中具有各自不同的利益的观点现在已经确立，并且已经取代了影响政治行为的一系列意识形态的概念。这体现了公共选择理论的一个重要成就，詹姆斯·布坎南(James Buchanan)称之为"不具浪漫色彩的政治学"。

另一方面，人们很难找到对公共选择理论几个主要命题的经验性支持。人们并不总是根据他们钱包里的钱来进行投票，官僚们也并不总是使他们控制的资源最大化，政治团体的决策制定也不能总是通过投票倾向和政客间互相投赞成票以通过对彼此都有利的提案来进行解释。换一种说法就是：是什么驱使人们在投票的时候不仅仅考虑自身利益？意识形态与情感还有政治行动者所处的社会结构都是十分重要的。

虽然如此，公共选择理论仍然产生了具有启发意义的观点与概念，其中有一些在经济社会学中理应受到更大的重视。寻租行为或者行动者试图按照自己的意愿从自由市场撤资的行为都是很好的例子。关于它在经济生活中的作用。然而，社会学很少使用这些概念。

对于经济社会学来说，公共选择理论中另外一个有意义的视角就是由詹姆斯·布坎南等人提出的宪政经济学。这类分析的焦点在于经济的基本结构，而不是像传统经济学那样研究市场经济中稀缺资源的配置。当传统经济学分析"约束内的选择"的时候，宪政经济学则分析"宪政"以及"约束间的选择"。关于宪政经济学一个较早的例子是《国富论》中提到的两种不同类型的经济体系：重商主义和市场经济。宪政经济学还大量吸收了克努特·韦克塞尔(Knut Wicksell)的观点，他认为不仅要研究不同税收方式的影响，还要研究这些方式最初是如何产生的。

然而，在很多情况下，宪政经济学中所指的约束的基本结构是怎样构成的并不是十分清楚的，有时被称为"法律的""制度的"，或者干脆称为"宪政的"。但是，任何经济系统的运行依赖于多层次的规则这一观点确实代表了一种有价值的思考，对于经济社会学来说也具有潜在的意义。与传统的经济学不同，宪政经济学还在很自然的方式下进行比较研究。最后，与传统经济学相比，宪政经济学提供了对经济现象进行讨论的一个更为广阔的空间，如帕累托最优以及社会选择等概念。

在新制度主义经济学中，道格拉斯·诺思首次尝试提出一门新的理论方法来研究国家及其在经济中的作用。与其他经济学家不同的是，诺思直接从国家的存在对经济发展来说是必不可少的这一假设开始。他还试图将产权置于国家与经济理论的中心位置。诺思与罗伯特·托马斯(Robert Thomas)合著的《西方世界的崛起》(*The Rise of the Western World*)一书中有这样的假设：价格的上涨将带来更多的有效机构，包括更有效的产权。

然而，诺思后来在他的《经济史的结构与变迁》(*Structure and Change in Economic History*)一书中对这一假设进行了修正。在名为"关于国家的新古典理论"(*A Neoclassical Theory of the State*)一章中，诺思还是从他的假设开始，即统治者们热心于促进经济增长，因为这会带来更多的税收形式的国家收入。诺思还假设，选民们喜欢贸易保护和税收秩序。有两种环境可以使统治者设立会妨碍经济增长的产权，但是任何一种都不能使国家收入最大化：一是当统治者们希望提高的某项税收的交易成本过高时，满足于其他税收对于他们个人更加有利。还有一种情况就是当统治者们害怕一些选民时，就会相应地调节税收。

人们还可以在诺思的书中找到更多的关于国家及其在经济中的作用的有趣的观点。包括可信任的承诺以及对于资本主义国家的挑战，即使资本主义国家的公民们相信国家足够强大以保护合同的效力但又不会运用这项权力来没收他们的财产，这被称之为"经济的基本政治问题"。

诺思关于国家的理论创新之处在于对产权的强调以及产权如何与经济增长相联系。然而，当提到这些理论的时候，需要指出的是，诺思并没有明确指出产权是如何与税收相互联系的。他也没有指出国家指导经济的其他方法。换而言之，诺思并没有阐述一个关于经济生活中国家作用的完整的理论。

(二) 经济生活中的国家：经典社会学家们的观点

早期的社会学家已经对国家在经济中的作用进行了社会学的分析。与黑格尔在《权利的哲学》中的观点相反，马克思指出现代国家代表的不是社会大众的利益而是资产阶级的利益。正如《共产党宣言》所说："现代国家只是为整个资产阶级服务的机器。"马克思在《路易·波拿巴的雾月十八日》中提出的特定条件下资产阶级国家可以从资产阶级利益中获得相对的自治这一观点完善了其关于国家的工具性的观点。

20 世纪 70 年代，开始流行这样一种观点，即国家不仅仅是资本主义的工具，同时也是具有自身利益的行动者。弗雷德·布洛克(Fred Block)试图通过将"商业氛围"这一概念引入分析中从而将社会学运用到这一命题中来。布洛克认为，"国家管理者"的主要任务就是保持一个良好的"商业氛围"，也就是为资本主义的利益服务。他还补充，为了使商人们心情愉快，国家管理者将承认错误并且向工人们妥协，就像他们"在现有的政治体制下尽可能地摸索有效的管理方式"一样。

迪尔凯姆不关注国家在经济生活中的作用，然而他从一个独特的角度来认识这些问题，因此他的观点十分突出。迪尔凯姆认为，现代工业社会发展如此之快以至于还没来得及形成一个稳固的社会结构。其结果是，一方面是强有力的国家，另一方面是大量的单独个体。这种情况下缺少的是一个经济组织的中间层，迪尔凯姆称之为"真正的社会学畸形"。迪尔凯姆宣称，这种中间经济组织以公司的形式存在于每一个行业，这些公司可以在地区层面以及全国甚至最终在国际层面上进行合作。在迪尔凯姆看来，国家在经济事务中扮演重要的角色，但并不是要像现代福利国家那样支配经济。

与一般的工会组织不同，这些工业公司不仅是要体现他们成员的经济利益，而且还要关注他们的社会需求。他们应该是真正的共同体，在那里成员们可以互相帮助，并且通过这种方式克服由"经济动荡"带来的不安与苦恼。在第二版的《社会分工论》的序言里，迪尔凯姆写道："当个体发现他们有共同的利益并团结起来的时候，他们不仅是保护他们的利益，而是以此互相联合以至于不会在竞争对手中间感到孤立无援，以此和其他成员分享交流的快乐，去感受那种很多人团结在一起就像一个人一样的感觉。这最终意味着走向共同的道德生活。"

道德生活并不是偶然的，迪尔凯姆认为，社会首先是一个道德实体，把经济看成是社会中最重要的因素并不能解决困扰现代工业社会的任何问题。最重要的是对于利益来说十分次要的细节——是所有道德活动的源泉。根据迪尔凯姆的观点，换一种方式表达就是：如果想要社会繁荣的话，个体与一般利益之间必须保持适当的平衡。

然而，在所有这些社会学家中，韦伯对现代社会学家分析国家在经济中的作用帮助最大。韦伯既不承认经济决定社会，也不承认社会高于经济。韦伯以更为冷静的目光来审视国家与经济，试图找出其中的基本的机制。

虽然韦伯没有如愿以偿地创立国家社会学，但他经常研究国家及其与经济的关系。他对财政社会学贡献巨大，他还经常谈到国家的经济政策。他用更通俗的表达方式说明国家与经济的关系，这些反思正是我们今天所要借鉴的。韦伯认为，国家代表了一种"(占统治地位的)政治组织"的特殊类型，其特征是："它控制着领土；它不是一般的经济组织；为了保护领土，它可能使用武力，或者以武力相威胁。"国家与其他统治政治组织的不同在于最后一条，因为它不仅控制着领土，而且还拥有通过立法使用武力的权力。

当谈到占统治地位的政治组织不是一般的经济组织的时候，韦伯引入了一个对于权力分析来说十分核心的观点，即过多地依赖武力(或经济利益)会导致权力的不稳定。为了避免权力受到挑战，统治集团不仅要控制经济事务，还要控制社会上的其他活动，也就是超越经济之上的社会价值系统。

历史上也存在没有占统治地位的政治组织的时期，没有人控制着国家的领土。根据韦伯的观点，这种情况在经济没有分化的时候尤为明显。当感到需要永久的供给的时候，酋长的设置就出现了，起初是在战争时期然后在和平时期。获得对武力的控制的过程是漫长而艰难的。韦伯指出，商人与教会经常对平息社会争端提供帮助，当这一过程完成的时候，统治政治组织变成了可以合法使用武力的国家。韦伯认为，使用武力是政治的特征，就像和平是经济的特征一样。在这一点上，经济学与政治学遵循着"不同的两种逻辑"。

占统治地位的政治组织比经济具有更大的意义这一观点也是韦伯对政治社会学所做的重大贡献：对三种合法统治类型的分析：传统型、个人魅力型和法理型。这三种类型在本质上是政治性的并且从根本上保证了国家的延续。没有这些类型，现有的财产结构将会受到威胁。合法统治对于经济领域具有更普遍的重要性。

根据韦伯的观点，合法统治的每一种类型与经济中的一些组织是相关的。它们以其独特的方式影响经济。法理型统治(Legal domination)是指被统治者对政治领袖的自愿服从，其原因不在于领袖自身的品质，而在于他是按照已经被人们所接受的规则而选取的。这种类型的统治需要一个官僚机构来确保其正常运行。从历史的观点来看，法理型统治与现代理性资本主义是并存的，现代理性资本主义需要可预测性与专门的技能，而这些只有官僚机构和相关的规则才能保证。

个人魅力型统治(charismatic domination)的特点是领导者通过其非凡的或者超自然的力量来吸引其追随者。魅力型统治的精神与现存的秩序是相违背的，尤其是与我们日常生活的支柱——经济相违背的。然而，很快就出现了某些常规，魅力型统治与现有的国家事务逐渐达成了一种和解，其结果是传统类型经济秩序，而不是理性资本主义。

传统型统治(traditional domination)以两种主要的形式出现：家长制和世袭制。在家长制下，服从主要是出于对传统的尊重，而在世袭制下，服从主要是主仆之间的契约关系。家长制对于政治资本主义来说是正面的，因为统治者渴望拥有更多的资源来支配，但是对理性资本主义来说却是负面的，因为它太过于武断。在传统社会里，有统治者们必须遵守传统的领域，同样也有统治者们随心所欲的领域，而这就是专制出现的领域。世袭制精神中存在着一种很深的反商业的道德规范，这对经济有保守的影响。

韦伯还谈到了日常政治活动的经济维度。关于这一内容最重要的概念就是"经济的有用性"(对于政治参与来说)以及"以政治为生"(被雇佣来参加政治活动)。有一些人他们所从事的工作使他们有时间或有机会参与政治活动，然而另外一些群体却没有。比如说，农民不可能丢开自己的工作而参与到政治活动中，但是对于中世纪城市里的人来说确是很有可能的事情。韦伯认为现代企业家是如此的投入工作以至于很难与政治保持恰当的距离。

最后需要补充的是，韦伯认为资本主义与民主之间并不存在密切的联系。它们在当代西方社会的共存仅仅是一系列的历史偶然，未来的资本主义没有民主也可能很好地存在。资本家并不是特别民主的，他们通常喜欢在幕后操纵某一政治权威而不是去面对一大堆选举的官员。

(三) 关于民主与资本主义关系的不同观点：新经济社会学关于国家与经济的观点

目前社会学领域关于国家的研究大部分不是来源于经济社会学而是来源于分支学科，主要来源于政治社会学和组织社会学。尽管这些研究关注的角度不是经济，但是还是会涉及经济方面的内容。其中查尔斯·蒂利(Charles Tilly)在《公元990—1990 年的资本、高压政治与欧洲国家》(*Capital，Coercion and European States，a.d.990—1990*)一书中探讨了控制经济资源在现代民主国家产生过程中所起的作用。蒂利认为对有效的高压政治手段的寻求导致了对民族国家来说没有选择的拥挤，如城市国家、帝国以及都市联邦。

对于福利国家的经济方面进行研究的主要也是政治经济学。这类研究主要关注的是国家对经济资源的再分配问题，较少关注国家的收入是如何形成的，福利国家与商业团体是一个什么样的关系等。还有一些研究指出了不同国家的人们对国家干预经济所持的不同态度。

　　国家在经济中的作用在新经济社会学的研究中并不突出，至少在早期是如此。最早对于国家与经济关系的一般理论研究是在尼尔·弗林格斯塔的著述中。还有一些研究以不同的方式包含了对国家在经济中的作用的探讨，如在下面一节中将会谈到的国家的财政，在本章的最后一节将要谈到的国家怎样指导经济以及在第八章中谈到的法的经济社会学。

　　然而，还要提到其他一些研究，包括本国货币在现代国家形成过程中所扮演的角色，美国意识形态中国家对经济产生负面影响的倾向，经济学家在政府中的作用，以及金钱在美国竞选当中的作用。还有一点必须特别提到的是布鲁斯·卡卢瑟斯对两次世界大战之间美英两国财政部的比较。根据这项研究，在 20 世纪30 年代英国的财政部是独立于国家的，对于国家的财政支出也持保守的观点，但是在同时期美国的情况却正好相反。

　　弗林格斯塔研究国家在经济中的作用的独特之处在于，正如他在《作为政治学的市场：对市场机制的政治—文化研究》一文中表述的一样，是国家与市场形成之间的密切关系。他认为现代国家与现代资本主义是密切相关的，并把市场的形成看成是国家形成的一部分。国家通过各种方式来构建市场：倡导特殊的财产权利、引进竞争与合作的一般规则、提供企业观察市场的各种参数以及制定交换的规则。国家最重要的作用就是保证市场的稳定，这是所有企业都会支持的政策。

　　弗林格斯塔还建议进行一项研究以检验他的理论市场的形成也就是国家的形成他的假设之一就是：企业会尽力使国家限制竞争而创造一个稳定的市场。他还提出，当一个国家的资本主义开始发展的时候，国家将会提出财产权、统治结构和规则，所有这些将会为大企业稳定市场。一旦确立，这些结构将会深刻影响未来经济的发展。由于这些规则受到大企业的支持，要改变它们将会冒很大的风险，如战争、经济萧条或者是国家的崩溃。

二、国家指导经济

　　政治经济社会学的另外一个重要任务是分析国家指导经济的各种方式。这一类的分析将会涉及常规基础设施的建设(包括公路、港口以及电力系统等)。但是还可能包括其他的国家活动，即为促进经济增长而做的努力，这在斯密关于国家的三项职责中是找不到的。"二战"以后，很多国家逐渐把维持良好的经济发展，包括高水平的就业，看成是国家的责任之一，政府的成功或失败越来越取决于这一目标是否实现，人们可以把这看作国家的第四项职责。

"国家指导经济"这一名义下的活动范围是十分广泛的，除了基础设施的建设和保证经济的健康发展以外，人们还可以想象出很多其他的情况来。第六章谈到的重商主义是例子之一，还有帝国主义现象以及熊彼特在一篇被世人忽视的文章《帝国主义的社会学》(*The Sociology of Imperialism*)一文中分析的帝国主义现象。熊彼特认为不仅仅存在着一种帝国主义，而且帝国主义也不是资本主义的产物。熊彼特认为，帝国主义的核心更确切地说是一个陷于没落两难困境的尚武的阶级或者阶层。

我们还可以发现很多"二战"中或战后国家指导经济的例子。赫希曼(Albert O. Hirschman)研究了纳粹德国通过集中与少数国家进行国际贸易以控制他们。国家对经济的控制在"二战"时期尤为加强，不仅是在法西斯国家和苏联国家，民主国家情况也一样。然而很少有社会学研究分析战时以及战后过渡时期国家在经济中的作用。

还有很多例子等待社会学家们去研究，包括对财政与金融政策的研究，还有国家参与区域联盟与国际金融组织，如北约、欧盟、国际货币基金组织和世界银行。经济制裁是另外一个有趣的议题，就像通货膨胀一样，在某种程度上是受到国家鼓励的。

当前的经济社会学中，从特殊的视角来分析国家怎样指导经济的重要研究有两项：一是弗兰克·杜宾(Frank Dobbin)的《工业政策的形成：铁路时代的美国、英国与法国》(简称《工业政策的形成》)，还有一个是彼得·埃文斯(Peter Evens)的《嵌入性自治：国家与工业改革》(简称《嵌入人性自治》)。杜宾主要是对 19世纪各国的铁路政策进行了比较研究。如果人们以一般方法或者对经济政策的格式塔(Gestalt)方法对一个国家任何经济行业的"工业政策的模式"进行考察，杜宾认为，人们可以发现它是紧随该国政治决策的方式的。"政治文化"(杜宾术语)驱动着"工业文化"，原因在于当政治家面临经济问题的时候，他们倾向于像他们面对政治问题那样来解决。对于那些参与到经济政策中的其他行动者如政府官员、工程师来说情况也是一样的。

《工业政策的形成》中的经验资料来自对 1825—1900 年的美国、英国和法国的历史研究。在美国，当地社区在铁路建设的初期是十分积极的，然而，由于腐败，这一模式在 19 世纪末被另一模式取代了，该模式中地方政府甚至联邦政府成为竞争的保护者。英国在 1825 年至 1900 年间也经历了两种工业政策模式，首先是放任政策，然后是企业家的保护政策。卡特尔组织在英国是受到鼓励的。法国只有一种工业政策模式，国家应该指导铁路工业并且使它不受市场的干扰。

杜宾反对利益集团理论，反对将经济利益视为工业政策的直接原因。杜宾认为，经验证明在相同情况下，美国、法国以及英国的政策制定者们对铁路政策的反应是不同的，主要原因在于国家传统(或者政治文化)不同。杜宾还坚决反对存在对各国和各种情况都适用的全球经济法则的说法。他坚持认为利益集团是"主观的"(subjective)、"构造的"(constructed)而不是"客观的"(objective)、"原生的"(primordial)。

彼得·埃文斯在《嵌入性自治》中对新自由主义进行了猛烈的抨击，尤其是国家干预对经济的负面影响这一观点。他认为真正的问题不在于国家在多大程度上干预经济，而是以什么样的方式干预。埃文斯在赫希曼和亚历山大·格申克龙(Alexander Gerschenkron)的研究基础上还提出，一个国家不应该根据比较优势来制定经济政策，而是要努力"创造比较优势"。

《嵌入性自治》一书中的经验研究来自 20 世纪七八十年代的印度、巴西以及韩国计算机工业的发展。在这方面最成功的国家是韩国，该国极力扶持企业团体和它们的经济活动(用埃文斯的话来说就是"助产"与"管理")。印度和巴西更多依靠国家的管理，如保护主义以及鼓励国家自身参与生产。在这种情况中，国家承担了两种角色："管理人"与"造物主"，埃文斯发现它们对促进发展中国家的经济增长已经没有什么作用了。韩国的政策，也就是现代工业政策的成功在于

"韦伯主义"的国家科层制的存在以及国家不被一些特殊利益集团控制，这两点也就构成了埃文斯所谓的"嵌入性自治"。

虽然埃文斯的很多分析都投注在利益这一名词上，但是他很反对经济学家们使用利益这一概念的方式。他认为，经济学家对利益的分析是教条主义的、片面的，而且在分析发展中国家的时候，经常围绕着寻租展开。埃文斯在《嵌入性自治》中指出，经济活动开展的过程中，利益产生与消失都是十分复杂的。根据新自由主义，埃文斯写道：

国家创造了代表政治委托人利益的寻租的天堂，他们从国家行动中获得好处，同时以对国家政治的支持作为回报。稳定的参与带来的必然政治结果就是稳定的合作。三种类型国家的发展历史揭示了政治的原动力并不是稳定的参与。地方企业开始是漠不关心的旁观者，接着是跃跃欲试的参与者，然后是支持性但难以相处的政治委托人，最后面对其他更有吸引力的选择，他们又成了跃跃欲试的参与者，如此循环下去。随着工业变革的展开，私人企业的权力以及利益都发生了改变，他们与国家的关系也相应地发生了变化。国家在促进工业改造方面所取得的成功使他们以前努力培养的政治支持者大为减少。

除了杜宾与埃文斯在他们的书中谈到的方式之外，还可以通过其他一些方式来理解国家指导经济的这个过程，即国家在什么情况下可以独立地制定某些政策。国家很可能受到某些团体的驱使而制定某些政策，利益集团在这里出现了。社会科学中关于利益集团的描述大部分是出于政治学家之手，既包括了狭义的利益集团，又包括了广义的利益集团。广义的利益集团将包括社会上所有希望通过政治或其他途径实现自身利益的团体，包括工会、雇主协会以及美国医学会这样的专业组织。但是利益集团还有狭义的理解，例如议会，可作为利益集团组织来进行正式的管理。

政治科学对于利益集团的描述对于经济社会学来说具有十分重要的意义，但是并没有被完全利用起来。本特利(Bentley)的《管理过程》(*Process of Government*)引发了美国对于这一议题的讨论，该书的精彩之处在于作者对利益的实用主义的分析。本特利认为，只能在行动中分析利益，否则就没有意义。在政治活动中，每一团体都试图实现自己的利益，其结果是各种压力的产生，而政治活动又是这些压力的结果。利益不可能在孤立的条件下被理解，只有在和其他利益相关的情况下才可以，如果不参考其他集团的利益就不可能理解某一个集团的利益。

很多关于利益群体的论述把解释或阐述政治过程的某些方面视为其主要任务。利益团体的存在可以反映利益的呼声，否则的话就会在政治过程中被忽略，它们还可以通过排斥大众的利益而威胁到民主的进程。经济学家们所从事的研究完全不同于这种方法，他们对利益团体通过国家对经济产生的影响感兴趣，如乔治·施蒂格勒(George Stigler)著名的经济规则理论。施蒂格勒认为，尽管制定经济规则的目的是为大众服务，然而规则却经常是一些行动者企图利用国家权力来实现自己利益的结果。关于规则的代理执行者是否真正利用国家权力为他们自己的利益服务，有一点还要补充，规则的代理执行者经常以公众利益的名义执行规则，但是最终还是受到他们管理的产业的影响，因为他们必须与这些产业朝夕相处。

相对重要的还有曼库尔·奥尔森(Mancur Olson)的利益集团理论，奥尔森在《集体行动的逻辑》中阐述了其功能。他认为，由于"搭便车"的问题，只有在某些特定的条件下个体利益才能整合为团体利益。组织能够形成的唯一原因在于它能强迫其成员或者对他们施以诱惑。如果不这样的话，个体很容易失去积极性，并且希望其他人来接替自己的工作，这样组织就不可能形成。

在《国家兴衰探源》(*The Rise and Decline of Nations*)中，奥尔森在上面这些观点的基础上提出了利益集团或者说特殊利益组织的完整理论，主要观点是利益集团既可以通过增加整体经济产出而扩大自己的利益，也可以抓住现有产量的增加部分，而后者更容易且更有利，其结果就是整个经济都受到利益集团的影响。奥尔森认为，第二次世界大战后德国和日本的经济如此成功的原因之一在于战争摧毁了他们的利益集团。

由于经济社会学家对利益集团关注不够，因此还有许多领域有待他们去探讨。一方面，各种经济利益集团尤其是工会、雇主组织以及各种专业人士对政治过程的影响有待研究。另一方面，他们还面临着挑战，不仅要精确描述利益集团怎样影响政治过程，还要描述这些利益集团通过国家对经济本身产生的影响。如，竞争总是受到利益集团的限制吗？法律在促进或阻碍利益集团方面扮演着什么角色？利益集团能够加速经济的发展吗？或是像奥尔森说的那样只会减缓经济的发展？最后，与利益集团紧密相连的是利益冲突，这种私人利益威胁公众利益的冲突在政治与经济生活中都十分普遍。

第二节　法律与经济综述

一、关于法律与经济

对于法律的基本性质的研究存在很多不同的路径，既包括法理学的研究，也包括法社会学的研究。比如说，有的观点认为法律是"国家主权的要求"(Austin)，而且法律的本质与"法律义务"的概念相联系(Selznick)。但是，法经济社会学与上述方法的其中之一紧密联系，却反对其他的方法，看起来是毫无理由的。对于这一点，我却认为，从社会学的观点来看，法律是与"秩序"的观念紧密相连的，而这种秩序对于整个社会以及社会的权力精英们都是十分重要的。从这个角度而言，法律可以被看作是权力的兵工厂中无数武器中的一种。当然法律和暴力并不彼此排斥，它们往往混合在一起。法律通过规定在具体的情况下应该如何行动，从而建立一种清晰的秩序。既包括法律直接被违反的情形，也包括一般性的冲突。冲突在社会中不断地出现，除非它们立即得到解决，否则，最终将会导致社会混乱。同样清楚的是，经济活动依赖于秩序，因此法律与经济在此存在紧密的联系。

将韦伯对法律的定义用在关于社会对秩序的需要的讨论中是十分合适的，即所谓法律是存在于被特别指定来执行规范秩序的事物之中。准确的定义如下："一种秩序在这样一种可能性的外部保证下将会变成法律，即一部分人对其他人实施身体或心理上的压迫，以期带来服从或惩罚暴动的可能性。"韦伯指出，"秩序"就是制度。

韦伯对法律的定义被人批评践踏了观念的作用，但是韦伯所指的秩序的性质并非特指。比如，一个完全民主国家的法律制度和一个纳粹国家的法律制度都可以适用韦伯对法律的定义。还应该指出的是，根据韦伯的定义，法律同样存在于权威当局不使用(或者不威胁使用)身体暴力的情况，而这种情形至少需要存在心理(psychological)压迫。

时间上的可持续性是"秩序"概念的关键，根据韦伯的观点，如果人们发现秩序是合法的，而不是屈从于通过使用武力而树立的权威，那么政治秩序将会持续更长时间。正如塔里兰(Talleyrand)说过的那样："你可以用刺刀做任何事，除了坐在上面。"韦伯在他的合法化理论中尽管没有提出正义的问题，但是毫无疑问的是，当一个政权制度不仅以合法性为基础，而且以正义为基础的话，正义会正好实现。韦伯认为存在着不同种类的统治，而每一种统治都有其特殊类型的法律。传统统治依赖于习惯法，个人魅力统治以通过鼓舞建立的法律为基础，法理权威依赖于理性的法。

韦伯所讨论的法律在当今民主社会具有重要作用，即法律权威是一种最普遍的统治形式，并不意味着人们总是遵守法律规则，或者一旦我们知道了这些规则是什么，就必然了解人们将如何行事。韦伯小心地指出，法理学告诉我们在特定情形下将会发生什么事，如同扑克牌游戏的规则将会告诉我们应该如何玩牌的道理是一样的。但是社会学研究法律却是完全不同的方式：它试图确定在何种程度上，法律规则将影响人们的行为——在何种程度上它们构成人类行为的实际决定因素。

从社会学的角度来看，非常明显的是，很多非法律因素决定了人们之所以会从事法律所描述的那些行为。在何种程度上是法律而不是其他因素决定被讨论的行为，这需要在每一个具体情况下具体分析。这可以被视为法律社会学的首要原则。应该强调的是，在使其行为符合法律的过程中，行动者可以决定是否遵守法律。即使在不遵守法律的情形下，行动者的行为仍然会受到法律的影响。比如一个偷窃者的典型特征就是试图掩盖自己的行为。

将利益的观念引入法律与经济的分析之中，分析的难度在复杂性和现实性方面都会有所增加。如果经济利益与法律相冲突，比如说，我们预见将产生压力以及可能的违背、犯罪和腐败。另一方面，如果经济利益推动一些法律规定的行为，那么这些行为将难以被阻止。经济利益如果不仅受到法律的保护，而且还被认为是正义和合法的，那么将更难以被阻止。应该注意的是，一些经济利益会导致生产力的提高，而另外一些经济利益则会使生产力下降或阻碍其发展。最后，确保法律被遵守的一种方式是将法律纳入某些人的利益考虑之中，使其考虑到将引起诉讼的后果。这种"规章性利益"可以通过建立向一些人支付薪水使他们作为法官、警察或其他司法官员的形式来实现，也可以通过其他途径来实现。

根据奥伯特(Vilhelm Aubert)的观点，利益的概念在法律和法理学中起着十分重要的作用。在法律哲学领域，也存在着一个法学派，被称为利益分析法学派。伟大的法学思想家罗斯科·庞德(Roscoe Pound)就曾经在其著作中用很大篇幅来说明"利益"的重要作用。他将权利界定为"需要保护的利益"，并指出社会正在从"个人利益"向"社会利益"进化。鲁道夫·耶林将法律视为斗争的产物，并且强调，因为利益的冲突不可避免，这种斗争将是非常激烈的："随着时间的流逝，成千上万人的利益，或者是整个阶级的利益与法治原则紧紧地联系起来，这意味着，法治原则只有在对前述的群体利益做出最大的侵害的情况下，才能够被废除。质疑法治原则或者法律制度意味着对上述所有的利益宣战，废除法制如同剥离水蛭，需要能够抵挡住千万只手臂的力量。"

大卫·休谟(David Hume)的法律理论同样受到其基本观点——利益影响人类行为——的影响。根据休谟的观点，正义并非一种理想，而是人们在其利益中彰显出来的一种权利意识。法律之所以能够在社会中构建起来，是因为人们意识到这也即他们"自身的利益和公共利益"在社会中的有序存在。只有通过这种方式，他们的产权才能够受到保护，贸易才能够实现。

奥伯特认为，人们在市场上和在法庭上的冲突解决是对立的。在市场中，是非常有可能达成妥协的，也就是找到一个买卖双方都可以接受的价格。但是如果人们因为其价值观或对事实的认定不同的话，则往往不能协商出一个解决办法，那么就只能诉诸一种不同于讨价还价的解决方法——法院体系。

根据弗里德曼的观点，个人和群体都存在利益，但只有当他们的利益转化成了"要求"的时候，才与法律体系发生联系。"法律文化"被界定为将利益转化为要求或者允许这种转化的事物。从更一般的意义而言，法律文化由"关于法律体系的知识、态度以及行为模式"构成。比如说，某些群体可能会认为法律体系是不公平的，并未将他们的利益转化为要求。法律专业阶层——律师、法官——也有其自身的利益和法律文化。从上述两个例子可以明显地看出，价值和习惯对法律文化来说是十分重要的。弗里德曼总结他的关于法律文化、利益和立法的观点，写道："当法律文化将利益转化为要求或允许这种转化时，社会力量，如权力、影响力，和加诸法律体系的压力将导致社会行为。"

关于法律与经济的一般关系的命题，一些著述还需要被提及。从某种意义上来讲，这个题目在本书中已经有所涉及。《国富论》一书中的一段被引用来论述除非一个人的产权受到法律的保护，否则没有人会安枕无忧而不担心遭到抢劫。休谟的法学利益论和在《人性论》一书中提到的关于正义的三个基本规则都与经济学上的"所有的稳定性""所有的合意转移"以及"承诺的行使"相关。

但是，最执着地尝试从社会学的角度建立法律与经济的一般关系的思想家却是韦伯。在《经济与社会》一书中，韦伯提出可能有六种这样的关系。它们中最重要的三个都在某种程度上与利益相关：

(1) 法律(总是在社会学的意义上)绝不仅仅是保障经济的利益，而是保障各种各样的利益，一般地说，法律保护纯粹的个人安全，直至纯粹的思想财富，如自己的"荣誉"和神力的"荣誉"。

(2) 当然，法律的保障最广泛地直接服务于经济的利益。一旦表面上或确定不直接出现这种情况，经济的利益就属于影响法的形成的最强有力的因素，因为任何保障法的制度的权力，都在某种程度上由所属社会群体在其生存中的默契行为所支撑，而社会群体的形成在很大程度上受到物质利益的情况所制约。

(3) 当经济利益与法律背道而驰的时候，只有有限的几种方法能够在维持法律秩序的高压政策的威胁下取得成功。

韦伯还指出，完全由国家通过法律秩序来确保经济利益是不必要的——其他的权威也可以这样做。韦伯最后两个关于经济与法律的论述考虑了当法律的规定与其在经济运行中实际发挥的作用不一致时的情形。韦伯认为，当法律保持不变的时候，经济关系可以改变，而同样的经济状况，可能仅仅因为涉及的法律领域的不同，而受到法律不同的处理。

这六个命题的广泛性的特征可能来源于韦伯旨在使它们能够适应不同的社会以及不同历史时期的社会。但是人们在韦伯的著作中也会发现，唯独在资本主义社会及其法律秩序中，韦伯陈述了一些更符合其本质的观点。其中之一非常有趣，它试图回答法律是否有能力创建新的经济秩序的问题。简而言之，法律不仅仅由"强制性和禁止性条款"组成，当它与经济相联系的时候，同样存在"授权性"和"授权法"。

法律史学家威拉德·赫斯特(Willard Hurst)其后发展了与韦伯的观点相类似的，关于法律促进经济行为、同时有助于现代资本主义发展的观点。赫斯特认为，美国法律在 19 世纪通过"能量的释放"的方式促进经济的增长来发挥上述的作用，这是赫斯特的著名论述。赫斯特自己将其著述界定为"法律经济史"和"法律与经济"。他的研究方法与波斯纳和其追随者的尝试有一些有趣的相似之处。但是赫斯特与波斯纳及他的合作者们不同的是他的社会学和经验式的研究方法，对于赫斯特来说法律和经济现象都是具有社会性的，因此必须进行经验式的研究，而不能通过抽象思维来得出结论。

二、为现代资本主义奠定法律基础：商事法

在 11 世纪末 12 世纪初，欧洲商法的创造至今仍是奠定资本主义基础的重要部分。在韦伯看来，在这段不长的时间里，发生在商事法领域内的变化，可以与引导工业革命的那些技术创新或者是伴随着新教产生的经济思想的转变相媲美。考虑到商事法极端重要的作用——它建立了"现代资本主义几乎所有典型的法律制度"——那么自然地，它也应该在法经济社会学研究中占据一席之地。在介绍完商事法或商人法之后，这种重要的法律创造何以会在这一时期形成将得到解释。

11 世纪到 12 世纪是西方经历农业产量和贸易量飞速增长的时期。新的城市不断建立，商人不断涌现。商人们在城镇乡村和海外寻求利润，并且在尚无市场

的地方组织集市和展销会。同时他们还发展了自己的法律规则，并且很快成为与教规、地方法规和庄园法并行的法律规则体系。买卖、货物运输以及保险，都在商人阶层之中的法律规制下进行。上述这一切共同组成了一套相当完整的规则——商事法——现已被整个欧洲普遍接受。

商人们在其组织的集市和市场中有他们自己的法庭，并由他们指定他们的同伴作为法官。中世纪时，商人们还在同业协会的法庭和地方法庭作为法官供职。商事法庭的程序的典型特征是十分迅捷，不鼓励那些关于程序上的技术事宜的质疑。专业的律师阶层在这种法庭中是不受欢迎的，他们凭公正的信念做出判决。商人们在集市和市场上有控制权，但是当他们需要在市场和集市之外执行法庭的决定时却没有任何正式的权力。

商事法的真正显著之处在于它建立的一系列制度至今仍是资本主义的法律基础的重要组成部分。通过这种方式，它使很多新出现的经济现象得以系统化和制度化。商事法最重要的成就包括如下：

(1) 对劳动所得的真诚保护。

(2) 专利和商标。

(3) 证券。

(4) 现代抵押。

(5) 作为法律实体的商业公司的概念。

(6) 各种交易单证。

(7) 用通过合同的符号移转代替货物的实际移转。

(8) 信用证以及其他运输单证。

但是究竟是什么因素导致了在如此短的时间内产生了如此伟大的法律创造——商事法？在旁白中，韦伯阐述道，商事法的出现得益于中世纪社会对并存的不同法律体系的宽容态度，他们认为每一种法律制度都"反映了某个具体利益群体的需要"。法律史学家哈罗德·伯曼(Harold Berman)同样曾论述到，中世纪的商人阶层是一个相当有凝聚力且自治性高的群体，而他们建立的法律也反映了这一特点。当时还是一个经济极度扩张的时期——所谓的"中世纪的商业革命"——商人们对许多刚刚出现的机遇做出了及时的反应。

最近一个对商事法的研究开始关注在香槟交易会上的商事法庭在没有任何政府或其他政治机构支持的情况下，如何成功地强迫别人服从他们的法庭裁决。当一个商人的行为并不诚信的时候，一个没有强制机器可以利用的商事法庭在某种程度上只能通过损害那个商人的声誉以对受害者做出补偿。这听起来是合理的，尽管对真实案件的系统研究将比单纯引用博弈论作为证据要有力得多。而且尽管看起来商人们没有办法求助于国家强制机器，但是当需要的时候，政治规则往往会起到协助他们的作用。

很多法学权威认为，一种新的商事法在 20 世纪 60 年代之前已经开始在西方出现。国际合同，包括国际仲裁在内，是这个新法律现象的核心。这些新发展与中世纪的商事法确实存在着一些共同之处——比如，他们都是在国家之外出现的——尽管这种相似之处不应该被夸张。对于国际商事仲裁的社会学研究，几年前由布迪厄的一个学生和一个美国法律学者共同完成(在一系列访谈的基础上，《诚信交易》一书的作者论述道，目前的国际商事仲裁出现了一个重要的改变：过去这种仲裁基本上被一小部分欧洲法律学者所主宰，而现在它已经越来越被美国法律事务所接管。

三、重要的法律制度

讨论构成商事法的法律制度以及追述它们几个世纪以来直到今天的发展状况，和探讨对于现代资本主义具有重要作用的法律创举的出现，构成了法经济社会学的主要任务。但是在本章中，仅讨论一些对现代资本主义经济具有核心作用的法律制度。第一个制度——产权制度——对于所有的经济形态来说都具有基础性的重要作用，也正因为如此，产权受到了法律的严格规制并持续不断地加以执行。阶级和国家都与产权具有重要联系。迪尔凯姆分析了历史中人们所拥有的产权种类后，认为推动人们获得产权的动力最终来自社会的道德权威。迪尔凯姆的分析事实上是非常有趣和具有极高的推测性的。

韦伯在其社会学和法史学的著作中对产权制度做出过诸多论述。韦伯还是迄今为止最执着地从社会学的角度界定产权的概念并努力将结果纳入更为广泛的经济社会学的框架中的学者。韦伯的论述从产权代表一种特殊的社会关系的观点开始，更准确地说，产权是由一系列涉及占有的社会关系所组成的。产权的存在使得相关的社会关系必须是限定于少数人的——他人必须被排除在这一关系之外——只有这样，才能使行动者将 X 占为己有。这里的 X 可以是物品，也可以是人，等等。当一个行动者自己独占了某种东西后，他便有了韦伯所谓的"权利"，而当这一权利可以通过继承来加以传续时，那么就被称为"产权"。进一步讲，如果这个产权还能被买卖的话，那就可以称之为"自由产权"。

在历史上，对产权的处理方法多种多样。我们从早期韦伯关于古代研究的著作中知道，罗马的土地权需经过几个阶段的发展，才能在市场上自由买卖。起初，土地归社区所有，绝不允许买卖。接下来，私人可以出售土地，但只有在社区的授权下才可以这样做。最终，土地变成完全可让与物，可以自由买卖。

韦伯认为，正如在历史上土地和物品可以被占有一样，人也是可以被占有的。韦伯将奴隶视为产权的这种观点已经广为人知了，但是他的观察所得，即在很多社会中，像奴隶主对其奴隶一样，男性对其妻子和孩子享有法律上的权力。

在《经济与社会》一书中，韦伯试图列举出在历史上存在过的最重要的社会学意义上的产权形式——在农业社会、在工业社会，等等。他同样讨论了何种产权关系以及占有形式是最适于现代资本主义社会的。当谈及劳动力的问题时，他的观点和马克思的观点十分近似：当工人无法拥有生产方式时，现代资本主义的工作最有效率(特别是对于所有者来讲，韦伯强调)。那时，将由所有者享有对工人的选择权，也因此可以用纪律来约束他们。韦伯还强调，如果与所有者对立的管理阶层能够被允许开设公司的话，那么现代资本主义将会更有效率(再一次从所有者的观点出发)。当原始的所有者和商业的建立者曾经是一个出色的管理者的话，那么他们的继任者就更有可能是精心挑选出的管理者。

现代社会学并不十分关注产权的概念。但是戈夫曼(Erving Goffman)在其著作《精神病院》(*Asylums*)中提出了一个接近于本体论的个人产权基础。在这一体制下的人通常不许拥有任何私人物品，甚至包括那些对个人形象十分重要的物品。

在最近的经济社会学研究中，有一些借助产权分析财产的尝试。这些研究多数是从法律和经济学的著作中受到启发，而不是来自韦伯的观点。比如，社会学家总是倾向于忽视国家能够改变既存的产权，而引进新的产权，并通过这种方式影响经济。在美国，一个典型的例子就是美国电话电报公司对电信部门的垄断在20世纪50年代末受到挑战，并被一个竞争的市场所取代。

产权理论还被用于更好地了解东欧和中国向资本主义的转型，并从理论上分析近期出现的"混合型"的产权，这种产权既不是完全私有的，也不是完全公有的。

在产权的社会学研究中，迄今尚未被深入探讨过的就是知识产权，包括专利、著作权、商业机密和商标等项目。英国的1523年垄断法案常常被作为第一部专利法而引用，而美国的1787年宪法中也包含了一节关于专利权和著作权的著名规定。根据宪法的规定，美国国会有权"通过在有限的时间内，保护作者或发明人对其各自的作品或发现的排他性权利，来促进科学和艺术的发展"。其基本观念，正如亚伯拉罕·林肯的名言所论述的那样，即利用专利体系来为"天才们创造的火种增添利益的燃料"。但是知识产权法的适用很快就从保护"作者和发明人"的权利转变到保护公司的权利。这种转变发生在19世纪第一个专利合伙的企业创办的时候。换句话说，公司现在可以买卖彼此的专利了。当20世纪出现音乐、药物和计算机产业(有时，它们被称为"著作权和专利产业")的时候，知识产权对于大公司的价值急剧增长。

罗伯特·默顿(Robert Merton)发现了知识产权法中的一个有趣的现象，即所谓的鼓励个人科学家"发明兴趣"的努力很快被科学家的内部奖励机制所取代。科学家发布他们的研究成果会获得同行的尊重。但是，当科学越来越有利可图的时候，这种奖励机制的适用便明显地减少了。这就导致了一个问题，即当前的法律体系是否还能够恰当地保护发明者的利益并激励他再发明。

继承是和产权十分相关的一个概念，正如韦伯的产权定义中所说明的那样。它也意味着一个更普遍的社会占有机制的一部分和排除其他人享有使用某种价值的机会。尽管当今的社会学家们不关注继承，但是古典社会学家却恰恰相反。如在《论美国的民主》一书中，托克维尔用数页的篇幅讨论继承问题，并认为它是具有重要的社会和政治意义的法律制度。托克维尔认为，长子继承制是与贵族式的社会形态相联系的，而继承的平等权利则是与民主社会形态相联系的。特别让托克维尔印象深刻的是，一旦某种类型的继承法付诸实行，那么它就会缓慢但坚定地重塑社会结构。托克维尔还区分了继承的"直接"和"间接"影响，所谓直接影响，是指继承对一些客观物体的影响，比如说，一块土地的产权被划分成一定数量的区域。所谓间接影响，指的是这样一种事实，即如果土地产权被分割了，那么也就意味着家庭的产权归属感和想要使其保持完整的愿望都将归于无效。

迪尔凯姆和韦伯都认为继承对于经济生活具有十分重要的意义。迪尔凯姆的观点是现代社会中的继承代表了一种落伍的共同产权制的存在，并将导致不平等。"很明显的是"，他在一个讲座中谈道，基于血缘，而非功勋或贡献的继承，将在人们之中建立不平等，并将最终使整个合同法体系自始无效。迪尔凯姆认为，继承是和现代社会的个人主义极为不协调的，因此应该予以废除。同时，他也预言继承终将绝迹。

和迪尔凯姆一样，韦伯也认为继承的概念是属于历史的，因为它处理的是行动者作为一个家庭成员的能力问题，而不是他的成就。韦伯将逐渐增加的遗嘱自由归因于家庭适应社会不公的需要。人们为了体现能被社会视为必要义务的慷慨大度，和其真正的目的在于平衡家庭成员之间的特别经济需求。最后，韦伯质疑长子继承权简单地与贵族社会相联系的观点，并指出在著名的《拿破仑法典》颁布之前，对土地的平均分配在法国已经成为规则。

谈到合同的问题，毫无疑问，在社会学领域最经常被引用的著作是迪尔凯姆所著的《社会分工论》。在驳斥赫伯特·斯宾塞的社会运行完全以个人契约为基础的政治理想的过程中，迪尔凯姆指出合同仅能在已经存在一个支持其运行的社会结构的前提下，才能够有效地发挥作用。合同中的任何事项都不是契约性的……而是受制于社会运行规则的，不是个人的意愿。当他讲授合同法时，迪尔凯姆还讨论了在历史上合同的进化。令他和很多他的学生感到惊讶的是，一旦一个合同达成，它便同时受到行动者和社会的尊重。他揭示道，通过这种方式，一个合同能够事实上产生"约束力",而这种约束力是"法律中革命性的创造"的结果,并只能从社会学的角度做出解释。对韦伯来说,既然一种合同允许行动者采取他们同意的某种新的行动,那么合同法就代表了最卓越的"授权法"。在很早以前的历史中,合同就已经被使用了,但是却不是在经济领域之中,并且在其早期,合同还将人包含其中(用韦伯的术语来讲,叫作"身份契约")。但是现代类型的合同却恰恰相反,主要被应用于经济领域且范围较窄("目的契约")。产权转移的稳定和运行的平稳对于理性资本主义有效率的运作具有绝对重要的意义,而这些条件只有现代(目的性)合同才能满足。

韦伯从未进行过有关目的性合同的现代用途(或其他任何对于理性的资本主义的运行具有重要作用的法律制度的现代用途)的论述。但是他偶尔研究现代雇佣合同的结构。

在《经济与社会》一书中,韦伯注意到商人们几乎从来不在法庭上解决他们的合同争议。这个洞见同样也是法律学者斯图尔特•麦考利(Stewart Macaulay)的一篇十分重要的文章的中心观点。1963 年《美国社会学评论》中有一篇文章在对威斯康星的商人进行研究之后,作者提出商人不愿使用法院体系的理由是,商人们认为那不是处理商业问题的途径。

在其后的研究中,麦考利提出管理者不愿去法院主要是由于,和其他途径相比,通过法律解决纠纷更为昂贵。但是他还指出,这个问题上还存在一个有趣的迂回,即金钱的考虑正是保险公司在处理大额车辆事故求偿时愿意去法庭的原因:因为数额巨大,以至于没有一个公司官员愿意签支票,承担责任,而按照法庭的强制命令行为看起来就比较安全。

虽然麦考利研究的创造性值得嘉许,但是,这并不能成为商人们总是选择私下解决合同纠纷的明证。麦考利和其他研究者在 1990 年的一个研究中发现提起诉讼的合同纠纷的数量有了显著的增长。根据其后的研究,"麦考利理论"可以按照如下的方式表述:商人们可能更愿意在私下解决他们之间的合同纠纷,而不愿去法庭。这一论断究竟在多大程度上是准确的,却需要做个案分析。

迪尔凯姆等人从社会学视角出发认为合同已深植入社会的观点,被美国名为"关系合约学"(relational contracting)的法学流派进一步发展。这一学派质疑古典的合同理论，认为古典合同理论处理的只是理想的、与现实生活分离的那部分法律关系。而事实上，在现实生活中，从生产到消费的整个过程都是有机联系的，组成一个完整的"关系契约"。因为这种讨论方法与社会学上看待合同的方式有一定的相似之处，故关系合约的概念没有引起社会学者太大的兴趣。

这种忽视的原因可能首先与现代社会学家普遍地缺少研究合同事项的尝试有关。但是确实存在一些例外，包括对于劳动合同十分关注的传统。奥利维尔·威廉姆森(Oliver Williamson)提出合同是与市场相联系的，正如其主要的关系特征是公司，这一点在社会学者中引起了一些争论，包括认为现实的情况显然是更加复杂的观点。在卡罗尔·海默(Carol Heimer)对保险合同的研究中，她试图调查在这种类型的合同中包含了多大的风险性。通过控制那部分通过早期观察经验所测知的风险，行为者的行为彼此联系在一起(用海默的术语来讲，即"反应风险")，损失的概率是非常稳定的。

现代公司的法律变革对于法社会经济学者来说，显然是非常有趣的，而作为法人的公司概念则是一个极其相关的论题。更为重要的是，正是有了这一概念，公司才有可能区别于个人，获得完全的法律独立。用韦伯的话来讲，机构法人化构想的最合理的实现，依赖于规制成员的法律领域与规制机构的法律领域的完全分离。换句话说，法人的概念代表了一种新的、允许个人以一种新的方式行为的法律机制。它也是构成现代西方公司完整结构不可缺少的一部分。

只有两个社会学家没有轻视法人的概念，他们是韦伯和科尔曼·韦伯认为，这一概念应该属于"关系合同"的主题，因此具有授权法的特征。但是很遗憾，韦伯仅仅追踪了法人概念的早期历史，并提出在中世纪的时候，这一概念常常被某些政治性和区域性组织所使用，而没有被用于经济性组织之中。但是他提到，认为公司拥有属于自己的产权，且这种产权具有不同于自然人个人产权的性质，这一补充性的观念在 14 世纪早期的佛罗伦萨就已经开始出现。法国大革命时期法人的概念曾一度被法国法律取消，但是很快就被再次引入用以促进市场的交易。而在英国，却没有出现这样的间断，当法人的概念在 13 世纪首次被使用的时候，宪章就被颁布到城镇和乡村。但是，直到 19 世纪，有关有限责任和股份联合公司的概念才逐步普遍起来。

韦伯在其法社会学的领域讨论法人的概念。科尔曼则在其一般社会学的著作中为法人的概念保留了一席之地。科尔曼认为，研究法人的概念实际上是追踪人类历史上革命性创造的进化的一种方式，也就是所谓人们可以根据其特别的目的创立团体的发现。人类一直生活在群体之中，但是直到历史发展的较晚阶段，才首次持续不断地创建新的群体。科尔曼认为概念上的突破发生在 13 世纪，一个名为西尼巴尔多(Sinibaldo de Fieschi)的意大利法官引入了"虚拟人"的概念。所谓虚拟人，是指尽管没有物质实体，但和自然人具有一样法律地位的法律主体。这也就是说，组织也应该有其自身的利益，这种观点对于社会的发展具有无比重大的意义。如今，我们生活在一个"不对称的社会"之中，在这个社会里，和现代公司所拥有的巨大权力相比，自然人仅仅比毫无权力强一点点。

第三节　法律与经济发展研究

尽管迄今为止尚没有一个系统和普遍的理论来分析法律在经济生活中的作用——这里被称作的法经济社会学——但是确实存在很多实质上属于这一领域的研究成果。比如说在一些研究中，经济社会学家们将法律包含在他们的分析之中。一个典型的例子就是弗林格斯塔对 20 世纪反托拉斯立法影响美国公司的营销策略以及内部权力结构的方式的分析。格兰诺维特同样注意到商业集团也可以被界定为法律独立的公司，而反托拉斯立法则对美国商业集团的建立设置了一系列的障碍。

还有很多研究综合利用组织社会学和法社会学的方法，提出了许多有价值的、关于法律和经济推动力的关系的真知灼见。在一项研究成果中，批评了经济与法律的运动使得劳动力市场上的性别歧视合法化。对非正式经济的研究还表明，所谓非正式经济，就是规避法律法规的经济。

要想找出讨论法律在经济中的作用的特定方面的综合性研究命题也不是不可

能的。比如说，就有很多研究试图关注公司作为特殊的法律行动者的相关问题。另外一些研究则尝试解释破产的作用以及在何种情况下，公司或其职员会违反法律。在上述三个方面对法律进行的综合研究中，最具有创造性的应该是对作为法人行动者的公司的研究。这种研究植根于组织社会学中的新的制度分析方法，并利用这一工具脱离了法律是构成任何公司环境的一部分的观点。在对 1964 年民权法案及相关立法进行研究的基础上，研究者揭示出之所以某些公司而不是其他公司对这类法律反应积极的理由，并实施一系列法律措施，如针对非工会成员的正式申诉程序，为保证平等就业而发出的工作机会和其他肯定性的行动。但是，观察者们还注意到很多措施创立了"工作场所立法"，却主要是为使公司在环境中取得合法化而服务的，管理者们小心地确保这些新的法律措施不会妨碍公司重大的利益。艾德曼(Edelman)将其简要地表述为："公司结构对法律的回应，通过帮助建立一种可以与管理利益相一致的顺从意识，调和了法律对社会的影响。"

一些有趣的社会学研究还关注过公司犯罪的问题——公司何时将违反法律以及公司成员在何种情况下会参与犯罪行为。考虑到处于风险之中的巨大利益和存在于个人心中的贪欲，管理股票交易市场实在是一个重要而艰巨的任务。从概念的角度来看，内部犯罪和盗用侵占都是相当明显的现象，而个人揭发和组织体犯罪却没有那样显而易见。在揭发的案件中，控告自己所在公司存在不良行为的雇员将承受巨大的压力。

作为组织体犯罪的一个例子——犯罪行为可以使公司受益，却不必然地使个人受益——限定价格行为在所有的工业社会中都是非常普遍的，并且牵涉大量的金钱。在最近对限定价格行为的研究中发现，这种行为的社会结构非常有助于进行网络分析。对于标准产品(如开关设备)的价格限定，将典型地导致分散的网络结构，因为无须任何指导，但对于更加复杂的产品(如涡轮机)来说，情况则恰恰相反。行动者在限定价格的网络中的联系点越多，那么他承担的风险也就越大。

社会学家们对于一种形式的经济立法——破产——研究得非常多。十几年来，美国一直在进行个人破产研究，发现之一就是在 1977 年至 1999 年这一段时间内，个人破产的增加超过 400%，而且常常是中产阶级申请个人破产。但是，对公司破产的研究也在兴起。这方面最重要的研究就是——布鲁斯·卡卢瑟斯和特伦斯·豪利顿撰写的《拯救经济》对 1978 年美国破产法和 1986 年英国破产法案的比较研究。作者认为，对经济与社会的研究没能充分理解：法律工作者的作用不仅仅在于解释法律，还在于确定改变或变革法律的方式。他们还提出，美国的法律体制与英国不同，当公司陷入困境的时候，美国法律鼓励公司重新组织，而不是进入清算程序。

不仅在美国的法学思潮中，而且在全世界的范围内，最成功的理论发展之一就是所谓的"法律与经济学"的研究，这一研究的初起可以回溯至 20 世纪 60 年代早期的美国。在这种研究的早期，其分析是相当激进的，并且坚持新古典经济学的逻辑可以用来解决很多重要的法律问题，包括经济的和非经济的。但是近来，法律与经济学的研究开始采用包括制度分析的方法、心理学的方法以及社会学的方法在内的其他方法。因此法经济社会学分析方法有朝一日一定会纳入其中。

法律与经济学运动的核心有时被称作"芝加哥法律与经济"，这是由于此学科的大部分奠基人都曾活跃在芝加哥大学。这无疑是理查德·波斯纳(Richard Posner)对于将法律与经济学变成一种法理学的综合研究方法作出了最大贡献。他最先完成至今尚有广泛影响的著作——《法律的经济分析》，并时常尝试对这一领域进行纵览和整合。波斯纳认为，法律与经济学的基本观点是，经济学的逻辑可以并且应该影响法律分析和立法者。每一个行动者都是受到自身利益驱动的，无论是罪犯、立法者还是律师。最应该告知法官和法律制度整体的是"财富最大化"的观念。波斯纳说，对正义的考虑和对财富的考虑应该是大致相同的。如果你能通过重新安排情形来产生更多的社会财富，那么你就应该这样做。法官当然应该遵循普通法原则，但是这些原则在 19 世纪美国的自由主义意识形态之风劲吹之际已经形成。

波斯纳推理的核心是所谓的卡尔多·希克斯(Kaldor Hicks)效率概念。根据帕累托最优原则，交易只有在至少一方将会获得收益，而另一方并无损失的情况下才能达成。卡尔多-希克斯效率概念的标准更低，只要基本满足一项交易会使社会财富增加的条件，那么就可以认为这项交易是有效率的，也就是如果一项交易做出的财富交换，能够对第三方的潜在损害最小，那么就是值得肯定的。

波斯纳后来宣称他是一个实用主义者，而不是一个严格的法律与经济学人。当我们观察法律与经济学运动的第二个代表人物的时候，可以清晰地看到一种近似的对新古典主义的偏离，他就是科斯，在本领域最有影响的作品《社会成本问题》(The Problem of Social Cost)的作者。对这篇文章的标准解读——所谓的"科斯定理"，可以被概述如下：假设交易成本为零(也就是说，订立合同、提起诉讼等都没有任何成本)，那么争议双方由谁来承担法律责任都无关紧要。市场逻辑将使两种方法都导致相同的结果，即对资源的最有效利用。

科斯文章中的论述非常难理解，但是米歇尔·波林斯基(Mitchell Polinsky)已经对其进行了解释性说明。假设工厂的浓烟污染了居住在附近的居民的洗衣房，洗衣房的损失经评估是每户75美元，有5户居民，那么总损失就是375美元。损坏可以通过两种方式来弥补：在工厂的烟囱上安装一个烟雾过滤器，费用为150美元，或是给每一户人家安装一个抽油烟机，每户费用50美元。有效率的解决方式很显然是安装烟雾过滤器，因为它只需150美元，远远少于整个损失375美元，或是购买抽油烟机的费用250美元。

再重复一下科斯的论证过程，即如果交易成本为零，无论谁在这种情况下享有法律权利(无论是工厂主还是居民)，有效率的解决方式都是一致的。具体而言，假设工厂主享有法定权利(在此案中就是指享有清新空气的权利)，那么将由居民来决定他们到底是要承担整个损失375美元，购买抽油烟机的费用250美元，还是安装一个烟雾过滤器，花费150美元。最后一项显然是最有效率的解决办法。现在假设居民享有法定权利，那么工厂主现在可以在补偿居民全部损失(375美元)、给居民买抽油烟机(250美元)还是安装一个烟雾过滤器(150美元)中选择。再一次的最终结论是——最有效率的解决方法是安装一个烟雾过滤器。

科斯的追随者们提出，在各种冲突中考察何者是最有效率的解决方法，使人们可以以一种全新的方式来研究法律问题和提出对法官的建议。而且人们还可以通过引入各种交易成本来使科斯的论证更为复杂，从而推动法律思潮的向前发展。比如说，米歇尔·波林斯基的著作《法律经济学导论》(*An Introduction £0 Law and*

Economics)就是将科斯定理运用到各种事项中，如违约、损害法和污染控制等。

法律与经济学包括严格的逻辑推理，这一点从科斯自己的明确倾向，即不要完全赞成所谓的科斯定理，可以得到解释。之所以他在分析中假设零交易成本，据科斯自己所言，只是为了说明我们不应该想当然地认为解决涉及损害赔偿的纠纷时，最好的方式一定是让过错方承担全部的责任。通过引入市场驱动力的概念，我们可以看到用更有效率的解决方式也是可行的。

另一个著名的展示法律与经济方法的创造性和广度的研究是罗伯特·埃里克森的《无法律的秩序》(*Order without Law*)。埃里克森是经济与法律的专家，也是科斯定理的信徒，也正因为这样，他开始在加利福尼亚的萨斯塔市对科斯定理进行实证研究。他所选择的调查情景十分类似于科斯在关于社会成本问题的文章中讨论的情景，即属于地主 A 的牛，因为迷路走到地主 B 的土地，并造成破坏。根据科斯定理，我们知道，在零成本的条件下，A 或 B 谁享有法律权利都无关紧要。但是埃里克森在他的研究中发现，大部分萨斯塔市的人会因为交易成本太高或以法律程序解决纠纷太过昂贵而选择忽略法律。当科斯所描述的这种损失确实出现的时候，人们却倾向于选择当地习惯来解决纠纷。埃里克森还发现人们对法律是十分无知的。简而言之，科斯定理在分析现实问题的时候毫无用处。

另一个受到新古典主义的扭曲和广泛解读的科斯的见解是，产权在分析大多数经济现象时是十分重要的。科斯在《社会成本问题》中的一个主要观点是，在市场上所交易的，并不是经济学家们通常认为的物质实体，而是采取某种行动的权利，这种个体所拥有的权利是法律体系赋予的。当运用这个观点去评判自 20世纪 60 年代以来所出现的大量的关于产权的著作时，都是十分有效的标准。一旦将产权理论分解开来，就会发现它涵盖了很多复杂的情况，比如它与很多经济制度，如土地、资本、股份公司、共同储蓄机构等紧密相连。对产权的分析还引入了历史和比较的视角，并且还有很多对这些问题的边缘研究。

很明显，许多法律与经济学的研究没能指出并分析社会关系的作用，但是可以肯定的是，前文已经述及，即法律与经济学运动是十分多样化和广泛的，包括了不同类型的分析，当然也将能够包含法经济社会学。而这后一种类型的分析方法有朝一日一定会对法律与经济学运动做出重要贡献。同时社会学家对于法律与经济学是十分感兴趣的，既包括其观点，也包括其做出的实证研究。谈到理论，产权的概念一直是法律和经济学这两门学科共同讨论的问题。谈到实证研究，也有很多研究成果可资选择，包括拉斐尔·拉波塔(Rafael La Porta)和他的合作者们比较普通法对经济增长的影响和民法对经济增长的影响的研究。他们发现法律制度更多地保护少数股份持有者和一般股份持有者的利益，在更大的程度上属于普通法的传统，而不是民法传统。最后，社会学者们应该意识到法律与经济并不是一个保守的或右翼的方案。他们也有自由派的实践者和社会民主人士等。更重要的是，他们的一些核心观点对于经济社会学研究是非常有帮助的。

第七章 文化、网络与经济

20世纪80年代中期以后的经济社会学被称为"新经济社会学"，它是从社会与经济的关系的角度切入经济问题的。此时的经济社会学建立在如下三个基本假定上：经济行动是社会行动的一种；经济行动是被社会定位的；经济制度是一种社会建构。经济个体的活动与决策并不是如经济学家所认为的，只是在自利动机的驱使下以实现个体效用或利润的最大化为目标的。每一个体在现实生活中都与其他个体相联系，他们之间频繁的交往与联系构成了群体关系网络，而一个个相互交错、互相联系的网络在更大层面上构成了经济个体所依存的社会结构。构成网络及社会结构的，不仅仅是物理意义的个体，还有个体在长期交往过程中所形成对某些价值、道德观念及普遍规则的认同。因此，个体、网络及社会结构便构成了经济行动的微观、中观、宏观三个层面的影响因素。在这一意义上，新经济社会学的基本主张也可以这样理解：个体的经济行动不是单纯的原子式的行动，它是嵌入于其所在的关系网络中并由其决定的；在更宏大层面上，这些行动又受网络中来自社会结构的文化、价值等因素的影响或决定。与此同时经济制度并不是如新制度经济学所认为，只是单纯地解决经济问题的最有效率的安排，而是经济个体间的稳定、持续社会网络互动的结果，具有明显的路径依赖性。

第一节 文化与经济

一、文化概念及其定义

西方的"文化"一词主要来源于拉丁文的"Cultura"，原指耕作、培养、教育出来的事物，是人类与自然斗争，通过努力并运用智慧得到的创造物。"文化"一词的社会学意义，是19世纪以来随着社会学、人类学的发展而被赋予的。1871年，英国文化人类学家、古典进化论的代表人物泰勒(E. B. Tylor)在《原始文化》一书中首次将文化作为核心概念加以论述，并指出："文化是一种复合物，它包括知识、信仰、艺术、道德、法律、风俗，以及其余从社会上学得的能力与习惯。"虽然泰勒的文化定义是描述性的，但它却使文化成为一个整体性概念，并为其后社会学家、人类学家的文化研究界定了基本范畴。

由于泰勒的文化定义缺乏物质方面的内容，美国一些社会学家、文化人类学家，如奥格本(W. F. Ogburn)、亨根斯(F. H. Hankins)等，对这一定义进行了修正，将"实物"内涵加入了这一概念中。

英国人类学家马林诺夫斯基则主要从功能主义的角度来研究文化的起源及其本身。他认为人类是动物的一种，生存是人类面临的首要任务，而人类要解决其生存难题，除了物质装备外，组织是必然的选择。在他看来，人类的组织单位称为制度，它意味着对一套传统价值的认同，人们为此而结成一体。它也意味着人与人之间，人与自然或人工环境的特定物理部分之间，都有着确定的关系，而"人类所有的生存难题都要由个体通过器物，通过组成合作群体，通过发展知识、价值和道德意识来求得解决"。据此，马林诺夫斯基认为，文化"显然是一个有机体，包括工具和消费品、各种社会群体的制度宪纲、人们的观念和技艺、信仰和习俗"。可以说，制度是马林诺夫斯基界定文化的另一视角。"功能和制度这两类分析方法，将使我们能更加具体、精确和彻底地界定文化。文化是由部分自治(autonomous)和部分协调(coordinated)的制度构成的整合体"。由此出发，人类的活动也可以理解为，"在自身目的或传统要求的宪纲之下，遵循其团体的特定规范，使用着受其控制的物质装备，人类共同行动以满足他们的某些欲望，同时也对其环境产生影响"的过程。

根据上述定义，我们也可以从自然史和人类史角度对文化的内容概括如表7-1：

表7-1　文化的基本分类及范畴

文化类别		文化范畴
自然史角度	智能文化	科学与技术知识等
	物质文化	房屋、器皿、机械等

续表

文化类别		文化范畴
人类史角度	规范文化	组织、制度、政治和法律形式、道德、习俗、教育等
	精神文化	宗教、信仰、文学、艺术、审美艺术等

二、社会生活中的经济体系与文化体系

事实上，要分析社会生活中经济体系与文化体系的关系，这本身也许就是一中用语上的矛盾。经济社会学认为，在社会生活中，经济与包括道德、法律、政治等在内的广义文化因素本身就是相互联系、相互渗透的。因此，要在社会生活中确切地分开经济体系与文化体系实际上是不可行的。但是，我们仍可以尝试将经济体系视为主要由经济体以及一系列经济制度构成的统一体，从而与其他文化体系区分开来。这种划分或许过于简单，譬如它忽视了经济活动中的标的物——商品、服务以及经济的高度组织性特点。但适当的理论简约及对经济原初形态的探求，也许更有利于我们认识经济体系与文化体系的内在关系。

在古典经济学创始人斯密看来，每个经济人都是自利的，追求自身利益是其经济活动的唯一动力。但是这种自利性的个体经济行为却可以引致社会整体效益的提升。"我们每天所需的食料和饮料，不是出自屠户、酿酒家或烙面师的恩惠，而是出于他们自利的打算。我们不说唤起他们利他心的话，而说唤起他们利己心的话"。他指出："每个人都努力使其生产物的价值能达到最高程度……他只是盘算他自己的安全；由于他管理产业的方式目的在于使其生产物的价值能达到最大限度，他所盘算的也只是他自己的利益。"

在这个简单、封闭的分析范式中，经济个体所生活于其中的现实社会、文化环境被粗暴地剥离，只剩下具有自私特质的原子式个体。因此，这一理论假设受到来自社会学、心理学、人类学等学科的广泛质疑和批评。

经济活动的个体作为一种社会性的存在，总是生活在一定社会结构、文化价值体系之中。他从社会群体中获得必要的物质和情感满足。与此同时，也受到来自社会组织原则、价值规范的影响与制约。就经济系统中的个体而言，要成为一名合格的经济生产者，个体首先必须掌握一定的生产技能，即对生产工具、劳动

对象及其他的生产要素有一定的理性认知。因此，接受一定社会组织的培训和教育，是个体成为社会劳动者的前提之一。其次，要使生产系统顺利运作，还要解决个体参与生产的意义问题，个体必须对现有生产组织形式、分配体制以及宏观经济体制有较强的认同感。这是调动其生产积极性的重要途径。因此，在进入生产系统之前，对个体进行一定的文化、价值教育是必要的。再次，个体参与具体生产的过程总是处于特定经济组织中的特定职位，而特定的职位总有一套系统的角色规范与之相对应。能否帮助个体充分理解、实践这些规范是经济系统产出效率的保证，也是经济体系与非经济体系密切相关的有力见证。

再来看正式的经济制度，经济体系与法律、政治体系的联系也不难发现。关于经济制度设计、安排在经济发展中的意义，随着新制度经济学的蓬勃发展已日益成为学术界的共识。制度将一定社会的共同价值标准和经济行为规范、组织原则转化为法律程序和权力秩序，从而为人类社会行为的合理性判断提供一套可预期、可重复的行为框架。制度的存在，一方面协调着形形色色、可能彼此冲突的个体经济行为，把它们纳入社会共同生活的关联中来，促进社会福利的改进及一体化的发展；另一方面，对于各种非一体化经济行为，又依靠法律、强制力量给予压制，避免人类的自私、自利行为形成破坏性力量。因此，制度是影响经济系统运行效率的一项重要变量。

值得注意的是，制度虽然在形式上表现为经济主导集团借助政治、法律形式予以合法化的强制性力量，它在内容上却体现为社会的某种共同文化、价值标准，深深根植于一定社会的文化、伦理传统的土壤之中。如上所述，各种财产制度、契约制度的确立是西方市场体制形成的前提，但是它们的确立却是与西方文化中的个人主义传统分不开的。经历了启蒙运动和宗教改革洗礼，在近现代西欧和北美的历史发展过程中，个人自由、个人自主、个性解放以及对个人利益的张扬追求，虽几经抨击，但仍逐渐成为社会普遍接受的"文化信念"。在这种文化氛围中，经济人各自的利益追求受到相互牵制与制约，由此才引致现实中社会交往的普遍契约化，从而推动了英国普通法中财产法、契约法、侵权法的形成以及欧洲大陆制定法中民法、商法等法律、法规体系的制订与完善。

此外，市场机制充分发挥效能的一个前提条件是交换双方在交换过程中的平等和自由。买方与卖方都有选择对方的自由和权利，双方在价格机制的引导下，进行自由、平等交换。因此，自由的市场机制是以政治和法律的民主为保障的。如果没有一个民主化的政治机制，政治权力充斥市场，以特权政治关系取代产权双方的平等关系，价格无法充分反映市场需求状况，市场体系自然不能发育与发展。因此，政治机制的民主化，是一个完备的市场经济运行的先决条件之一。对一个现代市场经济体系来说，民主机制可能比刚性的专有产权(several property)结构还要重要得多。因为，没有刚性产权结构的市场经济，最多只是一个"名市场经济"，而没有政治民主机制的市场，却必定会是一个"腐败"的市场经济。加之，一个名市场经济可以经由内部参与者的交换与交往自发地"耦生"出某种权结构来，但一个腐败的市场经济却永远无力自发地萌生出它的运行所必需的政治民主机制。

三、文化的经济功能

经济社会学家在探讨文化经济功能时，关注的不仅是文化内含的技术、知识类要素如何应用于生产实践并直接促进经济的增长，他们更为关注的是文化中芝各类价值、规范系统如何间接地影响人们的认知，进而影响人们的经济行为。文化是社会生活的黏合剂，它在现实生活所体现的习惯、习俗、伦理道德、文化传统、价值观念、意识形态等非正式规则，对于规范、引导人们的经济活动具有十分重要的作用。

第一，提供共同观念，增进社会整合度。任何经济行为、活动都是在一定社会秩序、结构中进行的，是社会成员间的经济关系互动。这种互动之所以可能，是因为存在着社会成员共同承认的价值观念与意识体系。普适性的价值是社会的"黏合剂"，它整合了经济个体千差万别的经济目标，赋予其共同的行为意义、归属感和安全感。"价值影响有形经济现象的方式类似于无形的基因携带染色体的方式。染色体信息传递着我们全部有形的物质性、生物性特征……这些价值包括公正、自由、安全与和平等"。

　　文化这种构建社会交往、协调成员行为、实现社会整合的作用早已成为社会科学家的共识。早在 2500 年之前，孔子就强调"礼"的重要性，指出"礼"创造了和谐而可预见的人类行为，使得人类有可能在有限的资源条件下共同生活。法国社会哲学家孟德斯鸠在《论法的精神》中也突出了习惯的重要性："虽然贤明的人可以有他们自己制定的法律，但是他们却拥有一些他们从未制定过的法律。"诺斯也十分强调经济体系中共同价值的意义，认为意识形态是决定个人观念转化为行为的道德和伦理的信仰体系。它对人的行为具有强有力的约束，通过提供给人们一种世界观而使行为决策更为经济。一个社会对合作和产权的认同程度，直接影响到社会分工的深度、广度以及社会经济的繁荣程度。可以说，共同体的普适性价值的存在是社会生产进行的前提，离开了它，成员间的合作与生产要素的结合都是不可能的。

　　第二，提供行为框架，稳定行为预期。交往双方的彼此信任以及对行为后果的可预见性是经济行为和决策做出的基础，而这正有赖于制度，即最初由文化等非正式规范提供的一系列规则、习俗。一定交易圈内发展的习俗、规则是交易过程中人们普遍遵循的共同准则，它为人类行为提供了一个稳定的行动准则和框架，使得即使是两个陌生人也可以凭着共同认可的规则顺畅交往。在行为中，这些规则还提供了各式各样的行为—反应选择矩阵，使得经济个体的行为富有预见性，个体可以在现有信息、资源限制下，做出最佳决策。可以说，如果没有因它(文化、习俗)而生的较广框架内的信任和行动稳定预期，个人往往难以专心致志地利用其专业知识，也很难去新领域中发现知识，结果大量的有益行动永远不会发生。

　　第三，限制机会主义，保证合作效率。经济生产过程中最为不确定的因素是人，但它同时又是关键性因素。如何保证个体间的有效合作是任何经济制度设计时要考虑的首要问题。制度设计的初衷也是防止由人类自利行为导致的机会主义行为。共同体内普遍认同的习俗、价值、规范等文化因素以及附属其上的非正式惩罚可以引导个体经济行为，限制机会主义倾向，遵守诺言、合约，保持合作。而且，鉴于它主要通过个人自律的方式"自我实施"，在许多正式制度失效的场合，这一规范机制同样可以生效。美国经济学家克莱因(D．Klein)关于早期公路修建的研究证实了这一点。克莱因发现，在 18 世纪末的美国，公路的修建和维护不是由政府来管理，也不是依靠税收来融资，而是由在各州注册上市的公路公司通过发行相关股票代理而实现的。由于公路建设是典型的公共品提供问题，很难排除"搭便车"现象，加上当时法律对征收过路费有异常严格的规定，认购这些公司的股票不被视为有利可图的投资。即使如此，当地居民仍然相当踊跃地购买这些股票。究其原因，是个体自我的社会责任感以及社区人际网络的无形监督，这种"负筛选激励"(negative selectiy, incentives)机制制度化形成了一种社会压力，使得那些可能在修路中受益的居民自觉摒弃机会主义行为，为自己的收益付费。

总之，任何经济参与者总是生活在一定社会结构、文化价值体系之中的社会性存在。他们从社会生产、文化价值系统中获得必要的物质和情感满足，同时也受到来自社会组织原则、价值规范的影响与制约。

四、文化与新经济社会学

在古典经济学中，每个经济人都是自利的，追求自身利益是其经济活动的唯一动力，但是这种自利性的个体经济行为却可以引致社会整体效益的提升。每个人改善自身境况的一致的、经常的、不断的努力是社会财富、国民财富及私人财富所赖以产生的重大因素。这不断的努力，常常强大到足以战胜政府的浪费，足以挽救行政的大错误，使事情日趋改良。

与此不同，经济社会学家认为，正是现存的社会结构帮助行动者不断确认、接受以及形成符合自己的一套角色体系，从而在社会结构中找到合适的"位置"。如果没有对特定社会情境下行动者合理行为的共同理解，经济活动就不可能持续、稳定地进行下去。在市场、组织、团体等经济活动发生的情形中，正是价值、规范、网络结构、意识形态等因素构成了参与者的共同理解，这些共同理解有助于行动者理解具体社会场合，制定合适的行动策略，并在与他人的交往中不断调整个人的经济预期与行为。因此，经济社会学家主张，文化是理解经济行为的核心观念，应从行为者所处的社会、文化情境中去理解行为者的经济行动。经济社会学这种文化分析的范式至少在以下三个方面与主流经济学相区别。

(一) 新经济社会学文化分析的三个层面

1. 微观层面

主流经济学认为个体总是以实现可计算的效用或利润最大化为行动目标，如果已知个体的偏好及资源限制条件，就可以推算出经济人的经济决策。而经济社会学家根据大量的实证研究，认为诸如规范、习俗、社区价值、传统、偏见等都可以对经济行动者的偏好与最终决策产生影响。正如格兰诺维特所认为的，行动者在社会空间的行为往往掺杂着多种动机，仅仅用"自利本能"是无法充分解释其经济行为的。更为重要的是，"社会空间"本身不是一种外在的变量，而是深深嵌入于行动者所在的网络、制度、文化结构之中的。

2. 中观层面

主流经济学家对经济总体的考察往往是将单个经济个体的经济行为进行简单相加，而经济社会学的文化分析范式却认为这是完全不可能的。因为，要保证主流经济学这种总体分析方式的有效性，一方面，单个经济者的经济行为必须可控、可预期且同质的；另一方面，经济行为者间不存在相互影响，每个行动者都是封闭、自在的个体。但在现实中，这根本不可能。经济社会学家用"嵌入"的概念对这两个条件一一否决。在格兰诺维特看来，嵌入可分为两种，一种是关系性嵌入，是指经济行动、产出及制度受行动者个人之间关系的影响；另一种是结构性嵌入，是指经济行动受到所在群体网络以及更为宏大的社会、文化、制度结构的影响。经济社会学家认为，必须在个体及群体的双重层面上对经济行为进行文化分析。为了更好地解释总体过程及总体行为，他们思考着诸如观念、意识、集体行为、信任等社会学概念，并研究这些现象如何使综合之后的个体行为、决策发生偏移。

3. 宏观层面

主流经济学从其理性人假设出发，认为经济领域与社会、文化领域是相互分离、互不相关的。经济社会学家认为，所有的经济行为都有社会基础，离开社会文化的共同理解、制度结构、象征以及行动者间的关系网络，一切经济现象都不可能得到深入的研究，因为是前者赋予后者以形式及内容。以市场为例，它也是一种社会和文化产品，正是社会及文化历程给予市场参与者以共同理解(以价值、规范、符号的形式)，才使得他们明白所发生之事的意义，以及自己应该如何行动才是合理的，由此保证了整个市场交易活动的顺利进行。社会性及文化性因素不仅不会"干扰"经济活动的正常运行，反而是后者顺畅运行的前提和保证。

严格意义的文化分析在新经济社会学中所占的比重并不大，但它们却对这一学派的发展贡献巨大，这在很大程度上应该归功于扎利泽和迪马乔的创造性工作。

(二) 扎利泽关于货币的文化分析

扎利泽对新经济社会学文化分析的贡献可以归结为两个方面。一是在方法论上，她认为以往的经济社会学过多强调了社会关系、结构对经济行动的影响，总是将一切经济问题归结为社会关系及网络作用，她将这种研究倾向称之为"社会结构绝对论"。据此，她主张应将文化的视角融入新经济社会学理论及实证研究的分析框架。在她看来，文化社会学可以给经济社会学家一套不同于经济学、旧经济社会学分析范式的方法论。因为任何经济行为都受到性别、种族以及其他社会文化因素的影响，任何与交易有关的关系都蕴含着一套关于合理行为规则的意义和信仰的文化系统。二是在研究对象上，她认为传统的经济社会学将其研究范围限制得过于狭窄，其对文化的研究只是集中于意义、符号、信仰等次级领域的探讨，并不研究家庭中的生产、分配以及消费等。扎利泽认为这只是用一种未经检验、没有逻辑的标准来给新经济社会学界定研究范围。她认为新经济社会学应该打破这一研究界限，将其研究范围扩展至家庭、亲密关系、消费的经济意义，并且进入市场和企业领域探讨其文化意义。

在具体分析中，扎利泽引进了文化社会学的一个核心概念——亲密型交易(intimate transaction)。所谓亲密型交易，指的是常常与金钱和爱都有关系的社会互动，譬如夫妻间关系、父母与小孩间的关系等。这些亲密型交易有关的社会关系常常决定交易行动的意义。这一概念的提出与公共、私人领域的运行规则有关。在此，她批评那种认为私人领域与公共领域治理规则完全不同的观点。这种观点总是将私人空间视为充满爱、具有排他性的领域，而公共空间则是自私和商品化的领域，并由此认为在公共空间使用市场化、商品化交易来作为规范行动的规则，而在私人空间则主要利用道德劝诫的方式使其免受公共空间商品气息的影响。

扎利泽认为，这种公共—私人领域双重主义者的观点不仅不现实，而且可能破坏私人领域的整合度与团结。她认为这两个领域存在着某种共同的运行规则，即使在私人空间也同样存在着一种亲密型交易：货币始终是与爱交织在一起的，譬如父母给小孩零花钱，给结婚的朋友贺礼，配偶一方失去收入时由另一方供养等。因此在选择运行规则分析经济行为时，不能简单地根据它发生在哪一领域加以决定，而应对经济行为进行差异性关系分析。

扎利泽认为货币不是如传统观点所认为的是中性的，而是有其文化形式的。在不同的文化情境下，它具有不同的社会学意义和形式。她以家庭内的货币流动为例，货币无论其来源，一旦进入家庭，它的分配、计算以及使用就会呈现出与市场不同的特点。家庭成员收入并不是影响家庭内货币使用情况的唯一变量，性别也是其中的重要因素。扎利泽特别探讨了传统家庭中，当妻子没有工资收入、靠丈夫供养时，性别所导致家庭内货币使用情况的差异，具体情况如下：第一，妻子收入的数额。在一般的家庭中，丈夫都会将部分收入交给妻子，但这部分收入的总额并不取决于妻子家务工作的出色程度，而是由一定范围内的群体文化所决定的——"大多数家庭所给的数额"成为新成立家庭必须参照的标准；第二，妻子收入获取的频数。这部分收入并没有如工资或津贴那样按月、按周定期发放，随机性较强。一旦发现需要钱时，妻子只有开口向丈夫要，才能得到；第三，妻子收入的用途。丈夫给的这部分钱并不是用于支付妻子个人的消费，而是留作家用。零花钱只对丈夫和孩子有意义，妻子是没有的。

当然，随着家庭结构与性别角色期望的变化，家庭妇女的货币获取、使用方式都会发生相应的变化。女性在消费过程中地位的不断凸现，以及男女平等观念的普及，使得家庭妇女获取"收入"的传统方式——请求——发生改变。但是在钱的用途上，即使妇女有了自己的工作收入，而且她们的钱足够维持家庭费用，这部分钱仍然被置于男性收入的"补充"地位。家庭还是要靠丈夫的收入去维持。

社会关系的类别表明了它与何种文化意义和规则有关，或者哪种表达爱意的货币、礼品赠予方式更为合理。在这一意义上，文化的一个重要形式在于它可以为每一种社会关系确定最为合适的行为和情感表达方式。

（三）迪马乔关于经济周期的文化分析

在方法论上，迪马乔与扎利泽有着相似的观点，认为结构性嵌入、网络都是相当重要的。比扎利泽更进一步的是，迪马乔还认为存在着其他类型的嵌入形式，譬如，政治性嵌入，经济决策总是在政治争斗的背景下制定的；认知性嵌入，个人的经济行动可能受其思维惯性限制；文化性嵌入，经济行动总是受其社会宏观文化、价值因素的影响。在他看来，文化主要是通过"信仰、观念"以及"自然而然的规则"去影响经济行动，对经济理性施加限制。在具体分析中，迪马乔试图运用凯恩斯的动物精神(animal spirits)概念，对经济波动做出社会心理、文化方面的解释。

在迪马乔看来，导致经济波动的正是人类本质所存在的"动物精神"。动物体的这一共性使得人们判断经济发展状况时易走极端，既可能对经济表现出没来由的过度信心，从而大量投资，最终导致生产供给的大量过剩，也可能对正常运行的经济表现过分的悲观和恐慌情绪，影响资本市场形势，最终导致经济的整体性崩溃。

为了更清楚说明动物精神在经济活动中的作用，迪马乔探讨了社会经济运行中的"一窝蜂效应"。在外部信息不完全，行动者无法确定自己经济行动的可能结果时，他总是倾向于走"大众路线"，即首先对群体的未来经济行动进行分析、预测，然后模仿他人的行动。如果某种信息为大多数经济个体所接受，他们的相应行动将带动其他社会成员的跟随行动，从而将原本只是可能的经济形势变为现实。迪马乔的这一思想也可以解释银行的信用危机。一旦部分社会成员对银行的支付能力产生怀疑，并采取取策总是受到其所在群体网络以及更为宏大的商业氛围影响，行为总是建立在对其他行动者可能决策的分析及预测基础之上，而一旦这种分析或预测发生错误，建立在个体决策"理性"基础之上的经济行为就可能导致集体行动的非理性结果，使经济发生社会心理动因的周期波动。在这一意义上，经济波动实质上是社会成员在"动物精神"作用下心理运动的外在表现。

第二节　文化、信任与消费

一、信任的经济学意义

经济行为并非总是建立在个体利益的刺激基础之上，相反，还可以建立在信任之上。信任几乎存在于人类的每一种文化中，只是其类型与水平有所差异。经济社会学家认为，信任有助于解释社会生活的秩序、稳定性与持续性，因为真正将行为者联结在一起的，并不是单一的利益刺激，而是情感关怀和道德责任规范等社会性因素。

翻开经济学、社会学的研究文献，信任历来是这些研究关注的共同问题。在制度经济学的视野里，信任往往作为非正式制度而被讨论。新制度经济学普遍认同信任在交易过程中所发挥的作用：为交易双方提供稳定预期，节约交易成本并限制机会主义行为，从而保证经济交换的持续进行。不过经济社会学，尤其是社会资本理论对信任的研究不仅关注其在交易过程中的作用，还结合网络的核心概念，讨论信息是如何在信任机制作用下，通过网络在组织间得以扩散与共享的。关于信任产生的原因，两门学科的研究也有所差别。经济学仍然倾向于从自利的角度来解释信任形成的动机。譬如，不完全契约理论中的声誉机制以及博弈论中的无名氏定理都认为，交易双方为了从未来的连续交易中获得更多的收益，都会对眼前的机会主义行为有所限制，最终保证交易双方互相信任与合作的持续。一句话，信任的产生还是出于自利的理性经济人的考虑。但经济社会学家并不认同这种分析方法，他们更愿意从历史、文化、社会资本的角度对信任产生的原因进行探讨。如果将信任视为联系交易双方的某种机制，正如新经济社会学的核心主张所认为的"一切经济制度都是社会建构的"，那么，信任总是在某种社会结构与网络关系的背景下产生的，它更多地受款集体行动时，如果外部信息不充分，周围的成员就可能加入此行列，最终在事实上造成银行的支付危机。

需要说明的是，迪马乔的动物精神在其看来并不是非理性的，它是在既有信息情况下，对外部市场情势做出的自然的反应。只是这种理性的经济决策来自所处关系网络、社会资本状况以及文化氛围的影响和决定。从某种意义上来说，不是交易者以往的经济行为，而是行为人所处的文化及网络结构使人产生信任。

（一）信任的类型与水平

格兰诺维特认为，信任是将社会网络嵌入社会结构，并保证未来持续交易的关键因素。信任虽然是各种文化所共有的，但它的类型与水平却有所差异，而不同类型、水平的信任对于本区域经济增长的作用又是不同的。

1. 信任的类型

根据信任所赖于建立的道德基础，信任可以分为两类：群体内信任及普遍性信任。前者是仅仅把信任对象的范围局限于与个人具有亲密关系的社会群体内部，而后者则是将信任适用于"抽象"的个体，包括那些与自己没有私人、血缘关系的人。如果某人的信任仅仅局限于与其具有先天联系的群体中，并且在群体内部建立起紧密的道德联系与信任关系，那么信任关系就很难再与群体外成员发生，除非他们之间有共同经历某事、建立起私人关系的机会。与之相对照，如果个体的行动是由普遍型信任所推动的，那么只要有合适的情境促动，个人与他人的合作就可以发生。即使这种情境暂时还没出现，但合作的意愿与倾向还是潜伏在个体内心。

在更广泛意义上，帕拉蒂阿(J. P. Platteau)同格兰诺维特一样，认为信任作为一种交易机制，它的发展过程具有很强的路径依赖性，并且在本质上是不断演进的。他认为文化以及历史经验是影响信任形成并从群体内道德转向普遍型道德的重要因素。一旦信任实现这一转变，就可能在社会成员中产生一种抽象的行为规则，后者将为经济活动提供一种高度秩序性的规则，行动者对日常交易行为的预期将更为稳定，社会也将出现更多的冒险行为及合作行动，社会资本的存量将得以积累，并最终促进本区域市民社会的形成和经济的发展。

2．信任的水平

帕拉蒂阿关于信任类型的思想虽然内容丰富，但要设计相关的变量将其转变为实证研究却非易事。汉弗瑞(Humphrey)和斯密茨(Schmitz)提供了一种较有效的框架，试图将帕拉蒂阿的信任类型量化为不同程度的信任水平加以测度，并总结了微观、中观及宏观三种水平的信任机制。微观信任来自经济主体间持续的交易行为及经验共享的经历，是个体对交易对象能力和才干持有信心的表现；中观信任建立在个人特质及社会属性之上，包括信仰、种族等特征；宏观信任则建立在行动者对法律等其他正式制度，如善行的信任之上。善行的信任是一种由个体对人性良知本质的信任或其对他人的普遍信任所带来的一种宏观水平信任。

这种信任水平的划分与帕拉蒂阿的信任分类相对应。微观和中观水平的信任可与群体内信任相对应，它有利于建立"紧密私人关系及小范围的网络"。礼品互赠、成功共享等互惠方式对于建立微观水平信任十分重要。正是通过这种方式，个体成为小范围群体内值得信任的一员。另外，通过将个体与某一值得信任的身份(如同属某一家族、部落或宗教团体)相联系，个体也可以融入具有中观水平信任的群体内。在这两种类型中，群体内道德都是信任得以建立的基础，两者的主要区别在于群体同成员间关系得以建立的方式。

宏观水平或善行型信任与帕拉蒂阿的普遍型信任相对应，出于对抽象制度、规则的信仰，个体间的信任得以建立。与个人信仰有关的这些制度不仅包括正式制度，如国家将对全体公民的权利进行保护，还包括对人类抽象本质——善行的信任。这种抽象的道德理念是宏观水平信任出现的关键，宏观水平的信任说明个体通过普遍型信任愿意做出信任表示。

表7-2　信任的类型与水平

信任类型	信任水平	内容
普遍型信任	宏观水平信任	源于对正式制度及人性善行的信任，以高水平的信任程度出现，有助于个体跨越团体间的差异。
群体内信任	中观水平信任	源于某些先天性属性，如宗教、种族甚至肤色特征，建立在共同历史经历、文化体验的基础上，有助于敏捷决策。

续表

信任类型	信任水平	内容
群体内信任	微观水平信任	源自交往双方共同行为经历以及对彼此能力的信任，有助于建立团体、小范围关系纽带。

（二）信任与交易秩序

不同类型的信任将决定交易过程中规则的不同应用。群体内信任是经由双方交往行动、"熟识"产生的，熟识程度可能会因双方的血缘、地缘、业缘关系的亲密远疏而有所不同，并由此导致不同的信任程度。在交易过程中，群体内信任的这种有差别特征直接导致了不同交易规范的非普遍性。行动者在考虑交易规则应用时，会根据对交易方的信任程度来做决定(一般来讲，他对于信任范围之外的人，采取的是歧视性规则)。这种与市场交易自由、平等和公正原则相悖的做法，必将严重阻碍市场交易和劳动分工合作的扩展。与之相反，普遍主义信任则建立在对抽象个体善行、普遍权利和法律制度的信仰之上。在市场交易中，拥有这类信任的行动者一般不会根据交易对象的某种社会属性来考虑适用不同的交易规则。普遍的、抽象权利规范将赋予所有人以相同的基本权利，人与人之间在经济交往中相互尊重对方的利益权利。由此建立的规范伦理将可能打破个别主义信任的限制，从而建立起普遍主义信任理性观念，这一观念将成为推进市场交易或劳动分工合作不断扩展的基本力量。

市场秩序的扩展与信任的动态发展是同步的。作为一种理性观念和道德信仰，信任是一个不断扩展的动态发展过程。从最初意义上讲，信任源于社会交往与经济交换，它是社会分工、合作(例如家庭内部的分工合作)的产物，为人们的分工、交换、合作提供了共同的经济伦理观，为分工的经济组织形式提供支持，满足着人类的多种需要。当局限于亲属范围内的信任难以满足人们的生产需要时，人们就会通过选择一种新的经济伦理或者通过约定一种新的制度来扩展信任，从而实现分工合作范围与市场交易对象范围的扩展。以新市场的开拓为例，在选择新的贸易伙伴或者代理商时，如果商人持有普遍型信仰，就可以不带偏见地通过相关信息的甄别(如潜在合作者的能力、声誉等信息)以及协议的力量来拓展市场范围，扩展交易秩序。如果没有这种从群体内信任向普遍型信任的理念扩展，市场贸易合作的扩大是不可能的。由此，市场交易秩序的扩展过程本身就是行动者不同类型信任的演进过程。

资本市场借贷制度的形成可以很好地说明市场制度形成、创新与信任动态发展的关系。资本是经济生产的关键因素，但资本的借贷一向被认为是最具风险的。在最初的经济生产中，资本的借贷往来一般只在家庭及至亲间进行，亲属之外的人则因为缺乏强有力的信任纽带而无法获得其他群体的资本借贷。但是，随着生产的扩大和市场交易范围的扩大，资本拥有者与使用者的结构不平衡日益突出，于是人们开始慢慢突破家庭及亲属的限制，愿意向那些特别熟悉或依赖的人——他们具有良好的经营业绩及良好的人品——提供信贷，而到后来为适应对信贷的需求，信任的范围再次扩展了，促进了两种有效的金融制度的创新，一是担保制，只要借款人能得到放贷所依赖的那些人的担保，便可以连带地获得信任，成功借贷。通过担保扩展信任圈，这是金融发展最初采取的方法。另一种更有效的制度是发展金融的中间人(经纪人)，众多放贷人先把资金借贷给他们信任的中间人，以便中间人再贷给那些他所信赖的人。当中间人这种金融媒介的作用专业化时，它就已经是一个银行了。金融制度发展实际就是信任范围不断扩展、普遍型道德不断强化的过程。

(三) 信任与经济绩效

关于信任与经济绩效的考察几乎总是在更大层面上与社会资本相联系，这主要是因为信任本身就是构成社会资本的重要组成部分，甚至前提。

信任与社会资本有着千丝万缕的联系。武考克认为，"社会资本各不相同的用法都意味着信息、信任以及个人社会网络中的互动规范"，而普特南则用它来指称，社会组织的特征，如信任、规范和网络，它们能通过促进合作来改善社会效益。科尔曼认为社会资本主要表现为：义务与期望——互动或信任关系；信息通道——社会网络；规范和有效法令——共享的价值体系。从这些代表性概念可以看出，信任始终是社会资本的基本要素。但在福山看来，信任不仅仅是社会资本的组成部分，而且还是其前提条件。社会资本是一种从社会或社会的一部分中普遍信任产生的能力。福山认为，信任代表着社会团结和特定关系的基本形式，需要我们思考的是，信任自身并不是道德德行，而是德行的副产品。当人们共享诚实和互惠标准而因此能够与他人合作的时候，信任就产生了。在这个定义中，信任被描述为一种潜在的行为能力。

与社会资本联系在一起的信任，就其经济功能来讲，一般发挥着两种作用：

第一，风险防范的机制。在广义上，一定区域的信任水平是该区域文化特质的体现，也是它长期以来经济行为价值观的总结与概括。高水平的信任精神一旦形成，普遍型信任一方面为经济行为者提供良好的行为预期，鼓励经济行动者的冒险精神，不断拓宽交易对象的选择范围，促进社会分工与经济合作的日益深化。另一方面，普遍型信任作为一种共享的文化价值观念，对社会成员有着潜移默化的内化作用，它可以保证经济交往过程的顺利进行，避免机会主义或欺诈行为。

如果说企业与契约是减少经济活动不确定性的正式机制，那么"信任"则提供了分析非正式机制的范畴，它通过人们对交换规则的共同理解，允许经济行为者对他人行为有预期，并且在缺少完全信息或合法保证的情况下遵循"信任"原则。在经济合作交换中，个人联系和非正式网络与关系契约共同发挥作用，包括公司内部与外部之间的关系在内的正式与非正式关系都决定着经济过程。

第二，信息沟通机制。信息在经济活动中的作用日益凸现，不管是新的市场机会的发现，还是对现有市场状况的正确把握，都离不开迅捷、灵敏的信息沟通渠道。在具体的经济活动中，信息往往是通过行动者所在的网络进行传播的，网络是各类信息传递及共享的主渠道，但推动信息流动归根结底仍是网络间的信任关系。信任是群体网络得以维持的黏合剂。信任程度与群体网络的规模直接相关，高水平的信任可以推动社会在更大范围内组成群体，并为群体内部经济活动者提供源源不断的信息，保证经济活动的有效进行。

二、文化与信任

布迪厄关于经济和文化的观点对美国的新经济社会学几乎没有影响。一个原因是新经济社会学主流深深地受到组织理论和网络分析法的影响，它们或者不关心文化(组织理论)，或者公开表示对文化的敌意(网络理论)。组织理论除了在"企业文化"中略有提及外，明显地不关注文化概念。企业文化被描述为夸张的广告宣传和严肃研究的混合物。网络研究者的典型看法是，文化理论太不精确，因而在经济现象的分析中的用处不大。

对新经济社会学中文化视角的批评主要与帕森斯的文化定义有关，但这也导致了网络分析家对价值、意义结构等文化现象的普遍忽略。关于这一点，尽管我们应该提一提他最近声称已经对经济现象的文化维度变得更感兴趣了，但格兰诺维特那篇影响深远的文章对经济分析中忽略文化起了不小的作用。格兰诺维特仍然认为文化视角太过于普适以至于它在给出精确解释方面并无太大用处。

格兰诺维特认为，将观念、价值、精神协调以及认知图画等抽象概念置于因果关系之下是不恰当的。文化分析法代表行动者类别划分中"过度社会化的人"的概念。并且这也容易导致循环论：信仰用来解释行为，而信仰又是从行为推断而来的。与准确描绘的关系网络相比，文化解释太不精确。

从更早的时候开始，网络分析者们对文化的定位就受到了泽利泽尔的批评。她认为对文化的忽略很可能会导致经济社会学家们错过许多重要的经济主题，并且很可能导致另一种一维分析，这正是主流经济学的典型特点。她坚持说价值和意义结构是经济现象建构的核心，但是考虑文化并不意味着可以忽视社会结构，将一切问题都简化为文化也将是致命的错误。她指出，我们需要的是"在文化和结构绝对论之间设计一条中间路线来抓住经济、文化和社会结构之间复杂的相互作用"。

迪马吉奥长期以来也反对那种认为以网络的形式描摹社会结构就是经济社会学中所需要解释的全部的观点。与泽利泽尔不一样，他对经济社会学的主流观点持更加肯定的态度，并建议用不同的方法来改善它而不是完全抛弃它。正如经济行动被理解为嵌入在网络中一样，它也必须被视为嵌入在文化中。迪马吉奥也比泽利泽尔对抛弃文化即价值的观点而代之以吸收认知心理学新近发展成果更感兴趣。

　　至此我们讨论的基本上都是关于经济社会学中的文化角色的理论立场，但已有的大量的经济和文化经验研究也应该在讨论之列。而且也有必要谈谈与文化紧密联系的信任的概念。在经验研究中看见的基本上都是试图弄清价值在经济现象中扮演何种角色的努力以及将行动者纳入考虑的尝试。例如，米切尔·阿伯拉菲尔(Mitchell Abolafia)调查了各种安全市场的(security markets)商人们的世界观，泽利泽尔也揭示了人们是怎样依据使用的目的给货币打上记号的。

　　在另外两例研究中，泽利泽尔研究了价值在经济生活中的作用——对寿险以及被当作经济财产的孩子的态度的变化。19世纪，寿险在引入美国之初受到人们的强烈排斥，因为人们觉得生命是不应该用金钱来衡量的。而且由于亲戚、邻居们往往互相帮助渡过难关，寿险之类的东西也缺乏市场。在泽利泽尔看来，最终寿险变得更为人所接受的原因是，寿险为它自己笼上了一层神圣的光环，它成了一个人去世后需要履行的程序的一部分，而这种程序使其他的家庭成员执行起来更容易。还有一个重要的原因是它使人们在遭遇困难时能够不再依赖亲戚和邻居。

　　在泽利泽尔看来，19世纪的美国孩子以某种类似的方式被用金钱来衡量。然而随着时间的推移，孩子渐渐地被新的工业经济排斥出去。这在态度上也发生了相应的转变，从把他们视为经济财产转变到看作独一无二的情感对象。孩子们变得"在经济上没有价值，在情感上却无价"。

　　时至今日，当泽利泽尔、迪马吉奥、格兰诺维特以及其他的美国经济社会学的领军人物都同意社会结构和文化在分析中都应该占有一席之地的时候，这个立场在最近却受到了组织理论中所谓的新制度主义的挑战。新制度主义源自约翰·迈耶(John Meyer)，根据这种范式，现时的国家、企业、行动者概念全都被理解为一种特殊类型的社会结构，即西方文化。在经济社会学中，杜宾在一篇理论论文和他的《工业政策的形成》中探讨了这种观点。使用如此宽泛的文化概念的一个好处就是它包含了实际中无疑将讨论的一切问题。但显然杜宾也能通过吸收这种视角发展出许多有趣和重要的观点。

　　既然信任属于文化讨论之列，关于信任在经济生活中的作用还有一些需要补充的地方。从在社会个体之间、经济生活中或其他的地方，人们赋予它高价值的意义上说，信任代表了一种显价值(distinctive value)。人们普遍对不可信的人和猜疑横行的社会持否定态度。许多研究都表明信任的缺乏会对经济生活产生负面影响。

每一笔金钱交易都建立在信任的基础上。据韦伯的说法，在血缘统治的社会中，如古代中国，信任倾向于个人特殊主义并被限制在小范围内，而在禁欲主义的新教社会中，信任普遍存在，并且在性质上是非个人性质的。相比韦伯和齐美尔，迪尔凯姆在信任问题上谈论较少，但信任的概念可以直接与失范联系起来。如果社会中人们之间缺乏常规联系，他们就会彼此猜疑。

后来的学者们也承认没有大范围的普遍的信任就很难有经济的发展。显然，法院和证券交易委员会这样的机构，在树立卡卢瑟斯(Carruthers)所谓的"经济信任"中扮演着关键的角色。还有许多机构提供借贷信息、借贷率等以增强商人们彼此间的信任——有时人们称之为"非个人化的信任"。

经济学家经常以功利主义的眼光看待信任——它起着"社会系统的重要润滑剂"的作用，并且跟其他商品一样也有一个价格——相比之下，社会学家强调信任有独立的特性，不可化约为计算并赚取利润。科尔曼认为信任是这两端之间某个点上的赌博。最后，有学者认为信任和情绪在经济生活中紧密联系，尤其是涉及未来交易——这正是大部分金融交易的情况。

三、物质文化与消费

从文化到消费仅一步之遥。然而，在跨越这一步之前，应该指出的是消费社会学是独立于经济社会学发展的。如果经济社会学想囊括经济生活的主要领域的话，这种局面就需要改变。很自然地从经济社会学应该努力接近和整合消费的角度来讨论。例如，通过关注消费在经济过程中的角色来分析消费是可能的，接着是分析生产和分配。根据这个观点，在资本主义社会驱动消费的不仅是消费者满足自身需求的兴趣，而且也是资本家获取利润的兴趣。

也可以从市场的角度切入经济现象的分析，看看消费者市场的兴起和演进。需要补充的一点是典型的消费也具有政治和法律方面的问题。例如，国家经常可以通过施行进口关税和税收操纵经济，反对奢侈消费的法律(包括所谓的限额消费法)在历史上屡见不鲜。

但是也可以将消费作为文化的一部分来研究，或者更准确地说作为"经济和文化"主题的一部分。采用这种方法的一个原因是文化的概念可以揭示一个事实：买卖和消费等现象只有考虑到它们的意义才能被正确地理解。这正是当代消费社会学做的很多的工作，这代表一种积极的发展，这种发展可以归功于一些人类学家对社会学家(和经济学家)消费研究的一维方式的批评。

说到这里，有一点也应该提到，就是在当代消费研究中也存在一种夸大其意义的趋势，使消费成为一种完全脱离肉体、脱离利益的存在。这在后现代主义者中表现得尤为明显。他们认为我们生活在一个全新的社会中即消费社会——在这个社会中人们消费的不是具体的物品而是符号和影像。虽然我们可以称赞许多后现代主义者的分析富有理论的想象力，他们也很有捕捉时代精神的天赋，但是这种分析却忽视了一些关于消费的重要事实，那就是消费从根本上说是与生产联系在一起的，消费根植于具体的社会关系中，消费的驱动力是个人利益，常由利润利益驱动。相反的错误是"生产主义者"的分析，或者说那种忽视消费、只关注生产的倾向无疑会割裂地看待消费，将消费与生产分离开来。有一点应该明确，没有生产就没有消费。

消费不仅是意义的符号游戏，它顽强地根植于社会关系系统，这个系统不仅包括买者和卖者，而且常常也包括买者的家庭、亲人、同伴、同事以及更广泛的关系。个人利益驱动消费足够明显，因为人除非摄入一定的营养，否则不能生存。历史上以及当代的食物消费研究因而都应该成为消费社会学的一部分。不仅物质利益，而且精神利益也驱动个人消费各种物品。消费中存在利润利益同样明显，这有助于解释广告以及消费演示等诸如此类的现象。

从利益的角度分析消费的尝试由来已久。例如，在《国富论》中我们发现的以下这段话在今天仍然适用：

消费是一切生产的唯一目的，而生产者的利益，只在能促进消费者的利益时，才应当加以注意。这原则是完全自明的，简直用不着证明。但在重商主义系统中，消费者的利益，几乎都是为着生产者的利益而被牺牲了，似乎不把消费看作一切工商业的终极目的，而把生产看作工商业的终极目的。

尽管说消费是他们尤其感兴趣的一个话题会是错误的，但经济社会学中的经典之作对消费确实谈论很多。

韦伯给出了一个阶级概念——它仅与"生产"联系在一起，而与地位概念相对立。根据《经济与社会》书中所言，地位的概念与"消费"和"生活方式"联系在一起。社会阶级中的人们典型的做法是会努力限制竞争，形成地位集团。如果他们在地位上获得成功，"非经济理性的消费模式"就会出现。

齐美尔在他著作中的很多地方都谈到了消费，比如在文章《1896 年柏林贸易展览》中，以及他在《货币哲学》(*The Philosophy of Money*)中对挥霍者的分析。然而关于消费，他的研究中被引用最多的是"时尚"。在齐美尔看来，时尚本质上是"阶级区隔的产品"。时尚从上层阶级开始，然后被下层阶级所模仿，直到最终消失——然后又开始新的一轮循环。齐美尔对消费的轻描淡写与凡勃仑(Thorstein Veblen)的消费名著《有闲阶级论》(*The Theory of the Leisure Class*)中的浓墨重彩形成对比。然而，凡勃仑的"炫耀性消费"(*conspicuous consumption*)主题——展示昂贵物品而"变得受尊敬"，而"消费不足就是次等和缺点的标志"——受到诸多批评。

在两次世界大战之间，关于家庭如何支出(如房租、食物、衣物)的研究很多，但是直到二战以后消费研究才大胆地超越了这种模式。一个原因跟发生在二战后的消费扩张有关，尤其是在美国；另一个原因跟一系列新的能用于消费研究的定量研究方法的出现有关。在那些年里，消费社会学没有形成一个独特的领域也许是因为当时在美国社会学家中普遍存在的对商业不屑一顾的态度。在 1959 年《美国社会学杂志》上发表的《商业的反思》(*Reflection on Business*)这篇文章的开篇语中，保罗·拉扎斯菲尔德(Paul Lazarsfeld)指出，大部分美国社会学家都有"反商业的意识形态偏见"，并补充说这就是消费研究"在很大程度上欠发达"的原因。

据拉扎斯菲尔德说，事实上 1950 年之前在美国社会学杂志(ATS)上看不到一篇关于商业的文章，而且各种市场研究组织文献的材料也极少被采用。对当代读者来说，拉扎斯菲尔德文章的这段话会使其对这些年来的研究情况有所了解，但这却不包括学术界的同人。

拉扎斯菲尔德曾说服一个民意调查公司进行了一个全国抽样调查，问人们是否赞成汽车设计总是不停地变化。结果是一半的人不赞成。但是当问到应该如何来减少这些变化的时候，只有 10％的人认为可以由消费者来制定必要的规定；60％的人寄望于汽车工业的自我管理；30％的人支持政府干预。人们如此严重的缺乏自信和信任真是令人大为吃惊。除此之外，最令人注目的发现是社会差别：相比之下，低收入群体更支持政府干预。

但尽管有许多社会学家存在意识形态的偏见，美国社会学界在 20 世纪五六十年代也仍做了一些非常重要的消费研究，尤其是哥伦比亚大学，其他的大学也有。其中之一的结果是产生了"沟通的二阶流程理论"，或者说大众媒体不是直接影响人们，而是通过所谓的"意见领袖"(Opinion Leaders)以一种间接的方式影响的。在《个人影响》中卡茨和拉扎斯菲尔德研究了在众多同类产品中，人们是如何决定看哪部电影，为什么决定选择某种商品或者某种时尚的。在所有这些研究中他们发现私人接触比广告重要得多。

然而当哥伦比亚大学的研究者们在努力弄清沟通的二阶流程的准确作用机制时，整个情况已经发生了变化，沟通融入新的研究问题和更长的影响链，而不是最初的二阶。例如，罗伯特·默顿成功地揭示了意见领袖不仅从大众媒体获取信息，而且也积极地寻求其他的信息途径。他也建议将意见领袖划分为不同的类别，一些意见领袖对发生在国家和世界层次的事务感兴趣，因而阅读国家级报纸，而另一些则更关心发生在地方的事情，偏好地方报纸。

另一经典之作是在哥伦比亚大学受过训练的社会学家科尔曼 (James Coleman)、卡茨(Elihu Katz)和曼佐(Herbert Menzel)的《医药革新：一个扩散研究》。该研究分析了大量小城镇的医生们采用一种名叫四环素新药的过程。乍一看该研究似乎与消费完全无关。医生确实不消费药品，但他们的患者会消费。而且正如许多医药公司意识到的那样，是医生决定了患者用什么药。换句话说，医生可以说是代表他人消费，有点类似于父母为孩子们做决定，军队为士兵们做决定等行为。许多消费研究通常局限于个人消费，而忘记了组织消费。比如，广告宣传就经常是面向组织而不是个人的。

《医药革新》的主要结论众所周知，即在医生们频繁接触的地方，一种新药被医生们接受的速度大大快于医生们彼此封闭的地方。他们分析说其原因是当人们无法确定该怎么行为时(在该研究中即不能确定是否开出这种新药的处方)，来自他人的"信息和确认"的影响达到最大。《医药革新》中的这个发现在各种网络著作中被频繁引用，也普遍被奉为网络分析方法应用的早期成果。

尽管如此，我们并不清楚是否该发现就揭示了新药和其他商品扩散的全部机制。作者们在整本书中对经济因素关注极少。从使用的问卷到科尔曼及其合作者们对其亲自收集的销售商活动(医药公司)的信息的处理方式，这一点都很明显。例如，这些"零售商"即销售商，是被医生们自己作为"最初引起关注新药的最重要的信息源"挑选出来的。《美国社会学杂志》上最近的一个研究进一步指出科尔曼及其合作者们在研究中低估了经济因素。例如，拥有一种新药的公司发动了一场声势浩大的新药推广活动。通过采用关于广告作用的新数据，文章表明科尔曼及其合作者们在《医药革新》一书中混淆了社会感染和营销影响，当控制了后者，感染影响消失了。

自《医药革新》问世之后，消费者研究迅速向多方面发展。迄今最杰出的研究是布迪厄1979年出版的《区隔：品味判断的社会批判》(以下简称《区隔》)。一些定性分析学者认为这本书具有里程碑意义，其中一个贡献是它为消费社会学引入了品味的概念。跟康德一样，布迪厄认为消费的对象并不是物品本身，除了物品，我们还应该考虑到消费者自己赋予物品的东西。他在《区隔》一书中写道，物品，甚至是工业产品，从话语的普遍意义上说不是客观的，如独立于人们的兴趣与品味，并不强加不证自明的普遍的、一致认可的意义。布迪厄《区隔》的第二个主要贡献是通过论辩超越了将消费"独立"的观点——他认为要准确地解释消费行为，就必须将其置于更广阔的社会背景(包括生产以及社会阶层)中去理解。

理解品味的传统方式就是，认为品味是一种在音乐、艺术和文学等某些领域的审美能力。尽管很少明言，但我们不难理解品味只存在于上层阶级中，下层人民缺乏品味的说法。布迪厄指出必须打破这种品味概念，而代之以本质上具有社会学意义的品味概念。为此，布迪厄拓展了品味的概念，从只包含"审美消费"(aesthetic consumption)到也包含了"普通消费"(ordinary consumption)，也就是说包括了服装、家具和食物等消费。他还将品味的概念扩展到所有社会阶层，并指出建构"良好品味"就是人们为取得社会的支配权而作出努力的一部分。在布迪厄看来，品味与生活的"无私"观念，或者说更普遍的非实质性价值无关。所谓的终极价值，本质就是基本的、原始的身体性情，"内脏"品味和嫌恶，其中都蕴含着各个集团的重大利益。

在理论论述中，布迪厄指出品味(从它的社会意义上说)可以被理解为个体的惯习据以发生作用的几个社会机制之一。与经济学家不同，他坚持说没有消费者打算购买那些仿佛是第一次见到的商品。消费者的选择可能是自由的，但是会受到过去信息的影响。更准确地说，布迪厄在《区隔》中提出的理论方案可以被描述如下：总的来说，每个人的习惯不仅被个人所属的社会阶级所形塑，而且也为其所属阶级和其他阶级之间的关系所形塑。个人的惯习通过两种特殊机制影响他的行为：分层和品味。如果很多人消费同样的物品，一种生活方式就出现了，这种生活方式因而可以被描述为一个品味体系。品味作为一种重要和无意识的机制在阶级社会再生产中发生作用。

布迪厄说《区隔》在主题和方法上都"十分法国"。而且，该研究中所用的技巧和想象力也都使其不同凡响，除了采取一种国际视角以外。极少有读者会忘记该书中最精彩的部分，尤其是对法国工人阶级的饮食习惯的描述。布迪厄观察说，法国工人阶级视男性身体为"大而强，强制、冷酷的一种权力"，比起鱼和蔬菜等"女性"食物来，男性工人更喜欢肉和腊肠。为什么鱼被看作"女性"食物，布迪厄是这样解释的。在工人阶级中，鱼通常被视为不适宜男性的食物，不仅因为它清淡，不易"饱腹"，只应作为一种健康食物煮给病人和孩子们吃……首先这是因为鱼必须以一种与男性气概相矛盾的方式来吃，即要小心翼翼地小口小口地吃，要在嘴巴的前部、牙齿尖上细细地嚼(因为有鱼刺)。

在过去十来年里，关于消费者的研究突飞猛进。当前涌现了许多新的主题，包括生活方式在消费中的作用(与阶级性行为相对),商业借贷(包括信用卡),以及品牌全球化。还有关于消费的公共争论——如美国人是否在无用的物品上花费太多等。

相比之下,经济社会学没有太多关注消费。尽管如此,最近的一个研究,迪马吉奥和洛奇《消费者交易的社会性嵌入》表明网络分析法可以用于消费研究。他们声称,社会科学常常认为人们会通过他们的网络获取潜在交易伙伴的信息("寻找嵌入"),但是很少发现人们从他们自己的网络内部获取商品("网内交易")。利用对美国 20 世纪 90 年代中期以来的全国研究的资料,这两位作者令人信服地说明,在 25% 的情况中,诸如二手车、房子等物品都是买自家庭成员、朋友、朋友的朋友等网络内部成员的。买者清楚地意识到从他们自己网络内部购买的好处,而且当他们不大可能从卖者那里买到其他东西时他们尤其倾向于这样做。他们总结说,该研究展现了经济社会学中"市场是社会性嵌入"的观点同样适用于消费者市场。

消费者研究是当前相当活跃的一个领域,涉及面极广。消费社会理论,包括后现代主义将消费视为一个自治的研究领域,这反映了消费在社会生活中所谓的自治性。另一方面,从经济社会学来看,消费具有一定的自治性,但是它也属于广泛得多的社会经济过程的一部分,因此从理论上讲它不仅需要与生产和分配联系起来,而且还要与一系列其他的主题联系起来,如储蓄和借贷。消费品具有的对消费者的意义代表了消费品存在的独立性。当前对种意义的理解仍不够,还需要进一步研究。认知心理学在这个过程中可能有用,至少一些经济社会学家是这么认为的。然而,商品的生产和消费也是一个行动者利益驱动的过程——包括消费者利益和商品生产厂家的利益。简言之,如果回避了利益的话题——包括这些利益对其行动者的意义——消费分析就是不完整的。

第三节　网络与新社会经济学

格兰诺维特把新经济社会学的历史界定在 1970 年以后,在此之前为经济社会

学的古典时期。他认为新经济社会学与以往旧经济社会学有两个不同：一是突破
了原有研究对象的界限，以嵌入的视角开始对经济的核心问题，如企业、契约、
市场问题进行研究；二是从社会结构分析中发展出网络分析的研究方法，对社会
网络的经济影响做出更为精细的描述。网络的方法不仅避免了原子式个体分析的
缺陷，也避免了单纯以技术、产权结构或文化来解读经济现象的理论。网络的概
念在对经济的社会学分析中尤为有用，因为它十分接近生动、丰富的现实，它的
使用可以避免主流经济学、新制度经济学以及其他抽象社会学分析所共有的概念
性错误。

在经济社会学中，网络研究一般有两种视角：一是源于社会学和组织理论，
将网络视为一种阐明存在于企业内部、企业间以及组织环境之中的分析工具，
即作为研究方法的网络；一种是将网络作为一种组织逻辑、治理经济参与者关
系的方法，即作为治理结构的网络。在本节中，我们将首先对网络进行一般理
论考察，指出它与创新及经济增长的关系，在此基础上，对这两个分析视角分
别加以介绍。

一、网络：制度的社会建构

简单地讲，网络就是行动者之间的关系以及由此形成的社会结构。用"网络"
一词来指代这种社会结构，实际上是一种隐喻性的用法：从几何形状来看，一个网
络主要由一些节点和节点之间的连接线条组成。在经济社会学中，这些节点被用于
代表经济体系中的行动者(行动者可以是个人，也可以是组织)，而连接的线条则被
用于代表行动者之间的各种联系纽带。这样，借助网络这个形象的概念，就可从结
构主义的视角来分析具体的经济现象，因为行动者的各种选择必然要受到整个网络
结构的影响，他在网络中的位置、他与其他行动者的联系都将制约着他的具体行动。
网络结构的各种特性，在很大程度上决定着经济过程及其结果。

(一) 网络的单元分析

网络的单元分析主要涉及网络中个体的认知过程以及其如何影响个体在网络

中的行动。斯格特认为，网络的构建过程实质上就是个体不断思索及自我展示的过程。不管是网络内部的成员或潜在的新成员，都存在一个对网络群体的共同意义的认知过程。正是在这一认知基础上，个体行动者做出相应的经济行动。具体而言，他将网络的个体因素分为两种：一是象征性因素(representative)，包括各种看得见的现象、知识、行动逻辑、特定机构或制度，譬如语言；一是意义类因素(significancetive)，它是个体对网络中意义、身份、规范、规则以及惯例的理解，决定着个体如何看待自己以及在特定社会情境下何为合适行动的认知。

(二) 网络的结构分析

网络的结构性分析主要涉及网络中共有意义、价值观念的形成过程及其对网络成员行为的影响过程。在结构上，这些价值、意义因素可分为规范性与调节性两大类。网络的规范性因素表现为集体规则、惯例和传统等，它主要用于创造社会及个体身份的各种社会期望，并指导网络成员行为的方向。调节性因素涉及制度的"实施机制"，包括各种正式或非正式制裁的个体及组织。当成员的行为违背网络中共有的规则、价值时，调节性因素将对其进行必要的处罚，以维护组织内部规则、价值观念的权威性。

(三) 经济制度的网络互动建构

新经济社会学反对新制度经济学从效率的角度来解释制度形成的做法，认为经济制度"并不是看起来的那种客观的外在现实，而是一种缓慢的社会互动的结果。如果人们一直坚持或频繁地以某种方式行事，这种方式就会成为合理的处理方式，最终也就成为制度"。网络是社会成员互动的主渠道，经济制度的社会建构某种意义上就是社会网络的互动构建。

总体上说，制度的网络建构过程包括三个层面的过程：

第一，经济网络的个体层面包括经济活动的参与者，如企业家、经理等，他们总是生活在一定关系网络中之中并首先受到来自网络结构的影响——各类现存的社会结构及行为模式对行为者的认知过程产生影响，对他们灌输关于社会及商业交往的相关规则、规范等知识，包括各种做事的"正确方式"、社会成员的角色规范以及对那些违规者的惩罚制度。正如诺斯所说，这些内容实际上是"社会的游戏规则"，它们试着将个体的行为及其作用引导到有利于经济发展的轨道上。

第二，个体被"灌输""教化"的过程，这本身也是个体不断解释并试图改变周围网络结构的过程。其中，个体逐渐形成了自我、能力、权利和目标的意义性理念，这些对改变社会制度、创造社会资本具有重要作用的方面。

第三，前两个过程实质上可以视为个人及社会结构间的谈判过程。通过与网络结构的不断互动、磨合，行动单元在观念、价值上不断趋同，其交往关系也趋于稳定。当经济交换背后的逻辑更多地由社会结构而非市场结构影响时，这些网络交往关系便不再是一般理性决策模型和最小成本的交易规则，而是一种意义系统，可以体现为个体行为的稳定性和可重复性，制度便得以形成并嵌入网络和社会建构中。

二、网络、技术创新与经济增长

社会网络在促进企业间信息流动、知识创新从而促进区域经济增长中的作用，是新经济社会学与发展经济学近年来共同关注的问题。事实上，罗默的新经济增长理论就开始注意到企业间的技术、知识外溢与扩散是经济增长的重要源泉，只不过罗默的知识外溢模型并没有将企业间的网络关系正式纳入分析框架。新经济社会学认为，企业间、企业与其他组织间的网络是企业获取信息、知识的主渠道，也是促进地方知识、技术创新的重要因素。

（一）网络互动与技术创新

自熊彼特首次提出创新理论以来，技术创新的模式先后经历了线性模式、同步耦合模式、相互作用模式的发展历程，并朝着系统化的模式发展。单一的企业或公司所拥有的资源已无法满足创新的要求，创新的跨领域特征使得技术合作、技术联盟以及虚拟组织相继出现，协作型、网络型创新已成为创新的主流模式。创新的复杂性是单个企业主体所无法胜任的，一项创新的顺利完成需要不同的组成要素——主体、能力、过程——重新组合，这些要素往往来源于不同的组织。为了实现创新，企业需要利用其所在的网络联系，以获取和交换各种知识、信息和资源。这一网络共同体中的成员可以是其他企业(如供应商、客户或竞争者)，也可以是大学、研究机构或其他组织。企业所在区域的社会资本状况、企业与这些网络成员的互动、交往程度决定着双方不同的信任及合作程度，也由此决定着企业可能获得的信息、知识量的广度与深度。在这一意义上说，企业所在网络的结构及其文化价值特征是决定企业乃至整个地区创新能力的关键因素。

另一方面，区域内的技术创新并不是均匀出现的，因此既有技术创新成果以合理方式在区域内部的扩散程度也是影响区域经济表现的重要因素。在这一方面，网络对区域创新的作用主要表现在隐性知识(tacit knowledge)向显性知识(explicit knowledge)或编码化知识(codified knowledge)转化。

技术的扩散过程是相关知识的传播过程。从知识学角度来看，知识一般可分为两类：隐性知识(未编码化知识)以及显性知识(编码化知识)。波兰尼注意到人们所能表达出来的往往要比人们所知道的少，于是，他将那些停留在人们感觉、诀窍、惯例层次，无法明确表达的知识称之为隐性知识，而将那些可以通过语言、文字等各种有形媒介加以传播的知识称为显性知识。隐性知识是人们在实践中感觉、领悟，通过直觉思维洞察而来的知识，属于人们的内在智慧，常是只可意会不可言传的，是难以从书本或正规教育中获得的。隐性经验类知识在实际生活中是大量存在的，常常带有特殊性和具体性，而非普遍适用性的。现实生活中，生产中的技艺和能力，市场前景的判断与人才的选择，如何获得投资商、供应商以及消费者的信任，企业内部的秘密及诀窍，都属于这类知识。

在技术知识的扩散过程中，显性知识由于具有规范化、系统化的特点，易于沟通与共享，可以通过各种媒介加以表达、接受、学习和利用，而隐含知识由于是一种深藏在内心的体验，无法加以编码言传，必须通过网络成员间的非正式交往与互动，借助语言、体态、情感等隐含表达方式的综合作用来表达感受的本质，交流工作中的体会与经验，从而使双方领会一些隐含知识的本质。在网络关系较强、信任度较高的区域，企业间、企业与其他组织间的合作与互动频数就会较多，相应地，隐性知识的传播就会较充分，区域的创新效率也会得到较大的改进。

(二) 网络式创新与经济增长——来自实证研究的证据

20 世纪 70—80 年代，全球范围内的实体产业出现了大规模衰退。一些区域特别是老工业区，创新能力大幅下降，无法适应明显增强的外部市场不确定性的挑战，区域内企业纷纷迁出或灭亡，区域经济增长出现停滞并走向没落。但在这种情况下，有学者注意到在欧洲和北美的少数几个地区，经济依然保持增长，成为战胜衰退的"经济之星"。最为典型的是意大利中北部的艾米利亚—罗马格纳以及传统产业区(后被称为"第三意大利")及美国的硅谷高新技术产业区。这些地区有多种多样的产业，不仅包括传统的劳动密集型部门，还包括高新技术产业部门。这些地区高速增长的经济态势及源源不断的创新活力引起了学者们的研究兴趣。

意大利社会学家贝卡蒂尼(G. Becattini)首先对意大利中部传统产业区进行考察，发现这些地区与马歇尔当年在英国观察的"产业区"惊人地相似。区域内拥有高度的信任和合作水平的社会文化环境，企业间深度分工、密切合作，企业间的非正式交流活跃，各类信息与知识在企业交流互动的关系网络(包括供应商、客商甚至竞争对手之间)中高速流动，从而保证本地具有持续的创新活力。于是，他就将这一地区称为"新产业区"(new industrial district)以区别于马歇尔的"旧"产业区。社会学家普特南对这一地区的研究发现，这一地区拥有共同的文化历史传统，区域内居民的社会活动非常频繁，成员间的横向联系较多。高信任度使得各类生产及市场机会的信息在网络成员间高速传递，提高了区域的整合度，也增进了经济效率。据此，他认为拥有高信任度的社会资本是本地经济保持高速增长及政府管理水平持续提高的重要原因。

同样，萨克森妮在其关于硅谷的研究报告《地区优势》一书中指出，硅谷比波士顿 128 公路高新技术产业区成功的根本原因在于其内在的区域文化特质，即鼓励冒险、善待失败、乐于合作的精神。尤其是第三方面，更是其他区域所难以模仿的区域社会结构特征。硅谷内的企业对于如何在激烈市场竞争中获胜有着共同的认知。他们认识到，在经济全球化的今天，企业的竞争力往往来自所在区域的竞争能力，而这要求区域相互合作、作为一个整体来发挥其比较优势。因此，合作文化渗透于硅谷的每个角落。创业时，老企业可以给予新企业鼓励、建议甚至金融资本支持；生产时，如果哪一企业原料供应短缺，同行企业可以不需要商业协议而事先给予支持，企业间的信任度非常高。

这种合作文化最为重要的还体现在人们之间的交流的平等性与非正式特征。人们除了通过平时电话、电子邮件保持联系之外，似乎更倾向于选择各种非正式会餐、聚会等面对面交流方式。酒吧、餐厅、娱乐场所等都是他们交流、闲聊的好场所。这种交流与高度一体化组织的内部交流有着本质上的不同，它带来了最新的市场信息、管理经验、技术诀窍，同时也激发了创新的灵感。即使在像惠普这样的企业里，在其发展壮大后，仍然保持着良好的沟通、交流文化，其创始人经常通过非正式的午餐或热线与员工保持联系。

萨克森妮高度重视硅谷这种文化在本区域发展中的作用，认为正是通过这一文化背景下所形成的产业网络以及社会关系网络，知识和理解才在各种水平的企业之间和产业之间，从最低水平的技术人员到高级工程师之间通畅流动。信息在信任的作用下，以各种非正式交流的形式在成员间快速传递，为了解最新的市场、技术信息及保持持续增长提供了保证。

三、作为研究方法的网络

(一) 网络分析的兴起与发展

一般认为，网络分析的源流始于英国文化人类学的结构主义传统。"二战"以后，为了更好地研究人类群体间关系，一些人类学家如纳德尔(S. F. Nadel)、白尼斯(J. A. Barnes)开始系统地发展网络概念，并把网络定义为联系跨界、跨社会的社会成员的一种关系。他们发现，移民不但在城市中形成了强力的支持关系，而且与他们家乡也保持着有力的联系。网络跨越了部落、居住和工作场所的界限。1954 年，白尼斯用"社会网络"分析挪威一个渔村的跨亲缘和阶级关系时，网络概念不但使他精确地描述了村庄的结构，而且在解释诸如获得工作等行为上比规范概念更为有用。

1960 年以后的网络分析主要集中在美国。它有两个分支：一个是以弗里曼

(L. Freeman)为代表的社会心理学的小群体研究，主要是分析人际互动交往和交换模式；另一个是以怀特和格兰诺维特为代表的经济社会学研究，主要分析人与人、组织间纽带关系对人及组织的影响。网络分析目前已成为社会学的一个重要研究领域。

斯威德伯格认为，网络理论对于经济社会学的影响主要分为两个阶段。第一阶段是从 20 世纪 60 年代到 80 年代中期，这期间主要研究公司互锁(corporate interlocks)现象，最为典型的就是银行与保险公司的公司互锁。一些研究只在于验证作者本人对于金融寡头的看法，但更多的研究则试图得出社会学性质的结果。如帕拉马(Palmer, 1983)在其研究中提出，如果互锁网络中的成员突然死亡或退休，原有的互锁关系被打破了，网络又将如何呢？他的研究表明只有少数的网络被更换。格兰诺维特对求职过程中网络关系力量的研究堪称这一时期网络分析的另一典范。他首次提出了关系力量的概念，并将关系分为强弱两类，认为强弱关系在人之间、组织之间以及个体与社会系统之间发挥着根本不同的作用。强关系维系着群体、组织内部的关系，弱关系则在群体、组织之间建立了纽带关系。他的研究表明，通过强关系获取的信息往往重复性很高，而弱关系的分布范围较广，它能为求职者提供更有价值的信息，即"弱关系的强力量"。

在此期间，怀特对生产者市场的研究也是网络分析的重要文献。在他的研究结论中，生产者从一开始就处在同一社会网络之中。产量是利润的函数，但他们不是根据消费者，而主要靠观察其他生产商生产什么以及如何定价，来决定自己生产什么以及生产多少。处于同一网络中的生产者相互传递信息并相互暗示，从而建立起信任关系，并共同遵守商业规则，使市场秩序持续下去。简言之，市场是从社会网络中来的。

20 世纪 80 年代中期至今是经济社会学中网络研究的第二个阶段。这一时期，网络研究的内容日益丰富，原因也许在于新兴的许多经济现象非常适合利用这种方法进行研究，如新工业区和小企业网络的兴起，给网络研究带来了新的研究素材和空间。在此期间，许多网络研究的新概念也浮出水面，如伯特在对正式组织和职业流动研究中所提出的"结构洞"概念，林南在研究劳动力市场时使用的"社会资源"概念等。

(二) 网络位置与资源优势

在格兰诺维特的网络分析中，研究的重点在于网络关系的强与弱，它并不关注网络自身的结构如何。但伯特的结构洞理论则根本不考虑网络关系本身的质量如何，而重点考察网络结构中的位置对资源优势的影响，以及网络整体结构多余程度如何等问题。

1. 结构洞

假定存在一个由三个行动者构成的封闭网络，每个行动者都与其他的两人有联系，此时网络是封闭的，因为任何一人都可以直接与另外两人直接联系。现假定另一种情况：三人中任意两人的联系中断，但他们都与第三个人保持联系。此时，第三个人所处的位置就形成了最简单的结构洞。位居此点的行动者占据着明显的竞争优势，因为其他两人都必须通过他而发生联系。

伯特着重探讨社会关系是如何影响竞争能力的。他的结构洞理论推动了经济社会学的研究。这一理论的重要性在于它提出了资源优势更多在于松散型网络而非紧密型网络的观点。用伯特的话讲，结构洞给那些关系跨越"洞"的行动者创造竞争优势。与身处小而密网络的成员相比，跨越信息洞的成员至少拥有两方面的优势：获取更多的信息，占据着影响交易结果的主导位置。

2. 结构洞理论

与企业社会资本。伯特的结构洞理论的重要性还在于它可以在不同层次，如产业、企业或个体等方面加以运用，且可以针对行动者的网络关系、纽带，对相关优势、劣势进行定量研究。通过对网络数据的长期跟踪研究，他指出，结构洞有利于职业升迁、团队绩效提高、工作进程加快、形成组织性学习能力。对于不同结构的网络，拥有更多结构洞的网络成员拥有着更多的优势。因此，他认为企业的竞争优势在于其社会关系，而非其资源、战略或市场地位。

直观地讲，结构洞理论强调的就是位置赋予优势，但这一优势的产生还需要两个条件：成员认识到他们已处在具有相对优势的位置上；他们有追求这种优势的意愿。从这一意义上讲，伯特的结构洞理论可以理解如下：第一，占据结构洞位置；第二，认识到该位置的潜在优势；第三，追求优势。或者是：第一，认识到结构洞位置的优势；第二，追求该位置；第三，占有该位置。换言之，伯特的模型是将结构洞位置放在首位(占据结构洞位置)，而第二种理解则将认识置于首位(认识到洞位置可带来的潜在优势)以及动机。这就给伯特的结构洞理论留下了一个悬而未决的问题。这个问题与企业家精神和创新密切相关，结构洞是如何在第一地点被发现的。也许答案是个体间差异性(如认知、动机以及能力的差别)，但另一种解释也是可行的：生活在网络外圈的个体，如边缘群体比网络中的群体更有动力去追求结构洞的位置。另一个问题是结构洞为何能持续存在。因为按照微观经济学的假设，竞争优势会逐渐消失。也许答案就在于占有洞位置的成员将利用已有权力，树起新进入门槛，以便维持竞争优势。

四、作为治理结构的网络

把网络视为一种分析工具的做法具有较浓厚的理论抽象色彩，而把网络视为一种治理结构(form of governance)的观点则具有较强的经验色彩和实证主义味道。把网络视为一种治理形式，实质是把它当作使个体整合为一个连贯的体系的社会黏合剂。网络治理结构代表着经济生活中的相互依赖的关系网络。一些研究者还认为，网络体现了整个经济体系的特征，因为在很多国家的经济中，公司之间的长期关系占据着主导地位。

(一) 网络组织的概念

网络组织理论是在 20 世纪 80 年代逐渐发展起来的，目前相关文献对其概念尚未达成明确和统一的定义。学者们从各种维度对网络组织的内涵进行界定：第一，从经济维度看，网络组织是超越市场与企业两分法的一种杂交组织形态，从这个角度来看，构成一个网络的特定组织形态的出现及其演变可以用交易费用经济学的方法来分析；第二，从历史维度看，网络组织是各种行为者之间基于信任、相互认同、互惠和优先权行使等所组成的长期关系系统，网络是随时间推移组织交易的一种手段，它从来不是静态的，而是处于不断的演进之中，路径依赖的历史分析方法可以对这种演进过程提供基本的洞察力；第三，从认知维度看，网络组织是大于个别行为者(企业)诀窍总和的集体诀窍的储存器，这种组织方法的优势是允许集体学习过程得以在更广阔的范围内展开，如超越了企业边界的技术开发的学习过程；第四，从规范维度看，所有网络都是由旨在确定每个成员的义务与责任的一套规则所定义的，这些规则划定了集体活动的领域。

(二) 网络组织——超越市场与企业的两分法

在新制度经济学的传统——比较制度分析框架中，市场和企业被看作是组织经济活动的两种主要制度形式。科斯在《企业的性质》中提出了新制度经济学企业理论所关心的核心问题：既然专业化的生产者可以通过市场组织分工，为什么还需要企业？科斯提出了交易成本的这一核心概念，把企业和市场看作是由交易成本所决定的相互竞争和相互替代的两种制度安排，当市场交易成本与企业的组织成本相等，企业与市场的边界便由此确定。

张五常指出，企业与市场的关系是用交易费用较低的要素市场替代了交易费用较高的中间产品市场，因而是市场形态高级化的表现。张五常的观点中隐含有企业也是一种市场网络的思想，但在他看来，企业与市场之间仍是一种替代关系。虽然此后的阿尔奇安、德姆塞茨等从技术依赖角度探讨企业存在的原因，从而扩大了企业行为分析的基础，但他们仍与科斯、张五常一样，只分析了企业与市场之间的替代关系，忽视了互补关系。在这些理论中隐含地假设了企业间的交易是直接的、无摩擦的，交易成本和技术不可分性的分析未能扩展到企业间复杂多样的制度安排。

在新制度经济学中，较早对网络组织进行探讨的是威廉姆森。在描述关系性契约时，威廉姆森注意到在企业和市场之间，还有某种"混合模式"。如果资产高度专用性，导致交易双方相互高度依赖，要求交易双方自我调整、自我约束，以保持稳定的长期契约关系，那么，此时交易双方虽然保持独立性，有别于一体化的组织结构，但是其自身的决策受到承诺的制约。这种状态就是处于企业与市场之间的双边、多边或杂交的中间组织形态。但是，在威廉姆森的分析框架中，网络组织并未取得与市场和企业相并列的地位，他更多地把它看作是不稳定的组织形态。因而，在新制度经济学的理论中虽然出现了网络组织思想的萌芽，但基本上所持有的仍是市场和企业的两分法。

针对新制度经济学的以上观点，网络经济社会学家认为，新制度经济学中的市场模型只是一种理想的状态，在现实的经济生活中并不存在。事实上，所有的经济交易行为中都充斥着各类社会关系。在各个企业间的交易中是如此，在某个企业内部的活动也是如此。实际上，企业内部的社会关系网比企业间的社会关系网更为紧凑持久，可以说，商业性关系总是与社会性关系掺和在一起的。

艾科斯曾经把通过这种稳定社会关系网络来进行经济交易的组织形式称为"准企业"(quasifirm)。在这种生产组织结构中，维系交易双方的不是企业式、自上而下的等级命令，也不是纯粹的市场关系，而是紧密的社会关系网络。在社会关系网络的作用下，经济行为者拥有对经济进行预期的稳定标准，可以有效遏制交易过程中各种破坏合作的活动，社会关系网络发挥着纯粹企业与市场组织形式所无法比拟的作用。艾科斯对建筑行业的研究发现，总承包商与分包商之间存在着长期、稳固的合作关系，各从业人员所构成的群体是嵌入由双方共同构成的网络关系结构中的。一般说来，总承包商极少雇佣两个以上的分包商，因为这可能破坏其与分包商的长期良好关系。另外，各商人之间所形成的稳定友好关系，也使得他们在平时的工作互动中获得快乐和精神上的满足。

(三) 经济生活中的网络组织

社会学一直关注着个人是如何组织起来，以及这些联系是如何影响社会运行并给社会生活带来秩序与意义的问题。当代经济社会学家认为，社会关系网络渗透于整个经济体系之中，可以影响甚至取代价格机制和层级指令，成为经济生活的主要运作方式。这里介绍四类经济生活中常见的网络组织现象。

1. 供应链协调网络

从世界范围来看，现代生产正在从刚性生产模式向柔性专业化生产模式转变，企业的生产方式正由原来大批量、标准化生产转向小批量、多样化的生产策略。能否在第一时间发现并满足消费者的潜在需求是新时期企业竞争的新内涵，市场反应速度成为企业建立并维持竞争优势的关键。在这种新的生产模式下，原本在刚性生产时代占据主导地位的垂直一体化大企业开始逐渐削减规模，分散权力，转向发展横向供应链协调网络，与外部小企业建立起价值链上的合作关系。

进行网络型协作的优势在于：一方面，可以通过价值链的外包，减少企业自身的投入，在外部市场不确定性的情况下，减少企业经营风险，避免损失。另一方面，通过网络价值链外包关系，深度的分工协作网络可以使企业保持对外部市场的高度灵敏性，及时根据市场变化调整生产，实现即时生产。此外，企业可以通过网络达到知识与信息的共享，达成价值链上的创新。这也是等级制企业或市场所无法比拟的优势。

2. 战略联盟

战略联盟是一种企业间为了共同的战略目标而达成的长期合作安排。它既包括从事类似活动的企业之间的联合，也包括从事互补性活动的企业之间的合作；既可以采取股权合资的形式，也可以采取非股权合资的形式；既可以是强强合作，也可以是强弱合作。但是这些合作都必须是出于企业战略发展的需要。战略联盟是相关企业之间出于长远生存和发展考虑通过合资联营或协议形成的一种松散型网络组织，其目的是共享市场，优势互补，分担成本，降低风险，强化各自的竞争力。

战略联盟可以是两个或两个以上企业之间的合作。目前，几乎每一家大型跨国公司都在自己的周围积聚了一批合作伙伴，这些合作伙伴又同时与行业内其他企业结成战略联盟，由此构成战略联盟网络。这是一种特殊的企业网络，是一种典型的企业之间超市场的关系。环境的变化是形成战略联盟的主要原因。工业化以来形成的竞争已经达到前所未有的高度，企业之间，特别是同行业的大企业之间所存在的对立已有时日，企业之间决策的相关性一再体现，一个企业的决策直接影响到其他企业决策。继续强化竞争并不是双方或各方的最佳选择。企业之间希望改变过去孤立竞争、以邻为壑的局面，依靠合作推进竞争。现代计算机技术和通信技术使得市场监督、控制以及实施合约的成本大大降低，也促进了企业间联盟的实现。

3. 企业集群

企业集群，又称产业集群，是一些产业相关、具有分工协作关系的企业在空间上的集聚现象。企业集群是依据专业化分工和协作关系建立起来的，在某一地理空间高度集中而形成的产业组织形式。企业集群是一种有利于分工协作的企业网络。集群内部各个企业分别进行专业化生产，可以获得专业化的雇员和供应商的支持，快速交换和积累专业化信息、技术和管理知识，实现较高的生产率。

企业集群是相关企业为了实现相互间信息与技术的交流，获得企业之间专业分工和协作带来的外部经济，利用集群范围外所不具备的竞争优势而形成的集合。但企业之间是以平等的市场交易方式连接的，相互间的关系比较松散，不包含垂直一体化的刚性层级组织机构。在企业集群中，更多采用的是双边规制机制，主要是靠集群内部企业之间的信任和承诺等因素和非正式契约来维持长期交易关系。

企业集群不仅是一个空间集聚现象，而且是一种有利于创新和加强动态竞争的制度安排。空间的集聚使得集群内企业可以节约大量的物流成本，合作及竞争的网络使得信息可以在集群内部企业中实现共享，面对面的互动又使得各种难以言传的隐性知识在集群企业的互动中得以领会，促进创新的发现。

4. 商业群体

"商业群体"(business groups)的提出是新经济社会学网络理论的最新进展。格兰诺维特将其定义为靠各种正式或非正式关系结合的企业联合体。多个企业间通过长期的交往合作关系，往往形成稳固的、平等的横向关系。这些企业彼此是独立自主的，它们又可以被视为一个统一的整体。

这种商业群体在日本最常见。日本商人间内在的紧密结合举世公认，也正因为这一原因，国外企业很难进入日本市场。日本企业的运行基本上是按网络原则来实现的：首先，日本的公司分散化程度较高；其次，生产过程中包含着一群企业网络的共同协调，负责完成产品最后生产程序的企业其原材料一般来自特定的供应商；再次，某个企业的身份和地位与它所附属的商业群体的身份、地位紧密相连。

商业群体以其成员企业的共同利益为基础，主要是技术经济性的企业联合体。它的组织基础一般是协议、合同或章程；组织原则是自愿、平等、互利、择优，是一种重要的社会经济推动力量，也是社会经济学研究内容之一。

参 考 文 献

[1] 巫宝三，陈振汉. 经济思想史论文集. 北京：北京大学出版社，1982.

[2] 刘涤源，谭崇台. 当代西方经济学说. 武汉：武汉大学出版社，1990.

[3] 赵崇岭. 国外经济思想通史. 昆明：云南大学出版社，1991.

[4] 谢立中. 西方社会学名著提要. 南昌：江西人民出版社，1998.

[5] 李建平. 文化软实力与经济社会发展. 南京：江苏大学出版社，2013.

[6] 曹胜亮. 社会转型期我国经济法价值目标实现理路研究——以马克思主义利益理论为视角. 武汉：武汉大学出版社，2015.

[7] 周长城. 经济社会学. 北京：中国人民大学出版社，2015.

[8] 李基礼，周文升. 经济社会发展新常态与人的发展. 贵阳：广西师范大学出版社，2016.

[9] 朱国宏，桂勇. 经济社会学导论. 上海：复旦大学出版社，2017.

[10] 陈立军. 社会转型时期英国乡村基层组织研究. 北京：人民出版社出，2018.

[11] 刘世定，冯猛，艾云. 经济社会学研究(第三辑). 北京：社会科学文献出版社，2018.

[12] 余斌. 中国特色社会主义政治经济学. 北京：人民日报出版社，2018.

[13] 张保权. 转型社会中的经济文化研究. 北京：社会科学文献出版社，2018.

[14] 雷蕾，黄升民. 经济社会学视域下的互联网经济广告市场研究. 北京：中国传媒大学出版社，2019.

[15] 晏月平. 经济社会学研究. 北京：人民出版社，2019.

[16] 姚开建. 广义政治经济学——资本主义以前的社会生产方式. 北京：中国人民大学出版，2019.

[19] [美]康芒斯. 制度经济学. 于树生，译，北京：商务印书馆，1962.

[32] [英]马歇尔. 经济学原理. 北京：商务印书馆，1981.

[29] [美]塞缪尔·亨廷顿. 变动社会的政治秩序. 张岱云，等译，上海：上海译文出版社，1989.

[30] [美]斯梅尔瑟. 经济社会学. 方明，折晓叶，译，北京：华夏出版社，1989年.

[25] [美]尼尔·斯梅尔瑟. 经济社会学. 方明，等译，北京：华夏出版社，1989.

[26] [美]帕森斯，尼尔·斯梅尔瑟. 经济与社会. 刘进，等译，北京：华夏出版社，1989.

[23] [美]迈克尔·托达罗. 经济发展与第三世界. 印金强，赵荣美，译，北京：中国经济出版社，1992.

[28] [美]萨缪尔森，诺德豪斯. 经济学. 高鸿业，等译，北京：中国发展出版社，1992.

[18] [美]加里·贝克尔. 人类行为的经济分析. 王业宇，陈琪，译. 上海：上海三联书店，上海人民出版社，1993.

[21] [美]罗纳德·哈里·科斯. 论生产的制度结构. 盛洪，陈郁译，北京：三联书店，1994.

[20] [美]罗伯特·艾克斯罗德. 对策中的制胜之道：合作的进化. 吴坚忠，译. 上海：上海人民出版社，1996.

[22] [美]迈克尔·P. 托达罗. 经济发展. 黄为平，彭刚，等译，北京：中国经济出版社，1999.

[31] [美]詹姆斯·S. 科尔曼. 社会理论的基础. 邓方，译，北京：社会科学文献出版社，1999.

[17] [澳]马尔科姆·沃特斯. 现代社会学理论. 杨善华，等译. 北京：华夏出版社，2000.

[24] [美]曼瑟尔·奥尔森. 集体行动的逻辑. 陈郁，等译，上海：上海人民出版社，2004.

[27] [美]乔纳森·特纳. 社会学理论的结构. 邱泽奇，等译，北京：华夏出版社，2011.